교육행정 및 교육경영

한유경 · 임현식 · 김병찬 · 김성기 · 정제영 · 이희숙 · 임소현
김은영 · 윤수경 · 이윤희 · 김화영 · 김경애 · 정현주 공저

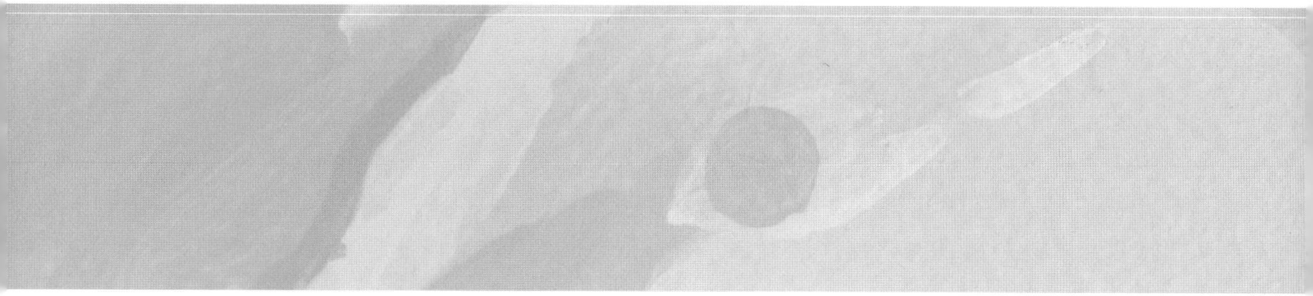

EDUCATIONAL ADMINISTRATION &
EDUCATIONAL MANAGEMENT

학지사

| 머리말 |

이 책은 '교육행정 및 교육경영' 교과목을 배우는 학생들에게 교육행정 및 교육경영의 개념과 이론을 이해하고 실제를 파악하여 학교 현장에서 효율적으로 적용할 수 있도록 도움을 주고자 집필되었다. 따라서 교육행정 및 교육경영 교과목에서 다루어야 할 내용과 범위를 포함하되, 한 학기의 수업을 고려하여 핵심 내용과 최근의 관심 이슈들을 담고자 하였다.

교재의 내용은 총 12장으로 구성되어 있다. 책의 전반에 대해서는 이화여자대학교의 한유경 교수가 책임 집필하였다. 구체적으로는 1장 교육행정의 개념 및 이론 발달(한유경 · 김경애), 2장 조직론(윤수경), 3장 학교문화와 풍토(임소현 · 김은영), 4장 동기이론(임소현 · 김은영), 5장 교육정책 과정과 정책결정모형(정제영), 6장 리더십론(김병찬), 7장 교육법(김성기), 8장 교육인사행정(이희숙), 9장 교육재정(한유경 · 정현주), 10장 인간관계 및 갈등론(임현식), 11장 장학론(김화영), 12장 학급 · 학교경영(이윤희)을 각각 다루었다.

특히 각 장은 '사례－이론 소개－요약－찬반 토론－생각해 볼 문제'로 구성하였는데, 이는 '교육행정 및 교육경영' 교과목을 접하는 학생들이 보다 친근하고 체계적으로 이 교과를 이해하는 데 도움이 될 수 있도록 마련한 것이다. 이 책의 참여 집필진들은 모두 교육행정학 교과목과 관련된 다양한 연구와 교육 경험을 가진 교수자로서, 그동안 집필진들의 오랜 강의 경험과 축적된 노하우를 반영하고자 하였다.

책의 내용은 앞으로 교육행정 및 교육경영 강의를 진행하면서 계속적으로 집필진들이 함께 수정 · 보완해 나가야 할 것이다. 독자 여러분의 많은 관심과 적극적인 의견 개진을 통해 이 책의 미흡한 부분이 수정 · 보완되어 더 좋은 교재가 완성되기를 바란다.

2018년

집필진 일동

| 차례 |

제 1 장

교육행정의 개념 및 이론 발달

사례

김 교장은 올해 교장공모제를 통해 경기도의 모 중학교에 부임하였다. 김 교장은 동료들과 학생들 사이에 인기가 많았고, 수업에 관해서 전문성을 인정받아 온 유능한 역사 교사였다. 김 교장은 교장이라는 자리가 학교운영에 큰 흐름을 바꿀 수 있다고 보았다. 또한 자신의 교육경험이 진정한 교육을 실현하는 데 도움이 되리라 기대하고 있었다.

신학기를 맞이하면서 김 교장은 교사들과 학교일정에 관해 논의하고 결정해야 할 일로 바쁜 나날을 보내고 있었다. 교장으로 부임된 이후 전과 달리 수업에 관한 연구, 학생들과 소통할 수 있는 여유는 거의 없었다.

그러던 어느 날 불미스러운 일이 일어나고 말았다. 잦은 지각과 이를 반성하지 않는 학생의 태도에 관해 훈계하던 교사가 해당 학생으로부터 무차별적으로 폭행을 당한 것이다. 이러한 상황을 목격한 수많은 학생들 가운데 몇몇은 동영상으로 찍어 이를 인터넷에 올렸다. 이 사건은 삽시간에 포털 인기검색어로 올라갔으며, 관련내용은 일파만파로 퍼져나갔다. 이로 인해 인터넷상에서 이 사건을 두고 갑론을박이 펼쳐지는 상황까지 이르렀다.

학교현장은 순식간에 사건현장으로 바뀌었다. 김 교장은 학교 관계자가 아닌 교육청, 수사기관, 해당 학부모 관계자 등과 문제의 해결책을 찾기 시작하였다.

이제껏 김 교장은 수업의 전문성을 인정받은 유능한 교사였기 때문에 교직생활에서 빈번하게 대면하고 소통한 주체는 동료교사와 학생이었다. 미성년인 학생을 대상으로 가르치는 일에 집중하였으며, 처리해야 할 행정업무도 행정보다 교육을 강조하는 '교육을 위한 행정' 의 입장이었다.

그러나 교장의 입장에서 이 문제를 해결하는 데 주로 소통하는 주체는 성인이었다. 또한 교육 자체에 강조점을 두기보다는 교육청 및 수사기관 관계자에게 협조요청을 하고, 해당 학부모 간의 합의점을 찾아내는 등 법제도 측면이 강조되는 '교육에 관한 행정' 의 입장이라는 차이점이 있었다.

교육행정의 개념은 사례처럼 교육과 행정의 관계에서 우선시되는 가치에 따라 구분을 달리한다. 법제도적 측면을 강조하는 국가통치권론, 교육의 본질을 강조하는 기능주의론, 행정과정이 이루어지는 단계를 강조하는 행정과정론 등 다양한 방식으로 설명된다. 또한 교육행정이 근본적으로 사람들을 대상으로 한 활동이며, 교육행정(가)은 교육을 알고, 행정의 실천력을 갖추어야 할 일이다. 이러한 교육행정(가)은 여러 가지 상황과 복잡한 인간관계를 기초로 다양한 과업을 수행해야 한다는 것을 알 수 있다.

1. 교육행정 개념의 이해

1) 교육행정의 개념

교육행정의 개념은 교육과 행정의 관계에서 우선시 되는 가치에 따라 구분된다. 교육행정은 국가통치권론(행정영역구분설), 기능주의론, 행정과정론, 정책실현론, 협동행위론, 교육리더십론 등의 관점으로 구분되고, 다양한 방식으로 교육행정의 개념을 규정하고 있다.

첫째, 국가통치권론(행정영역구분설, 법규해석적, 공권력설)은 교육행정을 삼법 중 내무행정으로 보는 것으로 법제도적 측면을 강조한다. 현재 국가통치권 중 교육행정 사무를 교육부에서 담당하기 때문에 교육행정은 교육부가 수행하는 법적 기능 혹은 행정작용이라고 정의하는 관점이다(윤정일 외, 2015). 이는 '교육에 관한 행정'으로 교육행정이 일반 행정의 한 영역으로 간주되기 때문에 안정성이 있는 반면 중앙집권적인 형태를 띠고, 교육의 전문성과 특수성을 반영하기 어려운 점이 있다.

둘째, 기능주의론(조건정비설)은 국가통치권 입장과 배치되는 관점으로 교육의 본래 목적이 강조된다. 즉, 행정보다는 교육 그 자체에 강조점을 두는 입장으로 학교에서 교수학습 활동이 원활하게 이루어지도록 인적 · 물적 조건을 마련해 주고 지원하는 것이 교육행정의 기능이자 책무라고 보는 관점이다(주삼환 외, 2015). 이는 '교육을 위한 행정'으로 교육행정은 교육을 위해 존재한다고 볼 수 있다. 교육행정이 교육목적 달성을 위한 인적 · 물적 조건을 정비 · 확립하는 수단적 봉사활동임을 명료히 한 것이라고 볼 수 있다(윤정일 외, 2015).

셋째, 행정과정론은 행정과정이 이루어지는 순서 혹은 단계를 중심으로 정의한 관점이다. 행정가가 수행하는 기능적인 행정행위에 강조점이 있다. 행정의 과정 요소를 Fayol(1916)은 ① 기획(planning), ② 조직(organizing), ③ 지휘(commanding), ④ 조정

(coordinating), ⑤ 통제(controlling), Gulick & Urwick(1937)은 ① 기획(planning), ② 조직(organizing), ③ 인사배치(staffing), ④ 지휘(directing), ⑤ 조정(coordination), ⑥ 보고(reporting), ⑦ 예산편성(budgeting)으로 구분하고, 'POSDCoRB'으로 정의하였다. 과정에 관한 요소의 정의를 볼 때 초기의 교육행정학자들은 명령 · 지시 · 통제 등을 주요 요소로 간주한 반면 후기의 교육행정학자들은 의사결정(decision-making) · 자극(stimulating) · 영향(influencing) · 평가(evaluating) 등을 주요 요소로 파악하였다(윤정일 외, 2015). 이는 민주적 교육행정, 행정의 민주화의 변화 분위기와 흐름을 같이한다고 볼 수 있다.

넷째, 정책실현론은 교육행정을 정치적 과정으로 보고, 교육정책을 수립하고 수행하는 전반적인 과정을 포함한다. 정치와 행정은 이원적으로 구분되지 않으며, 교육정책과 관련한 입법(정책결정)과 행정(정책집행)은 상호 관련적인 것으로 간주한다. 국가의 권력 기관이 교육목적을 달성하기 위해 계획을 세우고, 그 계획을 구체화하기 위한 실제작용 또는 국가나 지방자치단체가 교육활동에 관한 목표를 수립하고, 목표달성을 위하여 지도 · 감독하는 데 따르는 일련의 봉사활동으로 정의할 수 있다(주삼환 외, 2015). 삼권분립 정신에 근거하고, 정치와 행정의 이원론적인 행정영역으로 구분하며 교육행정은 교육목표를 달성하기 위한 수단이라는 기능주의설과 입장의 차이가 있다. 이에 따르면 교육행정의 본질은 정치적 과정이며, 교육정책의 결정과 집행을 상호 관련된 것으로 간주한다.

다섯째, 협동행위론은 행정의 본질을 조직원의 협동행위로 가정하고, 조직구성원인 개인이 각자의 소임을 수행하고 협동하는 과정을 통해 조직의 본래 목적을 달성한다고 보는 관점이다. 집단적인 협동행위 자체를 행정으로 보는 관점이다. 교육행정은 합리적으로 계획된 과정과 절차에 따라 교육목적을 최대한 효과적으로 달성하기 위해 교육활동과 관련된 제반 조직과 조건을 체계적으로 정비하고 조성하는 협동적 행위라고 정의할 수 있다(윤정일 외, 2015).

여섯째, 교육리더십론(교육경영론)은 교육행정이 교육의 목적을 이루기 위해 지도자의 리더십이 발휘되는 활동이라고 정의하는 관점이다. 협동행위론이 조직원의 협동과 의사소통을 강조하는 반면 교육리더십론은 교육의 제반조건을 마련하고 과업을 수행하는 과정에서 발휘되는 지도자의 리더십이 강조된다. 교육행정의 지방분권, 교육자치 실현을 위한 학교운영위원회와 단위학교중심경영(School-Based Management)은 단위학교의 자주성과 책무성을 강조한다. 학교에서 자주적인 교육목표를 수립하고 목표달성을 위한 자원, 프로그램을 개발, 실행하며 그 성과를 분석하고 평가하는 일련의 과정에서 지도자의 리더십이 발휘된다는 관점이다. 이러한 관점에서 행정의 핵심인 인간(man), 물자(material), 재정(money) 등을 효과적으로 확보, 배분, 활용하여 교육목적을 효율적으로 달성하는 것을 강조한다(주삼환 외, 2015). 따라서 이 정의는 교육경영론의 관점을 반영한다고 볼 수 있다(윤정일 외, 2015).

여섯 가지 관점과 더불어 최근 공공행정에 자율성과 효율성, 책무성이 강조됨에 따라 교육행정에서도 경영의 관점을 강조하는 제도적 변화가 나타나고 있다. 그러면서 교육경영, 학교경영 등으로 불리며 경영의 개념을 포함하거나 혼용하여 쓰는 경향이 있다. 경영은 조직의 목표를 달성하기 위한 전략을 수립하고, 인적 요소를 포함한 모든 생산요소들을 효율적으로 관리하며, 성과와 이윤을 극대화하는 과학적이고 조직적인 행위이다.

대체로 교육행정은 고도의 확실성, 구조화로 비교적 · 강제적 속성이 있는 반면, 교육경영은 불확실성, 비구조화 및 결론 또는 성과를 내기 위해 비교적 주관적인 융통성을 지니고 있는 경영관리의 과정이라고 할 수 있다(윤정일 외, 2015). 교육행정에 경영 개념을 적용하는 이면에는 교육현실에 대한 문제의식과 변화에 대한 요구가 반영되어 있음을 이해해야 한다. 신현석 외(2015)는 이러한 배경을 교육경쟁력 강화 요구, 자율과 분권에 대한 요구, 학교의 책무성 요구, 교육의 다양화 요구로 들었다. 교육행정을 정의하는 데 학교행정(school adminstration), 교육경영(educational management), 교육리더십(educational leadership), 교육정책(educational policy) 등이 유사한 개념으로 혼용, 이해되고 있으나 교육행정은 이러한 유사한 개념을 아우르는 광의의 개념이다. 교육행정의 개념을 정의하는 데 다양한 관점으로 접근하고 있으나 교육행정(educational adminstration)은 근본적으로 교육의 목적을 이루기 위한 교육활동을 관리 · 조성 · 지도하는 활동이라고 볼 수 있다.

2) 교육행정의 성격

교육행정은 일반행정과 공통적인 성격을 지니는 동시에 교육을 위한 행정이라는 점에서 특수성을 지니고 있다. 교육행정은 일반적으로 봉사적, 정치적, 민주적 성격을 지니고 있다.

첫째, 봉사적 성격은 기능주의론(조건정비론적) 맥락에서 이해될 수 있으며, 교육행정은 교육의 목표를 달성하기 위한 수단으로 봉사적인 성격을 지니고 있다는 것이다. 어원적으로 행정은 봉사하다(serve)라는 의미를 내포하고 있다. 이러한 봉사적 성격은 민주사회에서 가장 강조해야 할 교육행정의 기본특성으로 볼 수 있다(윤정일 외, 2015).

둘째, 정치적 성격은 국가통치론과 정책실현론 맥락에서 이해될 수 있으며, 교육행정은 국가의 정치체제에 따라 역동적인 성격을 지니고 있다는 것이다. 교육행정의 행정작용은 국가의 통치와 긴밀하게 관련되어 정치활동과 무관할 수 없지만 교육의 독자성과 정치적 중립성 또한 정치적 성격으로 훼손되지 않아야 한다.

셋째, 민주적 성격은 지향해야 하는 사회적 가치임과 동시에 합리적인 의사결정과 절차에 대한 합의로 구현된다. 이러한 교육행정의 민주적 성격은 교육정책과 제도에서부터 학교조직의 운영까지 폭넓게 반영되어야 한다.

교육행정의 특수성을 정의하는 데 학자들은 기본적으로 일반행정과 공통적인 원리를 들고, 일반행정 원리에서 부족하거나 추가해야 할 특수성을 반영하고 있다. 학자들이 제시하는 교육행정의 특수성을 중요성(cruciality), 공개성(visibility), 복잡성(complexity), 친밀성(intimacy), 평가의 난해성(difficulty of appraisal)으로 정의하였다.

이러한 정의에 따르면 교육행정의 독자적인 성격은 중요성, 인격성, 전문적, 장기적, 평가의 난해성 등을 들 수 있으며, 이러한 성격은 교육의 특수성에서 기인한다.

첫째, 중요성(cruciality)은 다른 조직에 견주어 볼 때 교육은 사회를 유지하고, 사회화하는 기능을 수행하는 핵심 역할을 하고 있기 때문이다. 이러한 중요성은 공개성

(visibility)과 관련된다. 교육은 공공의 성격이 강하므로 공개적인 성격을 지닌다.

둘째, 인격성(personal)은 일반행정에서도 중요한 특성이지만 특히 교육에서 추구하는 중핵적인 가치와 관련된다. 교육을 통한 개인의 성장은 인격적인 관계에서 이루어지며, 이러한 성장을 도모하는 교육행정은 인간관계의 친밀성을 요구한다.

셋째, 전문적(professional)인 성격은 교육 자체가 지적 활동이기 때문이다. 따라서 교직 뿐 아니라 교육행정가는 전문가 집단에 속하며, 교육과 행정에 대한 전문성을 겸비하도록 요구받고 있다.

넷째, 장기적(long-term)인 성격은 교육이 개인의 삶의 과정이며, 미래지향적인 평생교육을 지향하기 때문이다. 그러므로 교육은 장기적인 안목과 정책의 논리적인 일관성이 필요하다. 교육행정이 정치적으로 불과분관계임과 동시에 정치성으로 중립성을 유지해야 하는 이유가 여기에 있다.

다섯째, 평가의 난해성(difficulty of appraisal)은 교육은 인간을 대상으로 한 활동이고, 목표달성에 대한 측정 및 평가 어려움으로 성과를 파악하기 어렵다는 점이다.

3) 교육행정의 원리

교육행정의 원리는 학자마다 견해가 상이하다. 윤정일(2015)은 교육행정학자들은 교육행정의 공통적인 원리로 민주성, 자주성, 타당성, 효율성, 안전성, 합법성을 들고, 교육행정의 특수성이 반영된 기회균등의 원리, 지방분권의 원리, 전문성 보장의 원리 등이 미흡하다고 지적하였다. 주삼환 외(2009)는 법규상 원리로 기회균등의 원리, 자주성의 원리, 지방분권의 원리, 합법성의 원리, 전문성의 원리로, 운영상의 원리는 민주성의 원리, 효율성의 원리, 안정성의 원리, 적응성의 원리로 구분하였다. 신현석 외(2015)는 교육행정의 원리를 교육행정의 이념적 지향과 실제적 운영지침이 되는 준거라고 주장하면서 이념적 준거원리와 운영상 준거원리를 구분하여 제시하였다. 이념적 준거원리는 학습자의 권리와 복지추구의 원리, 교수-학습 중심의 지원원리, 운영상 준거원리는 학습의 다양성 추구 원리, 교육선택권 존중의 원리, 단위학교 특성 존중의 원리, 학교현장 요구수렴의 원리로 구분하였다. 윤정일 외(2015)는 학자들은 교육행정의 원리를 여덟 가지로 정의하였으며, 이들의 원리가 실제에 적용될 때 일의 중요도, 우선순위 등을 고려하여 시의 적절하게 활용되어야 함을 강조하였다. 이러한 내용을 기본으로 여덟 가지 교육행정의 원리를 요약하면 다음과 같다.

첫째, 민주성의 원리는 이해관계자의 의사를 반영하고, 의사결정과 행정과정에 적절하게 참여시키는 것을 말한다. 거시적인 관점에서 교육행정의 민주성 원리는 지방교육자치, 학교운영위원회, 교육감의 직선제 등이 대표적이며, 미시적인 관점에서는 행정의 공개성 및 공익성, 시민 참여 및 정책제언 등을 들 수 있다.

둘째, 효율성(effectiveness)의 원리는 효과성(effective)과 능률성(efficiency)의 복합개념으로 넓은 의미에서는 능률성으로 이해된다. 효율성은 경제성의 원리로 가장 능률적인 방법으로 최대의 효과를 달성하는 것을 말한다. 교육행정에서 효율성의 원리란 교육활동에 투입되는 인적, 물적 자원에 대한 교육목표, 즉 교육 산출을 최대한 높이는 것이다. 국가 재정의 한계 속에서 교육의 목표를 달성하면서도 교육에 투입되는 비용을 상대적으로 적게 하려는 관심이 효율성의 강조로 나타나며 학급당 학생 수, 교사 1인당 학생 수 등이 효율성 원리의 대표적인 예이다(주삼환 외, 2009).

셋째, 합법성의 원리는 교육행정행위가 법률에 근거하여 실현되어야 한다는 법률적 합성을 말한다. 모든 행정행위가 법률을 위반해서는 아니 되며, 행정행위의 법률의 근거를 필요로 하며, 실정법에 맞는 집행을 해야 함을 뜻한다. 교육행정은 「헌법」 제31조, 「교육기본법」, 「초·중등교육법」, 「고등교육법」, 「사립학교법」, 「평생교육법」 등의 제 법률에 근거하여 집행되고 있다.

넷째, 기회균등 원리는 「헌법」 제31조, 「교육기본법」 제3조, 제4조에 규정하고 있는데, 교육행정에서 가장 강조하고 있는 원리라고 볼 수 있다. 이 원리는 교육의 평등성과 수월성이 실현되는 원리로 모든 국민에게 균등한 기회를 보장하는 의무교육, 능력주의에 입각하여 학업을 계속 할 능력이 있는 자에게 능력을 발휘할 기회를 부여하는 것이다.

다섯째, 지방분권의 원리는 지역사회와 해당 주민의 민의에 의해 교육이 실시되어야 한다는 원리이다. 과거 우리나라 교육행정은 중앙집권적 형태로 이루어져 국민의 민주적인 참여와 지역의 특수성을 반영하기 어려웠다. 그러나 지방분권에 대한 필요성 및 요구는 교육자치제로 실현되었다. 지방분권의 원리를 기반으로 한 교육자치제를 실시함으로써 중앙과 지방 양극 간의 균형을 유지하고자 한다.

여섯째, 자주성의 원리는 「교육기본법」 제5조, 6조에서 규정하고 있으며, 교육행정이 일반행정에서 분리 · 독립되고 정치와 종교로부터 중립성을 유지해야 한다는 것이다. 교육행정에서 자주성 원리가 구현되어야 하는 이유는 교육은 장기적이며, 개인적인 능력을 계발하고 국가 사회의 이상을 구현하려는 공적인 활동이기 때문이다. 그러므로 교육은 당파의 이익과 특정 종교의 수단으로 활용할 수 없는 보편타당한 중립성을 가져야 한다.

일곱째, 안정성의 원리는 교육정책의 수립과 집행은 장기적인 안목에서 계속성과 일관성을 유지해야 한다는 것이다. 교육의 대상이 장기적인 성격을 띠고 있다는 점, 정책변화의 파급효과가 크다는 점은 교육행정의 안정성 원리를 강조하게 한다.

여덟째, 전문성의 원리는 교육활동의 본질을 이해하고, 교육의 특수성을 인식하고 교육행정에 관한 이론과 기술을 습득한 전문가가 교육활동 및 교육행정을 담당하여야 한다는 점이다. 교육활동은 그 자체가 전문적 활동이기 때문에 반드시 전문적인 지식과 기술을 구비해야 하며, 현재 교육행정가에게 전문적인 지식과 기술, 장기간의 교육훈련이 요구되고 있다.

4) 교육행정의 영역

교육행정의 영역은 규범적 관점과 서술적 관점에 따라 구분하여 볼 수 있다. 규범적인 관점은 조직의 구성원들이 보편적이고도 합리적인 조직목적을 극대화하기 위해 노력한다고 본다. 그러므로 이러한 관점은 가치지향적이고 당위적인 방향으로 정의되고 통합적인 성격을 지닌다. 규범적인 관점으로 정의된 교육행정의 범위는 일반적이고 보편적인 과업으로 인식된다. 규범적 관점에 따른 교육행정의 범위는 일반적으로 교

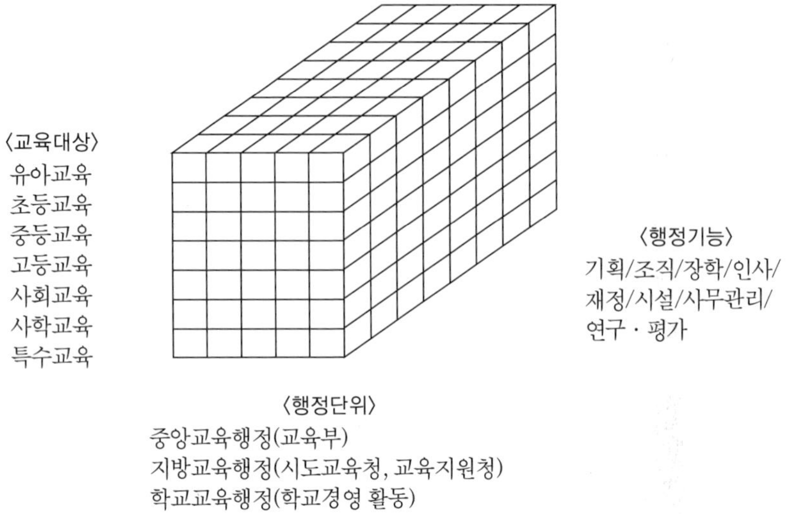

그림 1-1 **교육행정의 영역**

출처: 윤정일 외(2015).

육기획, 조직, 교육내용 · 장학, 학생, 인사, 재정, 시설, 사무관리, 연구 · 평가 등으로 구분될 수 있다. 행정의 기능, 교육대상, 행정단위를 기준으로 교육행정의 영역을 구분하면 [그림 1-1]과 같다.

그러나 이는 교육행정 영역 · 범위를 정의하고, 행정의 효율성을 평가하는 지침으로 역할을 하지만 행정의 실제를 이해하는 데 부족하다고 보았다. 조직구성원들이 합리적인 조직목적을 우선시한다기보다는 개인 혹은 조직의 제약(constraints) 요소들을 타협(bargaining)의 과정을 통해 문제를 개선한다고 보았다(Sergiovanni, 1980). 그러므로 서술적 관점은 당위적인 방향으로 행정영역 또는 범위를 정의하기보다는 객관적이고 실제적인 현상을 중요시한다. 서술적 관점에서는 교육행정의 과업을 분절된 활동으로 구분하기보다는 주로 교육행정의 과업을 연결하고 있는 인간관계 및 갈등, 리더십, 의사결정 등의 행정행위에 초점을 맞추고 있다(오은경, 2003). 서술적 관점에서는 규범적 관점에서 정의한 교육행정의 과업과 실제의 차이를 귀납적으로 밝히고, 과업을 효과적으로 수행할 수 있는 시간의 경영, 과업의 우선순위 등을 제시하고 있다.

2. 교육행정 이론의 발달

교육행정 이론의 변화는 시기별로 구분하여 특징을 설명할 수 있고, 이론의 확장 또는 진보된 형태로 이해될 수 있다. 이론은 연구의 도구이며 목표이다. 이러한 이론은 사실(실제)에 근거하고 있고, 행정가에게 실제를 이해하는 준거의 틀이 된다. 즉, 교육행정가가 이론의 과정을 살펴보는 것은 인간과 인간행동을 바라보는 관점, 교육현상을 설명하는 틀을 제공하기 때문이다.

교육행정 이론은 교육조직 내의 행동을 체계적으로 기술하고 설명하는 일련의 상호 관련된 요소들을 연구하는 것으로 다른 학문과 유사하게 개념(concept), 가정(assumption), 일반화(generalization)로 구성된다(Hoy & Miskel, 2013). 교육행정가 대부분은 이론의 모든 관점으로부터 장점을 추구하고자 하며, 현상파악을 통해 주어진 문제의 해결책을 찾고자 한다.

교육행정의 이론화 과정에 영향을 미친 주요 이론은 과학적 관리론, 인간관계론, 행동과학론, 체제론, 대안적 관점이다. 이러한 이론의 주요한 관점은 효율, 인간, 통합 그리고 문화와 관련되어 있다. 시대별로는 19세기 후반부터 발달한 고전이론, 1930년대 경제공황 이후 발달한 인간관계론, 본격적인 이론화 운동이 시작된 1950년대부터 행동과학론과 체제론, 1970년대 이후 다양한 사조와 함께 대안적인 관점 또는 다원론으로 구분할 수 있다. 이론의 관점과 주요 개념은 〈표 1-1〉과 같다.

이중 체제론은 1940년대부터 사회과학과 자연과학의 연구방법으로 광범위하게 도입되었고, 1960년대에는 학교조직을 이해하는 데 유용한 방법으로 활용되기 시작하였다(윤정일 외, 2015). 그러므로 체제론은 학자별로 행동과학이론과 동시대의 이론으로 구분하거나 대안적 관점 이론으로 구분한다. 현재는 체제론을 중심으로 실증주의적 관점이 지배적인 가운데 비판이론, 해석학, 페미니즘에 힘입은 이론이 대안적인 관점으로 제시되는 과정에 있다(윤정일 외, 2015). 또한 체제론은 환경 속에 조직화된 하나의 체제이며, 조직의 행동을 분석하는 데 중요한 발전을 가져왔다. 체제는 합리체제,

〈표 1-1〉 교육행정 이론의 관점과 주요 개념

이론 범주	이론		시기	대표 학자와 이론	교육행정 실제/ 패러다임
교육행정 실무시대	고전 이론	과학적 관리론	1910년 ~	Taylor, 과학적 관리의 원칙 Bobbit, 교육행정의 원리	학교조사를 통한 실제 개선
		행정관리론		Fayol, 산업관리 및 일반관리 Gulick, 행정관리 POSDCoRB	
		관료제론		Weber, 관료제론, 권위의 유형 Abbott, Bidwell, 관료제와 학교조직	
	인간관계론		1930년 ~	Follet, 조직심리 연구 Mayo & Roethlisberger, 호손실험	민주적 행동원리 도입 및 행동처방
교육행정학 이론 시대	행동과학론		1950년 ~	Barnard, 행정가의 기능 Simon, 행정가의 행동 Getzels & Guba, 사회과정 모형	구조기능적 패러다임
	대안적 관점		1970년 ~	Senge, 학습조직과 배움의 공동체 Greenfield, 해석학적 관점	해석적, 비판적 패러 다임

출처: 윤정일 외(2015); 주삼환 외(2015); 신현석 외(2015); 성태제 외(2007)의 내용을 재구성함.

자연체제, 개방체제로 구분되며, Hoy와 Miskel(2013)은 조직을 바라보는 체제의 틀에 따라 교육행정 이론을 구분하여 서술하였다. 합리체제(기계 모형)는 과학적 관리론, 자연체제(유기적 모형)는 인간관계론, 개방체제(통합)는 행동과학론으로 구분하였다. 또한 학교조직을 학교구조, 개인, 문화, 정치, 핵심기술, 환경, 결과의 요인이 결합된 사회체제로 바라보았다.

1950년대에 태동한 행정의 이론화 운동은 교육행정에 대한 연구와 이론의 개발을 촉발시켰으며 사회과학적 관점에서 교육행정 현상을 기술, 설명하는 계기를 마련하였다(주삼환 외, 2015). 1970년대에는 당시까지 지배적인 영향력을 미쳐 온 사회과학적 관점에 대한 다양한 비판과 새로운 관점이 제기되기 시작하였다.

- 통합적(inclusive) 공동체로서 경제, 종교, 문화, 윤리, 가정, 기타의 차이가 서로 융화되어 하나의 상호존중하는 전체를 이룬다.
- 탐구(inquiring) 공동체로서 교장과 교사는 자신의 실제를 반성하고, 당면 문제의 해결책을 탐색하는 과정에서 집단적 탐구정신에 전념한다.

학습공동체의 지지자들은 학교 내의 유대가 강화되면, 도덕적으로 의미가 있는 의무의 망들(webs of obligations)이 형성된다고 보았으며, 교사들로 이루어지는 전문적인 학습공동체의 중요성을 주장하고 있다.

요약

- 교육행정(educational adminstration)의 개념 정의는 다양한 관점으로 접근하고 있다. 교육과 행정의 관계에서 우선시 되는 가치에 따라 행정영역구분론, 기능주의론, 행정과정론, 정책실현론, 협동행위론, 교육지도성론 등의 관점으로 구분된다. 교육행정의 개념을 정의하는 데 관점의 차이가 있으나 교육행정은 근본적으로 교육의 목적을 이루기 위한 교육활동을 관리 · 조성 · 지도하는 활동이라고 볼 수 있다.
- 교육행정은 일반행정과 공통적인 성격을 지니는 동시에 교육을 위한 행정이라는 점에서 특수성을 지니고 있다. 교육행정은 일반적으로 봉사적, 정치적, 민주적 성격을 지니고 있다. 교육행정의 독자적인 성격은 중요성, 인격성, 전문적, 장기적, 평가의 난해성 등을 들 수 있으며, 이러한 성격은 교육의 특수성에서 기인한다.
- 교육행정의 원리는 민주성, 효율성, 합법성, 기회균등, 지방분권, 자주성, 안정성, 전문성 원리 등으로 정의될 수 있다. 이러한 원리가 실제에 적용될 때는 과업의 중요도, 우선순위 등을 고려하여 시의 적절하게 활용되어야 한다.
- 교육행정 이론은 교육조직 내의 행동을 체계적으로 기술하고 설명하는 일련의 상호 관련된 요소들을 연구하는 것으로 이러한 요소는 개념(concept), 가정(assumption), 일반화(generalization)로 구성된다. 교육행정의 이론화 과정에 미친 행정의 이론은 과학적 관리론, 인간관계론, 행동과학론, 체제론, 대안적 관점이다. 이러한 이론의 주요한 관점은 효율, 인간, 통합 그리고 문화와 관련되어 있다.

찬반 토론

교육환경의 변화에 따라, 교육영역에서 경영의 개념을 다양하게 도입하여 적용하고 있다. 예를 들어, 1990년대 중반 교육개혁안에 수요자 중심 교육이 대두되면서 교육의 효율성과 책무성을 높이기 위해 단위학교의 교장이 기업의 CEO로 비유되고 있다. 급격한 학교 내·외 환경 변화는 미래에 능동적으로 대응할 수 있는 학교경영자로서 교장의 역할모형이 요청된다는 것이다.

과연 경영개념의 도입이 교육조직으로서 학교 운영에 도움이 된다고 생각하는가? 이러한 관점에서 기업에서 경영자들을 교육하기 위해 사용하는 교육방식 및 교육내용을 교장을 포함하여 교육행정가에게 적용하는 것이 적절하다고 생각하는가?

찬성의견	반대의견
1. 조직의 이론은 기본적으로 모든 조직에 적용될 수 있다.	1. 경영은 기본적으로 사익을 추구하며, 학교는 공적인 기관으로 공익을 추구한다.
2. 교육행정에서 조직이론은 일반행정 및 산업계 분야에서 연구되었으며, 행정에 관한 경영분야도 같은 맥락에서 이해할 수 있다.	2. 경영이론을 학교에 적용하기보다는 교육연구가들의 조직이론을 적용하도록 노력해야 한다.
3. 경영분야에서 다루는 조직의 가치, 훈련, 방법의 공유와 소통은 학교에서도 학부모 및 지역사회 등 이해관계자와 평등한 관계를 유지하게 도움을 줄 뿐만 아니라 친밀도를 높일 수 있다.	3. 교육자가 이해관계자에게 피드백을 제공하고 공개해야 하지만 교육자가 학교 밖의 이해관계자로부터 선임되어서는 안 된다.
4. 리더십 등의 관리이론은 다양한 조직에 적용되고 있다. 경영에 관련한 노하우를 학교에서 활용하지 않는 것은 비합리적인 행동이다.	4. 경영이론에서는 주로 행동주의를 토대로 하여 결과를 중요시한다. 그러나 교원은 사회적이고 심리적인 동기가 우선하며, 교육조직에서 결과는 과정보다 중요하지 않을 수 있다.
5. 학교 교장의 경영에 대한 교육은 조직이론을 잘 이해하고, 이러한 이해를 바탕으로 성인학습자 학습에 적용하여야 한다.	5. 학교장에 대한 경영교육은 조직을 잘 이해할 수는 있으나 교육의 표준, 교육의 가치까지 이해하지는 않는다.

출처: Lunenburg & Ornstein(2004).

생각해 볼 문제

1. 교육행정의 개념은 행정영역구분론, 기능주의론, 행정과정론, 정책실현론, 협동행위론, 교육지도성론 등의 관점으로 구분하여 정의할 수 있다. 각 관점에서 강조하고 있는 가치에 대해 비교하며 논의해 보자.
2. 교육행정의 성격은 일반행정과 공통적인 성격과 차별적인 성격으로 구분된다. 이 중 일반행정의 성격에 비추어 볼 때 교육행정만의 차별적인 성격은 무엇인지 논의해 보자.
3. 최근 일반행정(공공)에 자율성과 효율성, 책무성이 강조됨에 따라 교육행정에서도 경영의 관점을 강조하는 제도적 변화가 요구되고 있다. 교육행정에 경영 개념을 적용하려는 배경이 무엇인지 알아보고, 그 타당성에 대해 논의해 보자.
4. 19세기 후반 산업화로 조직의 생산성을 극대화하기 위해 과학적인 경영 및 관리 원칙을 적용한 것이 과학적 관리론이다. 이러한 과학적 관리가 지금까지 교육행정에 적용된 예를 찾아보고, 그 가치에 대해 논의해 보자.
5. 체제이론은 조직론과 관리론의 중심 개념으로 이해된다. 체제는 여러 부분으로 이루어진 전체 혹은 여러 요소의 총체이며, 투입, 과정, 산출 및 환경으로 구성된다. 교육행정의 체제는 유기적이고 역동적인 개방체제로 정의된다. 이러한 체제 안에서 학교조직 운영내용을 투입, 전환, 산출 요인으로 분석하여 보고, 학교행정가의 역할에 대해 논의해 보자.

참고문헌

성태제, 강이철, 곽덕주, 김계현, 김천기, 김혜숙, 봉미미, 유재봉, 이윤미, 이윤식, 임웅, 한숭희, 홍후조(2007). **최신 교육학개론**. 서울: 학지사.

신현석, 안선회, 김동석, 김보엽, 박균열, 박정주, 반상진, 변기용, 양성관, 엄준용, 이강, 이경호, 이일권, 이정진, 전상훈, 조홍순(2015). **학습사회의 교육행정 및 교육경영**(2판). 서울: 학지사.

오은경(2003). **교육행정의 기초**. 서울: 이화여자대학교 출판부

윤정일, 송기창, 조동섭, 김병주(2015). **교육행정학 원론**(6판). 서울: 학지사.

주삼환, 천세영, 김택균, 신붕섭, 이석열, 김용남, 이미라, 이선호, 정일화, 김미정, 조성만(2015). **교육행정 및 교육경영**(5판). 서울: 학지사.

한유경, 나민주, 김이경, 박상완, 반상진 공역(2011). **교육행정(Education Governance and Adminstration, 6th ed.)**. T. J. Sergiovanni, P. Kelleher, M. M. McCarthy 공저. 서울: 아카데미프레스.

Hoy, W. K., & Miskel, C. G. (2013). *Educational Administration: Theory, Research, and Practice* (9th ed.). NY: McGraw-Hill Eduaction.

Lunenburg F. C., & Ornstein, A. C. (2004). *Educational Administration: Concepts and Practices* (4th ed.). The Thomson Co.

Sergiovanni, T. J. (1994). *Building Community in Schools*. San Francisco: Jossy-Bass.

Sergiovanni, T. J., Burlingame, M., Coombs, F. S., & Thurston, D. W., (1980). *Educational Governance and Adminstration*. Englewood Cliffs: Prentice-Hall, lnc.

Sergiovanni, T. J., & Starratt, R. J. (1979). *Supervision: Human Perspectives*. New York: McGraw-Hill Book.co.

제 2 장

학교조직론

1. 조직의 이해
2. 조직의 구조
3. 학교조직의 특성

사례

올해 김 교사는 농촌의 6학급 소규모 가 중학교에서 대도시에 소재한 30학급 나 중학교로 전근하게 되었다.

지난 학교에서는 교사가 자신을 포함하여 10명밖에 없어서 학급담임, 생활지도부, 교무부 등 다양한 일을 동시에 맡았고, 영어 담당 선생님 또한 자신밖에 없어서 수업 준비도 많이 했어야 했지만, 스스로 교육과정을 구성하고 학생들을 가르치는 재미에 힘이 드는 줄도 모르고 일을 하였다. 또 대부분의 선생님들은 학교 사택에 모여살고, 학생들도 인근에 거주하고 있어 많은 시간을 공유하고, 주말에 사제동반 등산도 다니곤 하였다.

새로 학교를 옮기고 나서 김 교사는 학급담임과 교무부 일을 맡게 되어 이전 학교보다는 일이 줄었지만, 잘 모르는 것이 있어도 묻기 어렵고, 주변 선생님들은 서로 바쁘고, 대화도 거의 메신저를 통해서 이루어져 동료교사들과의 관계형성에 어려움을 느끼게 되었다. 또 학생들도 수업이 끝나면 학교에 있기보다는 교문 밖에 늘어서 있는 학원버스를 타고 학원으로 가는 것을 선호하고 있었다. 예전과 달리 수업도 다른 반 선생님들과 가르치는 내용과 수준을 비슷하게 맞추어서 진행해야 하고, 스스로 수업을 새롭게 구성해서 가르치는 것은 같은 교과목 선생님들의 눈치를 봐야 했다.

두 조직은 같은 학교라는 이름을 가지고 운영되고 있으나, 조직의 규모, 형태, 특성에 있어 차이가 있다. 이 두 학교 조직의 공통점과 차이점, 그리고 바람직한 조직의 운영 방향에 대해 다음에 제시되는 조직이론을 토대로 생각해 보자.

1. 조직의 이해

우리는 일생 동안 수많은 조직을 거쳐 살아간다. 우리가 전생애에 걸쳐 만나게 되는 여러 다양한 조직 중에서 가장 중요한 조직 중 하나는 아마 학교일 것이다. 학교는 사회에 소속한 모든 개개인이 미성숙한 시기에 가장 많은 시간을 보내고, 자신의 삶을 구성해 나가는 교육의 장이라는 측면에서 중요성을 갖는다. 또한 이 책에서 다루고 있는 교육행정 및 교육경영이 이루어지는 실제 현장은 학교라는 점에서 학교가 어떠한 조직이며, 그 특성은 어떠한지에 대해 구체적으로 살펴보고자 한다.

1) 조직의 개념

(1) 조직

조직은 학자에 따라 다양한 개념 정의가 이루어지고 있다. 조직의 개념에 대한 여러 학자들의 다양한 정의[1)]를 토대로 오석홍(2003), 윤정일 외(2015), 신현석 외(2015)는 조직에 대한 통합적인 개념 정의를 하고 있다.

- 오석홍(2003)은 조직을 “인간의 집합체로서 특정한 목표 추구를 위하여 의식적으로 구성한 사회적 단위”로 정의하였다.
- 윤정일 외(2015)는 조직이란 “둘 이상의 사람이 일정한 목표를 추구하기 위해 의도적으로 구성한 사회체제로서, 목표 달성을 위한 특정한 과업, 역할, 권한, 의사소통, 지원구조 등을 갖는 체제”로 제시하였다.

1) Barnard(1938), Weber(1947), Selznick(1957), Etzioni(1964), Hall(1991), Katz와 Khan(1978) 등이 조직에 대해 다양한 정의를 제시하였다.

• 신현석 외(2015)는 조직을 "둘 이상의 사람들이 '공유한 목표를 달성하기 위해' 과업과 역할 및 권한 관계 등을 구조화한 사회체제"라고 하였다.

이들 정의를 통해 볼 때, 조직은 "조직 구성원이 둘 이상인 의도적으로 구성된 집합체로서, 서로 공유하는 특정한 목표가 있는 사회체제" 로 정의할 수 있을 것이다.

(2) 학교조직

우리나라에서 학교는 법적 근거를 가지고 유아교육 · 초등교육 · 중등교육 및 고등교육을 하기 위하여 설립되었으며, 학생교육, 학술 및 문화적 전통의 유지 · 발전, 주민의 평생교육을 목표로 하고 있다.[2] 즉, 학교조직은"교직원과 학생을 조직 구성원으로 하는 의도적으로 구성된 집합체로서, 공공성을 가진 교육이라는 특정한 목표를 서로 공유하고 있는 사회체제" 로 정의할 수 있다.

학교는 일반적으로 '학생교육, 학술 및 문화적 전통의 유지 · 발전, 주민의 평생교육' 을 목적으로 하나 교육대상의 특성에 따라 서로 공유하는 특정한 목표는 달라질 수 있으며[3], 학교가 속한 환경 등에 따라 조직 구성원의 규모 또한 달라질 수 있다. 또 학

2) 「교육기본법」 제9조(학교교육) ① 유아교육 · 초등교육 · 중등교육 및 고등교육을 하기 위하여 학교를 둔다. ② 학교는 공공성을 가지며, 학생의 교육 외에 학술 및 문화적 전통의 유지 · 발전과 주민의 평생교육을 위하여 노력하여야 한다. ③ 학교교육은 학생의 창의력 계발 및 인성(人性) 함양을 포함한 전인적(全人的) 교육을 중시하여 이루어져야 한다. ④ 학교의 종류와 학교의 설립 · 경영 등 학교교육에 관한 기본적인 사항은 따로 법률로 정한다.[전문개정 2007.12.21.]

3) 교육대상에 따른 우리나라 학교조직의 교육 목표는 다음과 같다.
- 유치원: 만 3~5세 유아의 심신의 건강과 조화로운 발달을 도와 민주시민의 기초를 형성하는 것을 목적으로 한다.
- 초등학교: 초등학교의 교육은 학생의 학습과 일상생활에 필요한 기초 능력 배양과 기본생활 습관 형성, 바른 인성의 함양에 중점을 둔다.
- 중학교: 중학교의 교육은 초등학교 교육의 성과를 바탕으로, 학생의 학습과 일상생활에 필요한 기본 능력과 바른 인성, 민주 시민의 자질 함양에 중점을 둔다.
- 고등학교: 고등학교 교육은 중학교 교육의 성과를 바탕으로, 학생의 적성과 소질에 맞는 진로 개척 능력과 세계 시민으로서의 자질을 함양하는 데 중점을 둔다.
- 대학교: 대학은 인격을 도야(陶冶)하고, 국가와 인류사회의 발전에 필요한 심오한 학술이론과 그 응용방법을 가르치고 연구하며, 국가와 인류사회에 이바지함을 목적으로 한다.

교마다 투입되는 자원, 소속한 환경, 조직 구성원의 특성 등에 따라 고유의 사회체제를 가질 수 있다. 학교조직 개념에 대해 다음의 예를 들어 좀 더 이해해 보자.

서울지역에 소재한 A초등학교와 전라남도 변지역에 소재한 B초등학교에 대해 생각해 보자. 두 학교 모두 공통적으로 국가교육과정을 준용하고 있으며, 학생과 교직원으로 구성되어 있다. 또한 초등학교의 교육 목적인 '학생의 학습과 일상생활에 필요한 기초 능력 배양과 기본 생활 습관 형성, 바른 인성의 함양'을 지향하고 있다.

A초등학교는 1980년대에 세워진 공립학교로 총 학생수가 1,370명이고, 학급수는 53개, 학급당 인원은 25.5명이며, 교원은 총 60명이다. 학부모들은 주로 맞벌이 부부가 많고 자녀의 교육에 관심이 많은 편이다. 주변은 아파트로 둘러싸여 있으며, 인근에 과학원, 청소년 수련원, 영화관 등 교육 · 문화체험이 가능한 여러 시설이 있어 교육 환경은 우수한 편이다. 학생들은 사교육의 영향으로 사전 학습이 잘 되어 있어 교원들은 더 나은 교육을 하기 위해 꾸준히 노력을 하고 있다. 이 학교는 기초학력미달 학생 비율이 약 3%이며, 교원들의 직무만족도도 높아 인근 지역의 교원들이 전근하기를 원하는 학교로 평판을 얻고 있다.

B초등학교는 1950년대에 세워진 공립학교이다. 총학생수는 71명, 학급수는 6개, 학급당 인원은 11.8명이며, 교원은 9명이다. 맞벌이 가정이 대부분이며 저소득층 자녀 및 다문화가정이 많은 편이나, 학부모들의 교육에 대한 열의는 높은 편이다. 또 농촌지역에 소재하고 있어 학교 외의 교육 · 문화체험을 하기는 어려움이 있다. 인터넷 강의를 제외한 사교육은 이루어지기 어려운 교육 환경이며, 교사와 학생, 학부모 모두 서로의 사정과 형편을 잘 알고 있어 교직원들은 부모와 같은 마음가짐으로 책임감을 가지고 성심껏 학생들을 교육하고 있다. 하지만 실제 기초학력미달 학생 비율이 약 10%로 나타나, 이를 낮추기 위한 대책이 필요하다고 인식하고 있으며, 선생님들은 약 20% 학생들에 대한 생활지도에 어려움을 호소하고 있다.

앞의 예에 제시된 두 학교는 투입된 인적 · 물적 자원이 다르며, 환경적인 제약을 가지고 있다. 이들 학교는 동일한 교육목적을 가지고 있으나, A초등학교와 B초등학교에 근무하는 교원들이 학생들에 대해 인지하고 있는 생각과 교육적인 동기에는 차이가 있으며, 산출된 결과물에도 차이가 있다. 이처럼 학교조직은 서로 다른 환경 속에서 각자의 변형과정을 거쳐 산출에 이르는 고유의 사회체제로 볼 수 있다.

2. 조직의 구조

1) 공식 조직

공식 조직(formal organization)은 조직의 목적 달성을 위해 의도적으로 설계된 조직으로서 조직도나 기구표상에 나타나는 조직이다. 비공식 조직(informal organization)은 공식조직 내에서 구성원들이 개인의 욕구충족을 위해 자발적으로 구성한 집단을 의미한다. 공식조직은 구조나 형태가 전체적으로 드러나 있는 데 반해, 비공식 조직은 일반적으로 외부에서는 쉽게 파악하기 어려운 은밀한 소집단의 형태를 띤다. 공식 조직은 공적 목표와 효율성의 원리로 운영되는 반면, 비공식 조직은 정서적 감성의 논리에 의해 움직이는 경향이 있다(신현석 외, 2015).

공식 조직은 학교의 목적을 달성하기 위해 개발되고 실행되는 권위의 위계, 분업, 형식화, 비정성, 공식적 의사소통, 공식적 리더십 등으로 이루어진다. 비공식 조직은 학교에 따라 역동적으로 나타나며 비공식 구조, 소규모 집단으로 분화, 비공식 규범, 개인적 관계, 비공식적 의사소통, 비공식적 리더십 등의 특성을 지니고 있다. 이와 같은 공식 조직과 비공식 조직은 하나의 조직하에서 병행하여 나타난다(Hoy & Miskel, 2013).

공식 조직은 학교에서 주로 업무를 체계화하여 나타낸 조직도로 파악할 수 있다. 학교의 조직도에는 대체로 계선조직, 참모조직, 보조조직이 공식 조직으로 나타난다.

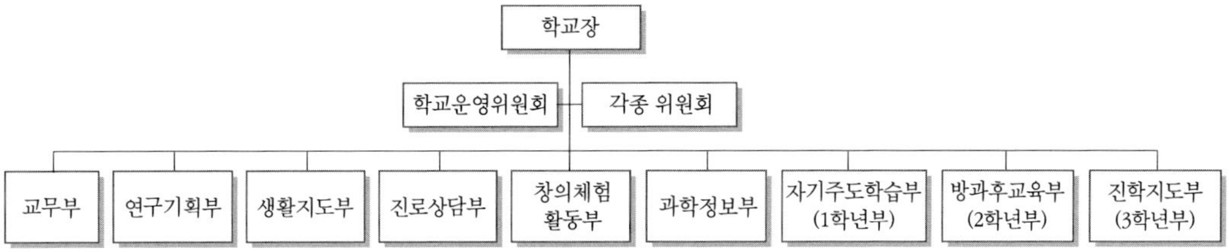

그림 2-1 학교 조직도의 예

계선 조직(line organization)은 조직도의 수직적인 라인에 있는 부서로, 상하 위계 속에서 지휘와 명령 계통에 따라 업무를 직접 수행하는 조직이다. 학교의 교무 분장 조직 등으로 업무의 통일성, 능률성, 책임성을 중시한다([그림 2-1] 참조). 계선 조직은 지시, 명령, 집행, 결정 등이 이루어지고 결과에 대한 책임을 직접적으로 진다. 참모조직은 계선조직이 의사결정이나 업무를 원활히 수행할 수 있도록 전문적인 자문이나 조언을 하는 조직이다. 전문성의 원리가 중시되며, 주로 기획, 자문, 협의 정보수집, 통제, 인사, 조직, 연구 등의 역할을 수행한다. 간접적인 권한 행사와 책임을 지니며, 업무에 있어 전문성과 개혁성을 중시한다.[4] 보조 조직(auxiliary organization)은 계선 조직과 참모 조직 이외에 어느 정도 독립성을 지닌 지원 조직으로 주로 대규모의 조직에서 나타난다. 이는 조직의 내부나 외곽에 설치되며, 계선 조직의 기능을 부분적으로 심화, 보조하기 위한 역할을 수행한다. 조직 부설로 된 연구소나 실험실 등이 있다(윤정일 외, 2015; 신현석 외, 2015).

2) 비공식 조직

학교는 공식 조직 외에 비공식 조직도 같이 공존하고 있다. Barnard(1938)는 비공

4) 우리나라 학교에는 일반적으로 참모조직으로 교원인사자문위원회, 교육과정운영위원회 등이 구성되어 운영되고 있다.

식 조직의 기능을 첫째, 효과적 의사소통을 위한 도구, 둘째, 조직 응집력 개발의 수단, 셋째, 개인의 진실성을 보호하는 장치로 제시하였다(Hoy & Miskel, 2013). 비공식 조직은 이러한 장점 외에 Mayo와 동료들이 수행한 호손 연구에서 밝혔듯이, 때로는 공식 조직의 생산성을 약화시키는 부정적 영향을 미친다. 파벌을 조성하여 공식 조직의 목표달성을 저해하고, 공식 조직의 의사소통을 차단하거나 왜곡하여 비합리적 의사결정이나 편파적 행정행위 등을 초래해 조직의 혼란을 가중시킬 수 있다(신현석 외, 2015).

Katzenbach와 Zhan(2010)은 공식 조직이 효율성, 예측가능성, 통제, 구체성, 규율, 위계 관계와 합리성을 강조하는 반면, 비공식 조직은 적응성, 혁신, 자발성, 협동적 관계와 감성을 강조한다고 하였다. 이론적 측면에서 학교의 공식적 요소와 비공식적 요소가 잘 혼합되고 활용될 때 학교 행정이 더 효과적일 수 있다(Hoy & Miskel, 2013).

3. 학교조직의 특성

1) Weber의 관료제

Weber(1947)의 관료제 모델은 대부분의 현대 조직의 이론적 기초가 되고 있다. Weber가 제시하고 있는 관료제는 분업과 전문화, 비정성, 권위의 위계, 규율과 규정, 경력지향성과 같은 특성들을 가지고 있다. 이와 같은 Weber의 관료제 개념은 현실세계에서는 발견되지 않는 이상적 모형(ideal type)이지만, 학교를 포함하여 실제의 조직을 분석하고 해석하는 데에는 유용하다. 학교를 관료제로서만 이해하기는 어려운 한계가 있으나, 여기에서는 학교조직을 이해하는 기본 이론으로서 관료제의 특성에 대해 다룬다.

관료제가 갖는 주요 특성 및 기능과 역기능은 다음과 같다(Hoy & Miskel, 2013).

• 분업과 전문화

–(의미) 분업과 전문화는 "관료적으로 운영되는 구조의 목표를 위해 요구되는 일상적인 활동들이 공식적 의무로서 고정된 형태로 배분되는 것"을 의미한다. 대부분의 조직에서 업무가 복잡해지면 분업화가 일어나고, 분업은 효율성을 향상시킨다. 예를 들어, 학교에서 분업은 학교급(초등학교, 중등학교), 과목별(수학, 과학 등)과 같이 주로 교육적 목적에 의해 일어난다.

–(순기능) 분업과 전문화는 학교 교직원들의 전문성 향상을 가져오며, 이는 조직의 효율성을 향상시킨다.

–(역기능) 분업과 전문화는 업무의 지루함을 가져올 수 있다.

• 비정성

–(의미) 비정성은 "감정이나 편향됨 없는, 인간적인 감정이 부재하는 형식적인 비인간성"을 뜻한다. 관료제하에서 피고용인은 감정이 아닌 사실에 근거한 결정을 내리도록 기대된다. 학교행정가와 교사에게 비정성은 공평한 대우를 보장하고 합리성을 강화시킨다.

–(순기능) 의사결정에서의 합리성을 향상시킨다.

–(역기능) 사람들이 비인간적으로 상호작용하는 다소 척박한 분위기를 만들어 낼 수 있으며, 이는 사기저하로 이어질 수 있다. 사기저하는 흔히 조직 효율성을 약화시킨다.

• 권위의 위계

–(의미) 관료제하에서 각 직책들은 수직적으로 배열된다. 하위 직책은 상위 직책의 통제와 감독하에 있으며 이는 권위의 위계를 가져온다. 학교에서는 교장, 교사, 학생과 같은 조직 구조도에서 분명하게 나타난다.

–(순기능) 권위의 위계는 업무의 원활한 조정을 향상시킨다.

–(역기능) 권위의 위계가 갖는 주요한 역기능은 의사소통의 왜곡과 단절의 문제이다. 하위자는 상급자에게 나쁜 인상을 줄 수 있는 것에 관해 의사소통을 꺼리며, 실제로 자신에게 유리한 것 또는 상급자들이 듣기 원하는 것만을 전하는 경

향이 있다.

- 규율과 규정
  - (의미) 모든 관료 조직은 보통 의도적으로 만들어진 추상적 규율의 일관된 체제를 가지고 있다. 규율 체제는 각 포지션에 내재된 권리와 의무를 포괄하며 위계적으로 활동을 조정하는 것을 도와준다. 또한 작업의 지속성과 연속성을 제공한다. 이와 같이 규율과 규정은 피고용인 행동의 일관성과 안정성을 확보한다.
  - (순기능) 규율과 규정은 지속성, 업무 간 조정, 안정성, 일관성을 제공한다.
  - (역기능) 규율과 규정은 종종 조직 경직과 목표 전도(goal displacement)를 가져온다. 피고용인이 지나치게 규율에 경도되면 규율과 규정이 목적 달성을 위해 의미하는 바를 잊고 그 자체를 목적으로 삼는다. 특히 규정과 같은 위계에 따른 순응은 자주 조직 경직과 적응의 어려움을 가져온다. 이러한 관료적 형식주의는 규율에 대한 순응이 조직 목적 달성을 방해될 때 나타난다.
- 경력 지향
  - (의미) 관료 조직에서 채용은 전문적인 기술 및 자격을 토대로 이루어지므로, 피고용인은 자신의 일을 경력으로 생각한다. 승진체제는 연공서열, 성취 또는 이들 양자에 의해 이루어지며, 승진은 상위자들의 판단에 따른다. 조직에 대한 충성을 조성하기 위해 특별한 기술을 가진 개인은 임의적인 해고나 승진거부로부터 보호받아야 한다. 관료제하에서 피고용인은 상위자들의 감정에 좌우되지 않는 결정이 이루어지도록 보호받는다.
  - (순기능) 경력 지향은 피고용인들의 조직 충성심을 이끌어 내고 이들의 노력을 극대화할 수 있도록 동기화할 수 있는 한 건설적이다.
  - (역기능) 승진이 연공서열과 성취에 근거하더라도, 이들 두 가지가 필수적으로 양립되어 이루어지는 것은 아니다. 예를 들어, 높은 성취에 따른 빠른 승진은 충성심 있고 열심히 일하는 생산적 또는 창의적이지 않은 중견 피고용인 간에 불만을 가져올 수 있다.

〈표 2-1〉 관료제의 특징 및 기능

관료제의 특징	순기능	역기능
분업과 전문화	전문성	지루함
비정성	합리성	사기 저하
권위의 위계	순응 및 조정	의사소통 단절
규율과 규정	지속성 및 안정성	경직과 목표 전도
경력 지향	유인책	성취와 연공서열 간의 갈등

출처: Hoy & Miskel(2013).

이상의 관료제의 특성 및 기능을 정리하여 제시하면 〈표 2-1〉과 같다.

관료제는 앞에서 제시한 역기능 이외에도 비공식 조직을 충분히 고려하지 않고 있다는 점, 관료제 요소들(분업, 규율과 규정) 간의 잠재적인 내적 충돌에 대해 다루지 않고 있다는 점, 남성 중심의 가치와 장점에 우선권을 두고 있다는 점 등에서 페미니즘 차원에서의 비판을 받고 있기도 하다.

2) 전문적 관료제

전문적 관료제라는 용어는 Mintzberg(1979)가 처음으로 사용하였다. 그는 조직구조의 핵심 부분을 다섯 가지[5)]로 제시하고, 이들을 통제하고 감독하는 조정기제

5) 다섯 가지의 핵심 부분은 다음과 같다.
- 현업핵심층(operating core): 조직구조의 하부에 위치하며, 고객에게 제품이나 서비스를 생산하거나 제공하는 인력이다. 공장의 조립라인 근로자, 병원의 의사와 간호사, 항공기의 승무원, 학교의 교사 등이 여기에 속한다.
- 중간관리층(administrative component): 현업핵심의 바로 위에 자리하고 있으며, 감독 및 통제와 현업 근로자에게 필요한 자원의 제공을 담당하는 관리계층을 말한다. 공장의 관리자, 학교의 교장, 중간관리자 계층이 해당된다.
- 전략상층부(strategic apex): 조직의 제일 상층부에 위치하며, 외부환경에 주목하면서 조직의 비전 설정과 구조설계를 담당한다. 기원의 임원, 학교의 경우, 교육감이나 교육장, 학교법인의 이사회 등이 여기에 속한다.

(coordinating mechanism)를 상호조절, 직접적인 감독, 작업과정의 표준화, 결과의 표준화, 기술의 표준화 등 다섯 가지로 구분하고, 이에 따라 다섯가지의 조직 유형[6]이 나타난다고 보았다. 이 중 전문관료제(professional bureaucracy)는 기술의 표준화를 조정기제로 하는 조직이다. 현업핵심층이 조직의 핵심 부분이 되면, 실무 전문가들의 기술과 지식에 의존하는 조직이다. 전문가 스스로 자신을 통제하고 작업기준을 개발하기 때문에 별도의 전문기술 부문은 크게 필요하지 않으며, 분권화되고 이완된 형태를 띤다. 전문가 조직이나 체계화된 대규모 학교 등에서 나타난다(신현석 외, 2015).

거의 대부분의 현대 행정조직이 관료제적 성격을 가지고 있는 것과 마찬가지로 학교도 관료제적 특성을 갖는다고 할 수 있다. 하지만 학교조직은 외적 모습은 관료제의 성격을 지니지만, 내적 구조와 운영 원리는 전문적 조직의 성격을 지니고 있다. 즉, 학교는 계층 및 규칙 · 절차가 강조되는 관료적 특성과 고도의 기술이 요구되고 적용되는 전문적 특성이 공존하는 조직이다(강경석 외, 1998).

이처럼 학교조직의 관료제는 구성원인 교사가 고도의 교육을 받은 전문가라는 점에서 다른 일반적인 관료제와 구별된다. 교사들은 독립적인 한정된 교실에서 각기 다른 배경의 학생을 가르치면서 상당한 자유재량권을 행사한다. 따라서 다른 관료제 조직과는 달리 엄격한 감독을 받지 않고 있기 때문에, 교사자격증, 표준화된 교육과정과 교과서, 정해진 코스 이수 여부 확인을 위한 학교 학습 평가 등을 통해 통제하게 된다. 따라서 학교조직의 특성은 단순한 관료제만으로는 설명이 불가능하며, 관료제와 전문직

- 전문기술 부분(technostructure): 중간관리계층의 한쪽에 위치하며, 조직의 산출물과 프로세스에 대한 표준화, 측정 및 검사, 조직활동 설계 및 계획, 직원훈련 등을 담당한다. 기업의 회계나 품질관리 부서, 정부의 감사 부서 등이 여기에 속한다.
- 지원 부분(support staff): 중간관리계층의 다른 한쪽에 위치하며, 다른 부문의 과업수행을 지원하거나 촉진시키는 역할을 한다. 학교의 경우 학교식당 종사자, 수위, 시설담당 직원, 버스 운전기사 등이 여기에 속한다.

6) 단순구조(simple structure), 기계식관료제(machine bureaucracy), 전문관료제(professional bureaucracy), 사업부제(divisionalized form), 임의구조(adhocracy).

제의 혼합적인 조직 형태로 전문적 관료제라고 설명하는 것이 바람직하다(윤정일 외, 2015).

3) 조직화된 무정부

Cohen과 March, Olsen(1972)은 학교조직은 '조직화된 무정부(Organized Anarchies)'로 개념화하여 매우 혼란스럽고 통제되지 않는 학교조직의 특성을 부각시켰다. '무정부'라는 의미는 조직은 되어 있지만 덜 구조화되어 있고, 합리적 · 과학적 · 논리적으로 파악되기 어려운 측면이 있으며, 목표나 기술 또는 구성원 관계가 기능적이지 못한 측면이 있음을 강조하는 것이다. 학교는 분업과 전문화에 기초한 역할분담, 권한과 책임의 위계구조, 교육목적과 실현을 위한 전문지식과 기술의 적용 등 공식구조로서의 외형을 갖추고 있지만, 실제에서는 그 관계가 명확하지 못하고 매우 모호하고 혼란스러운 양상을 띤다(신현석 외, 2015).

이 조직은 ① 불분명한 목표, ② 불확실한 기술, ③ 유동적인 참여를 특징으로 한다. 교육조직은 명료한 목표와 그 목표를 실천하도록 하는 기술이 무엇인가를 찾아내기가 어렵고 구성원의 유동적인 참여를 특징으로 한다는 점에서 그러한 조직 특성을 보여준다(윤정일 외, 2015).

- 불분명한 목표: 교육조직의 목적은 구체적이지 못하고 분명하지 않다. 교육조직의 목표는 수시로 변하며, 대립적인 목표가 상존하고, 구성원마다 다르게 규정한다. 그래서 구체적인 프로그램으로 만들 수 없다.
- 불확실한 기술: 교육조직의 기술이 불명화하고 구성원들에게 잘 알려져 있지 않다. 교육조직에서는 아주 많은 기술이 활용되지만, 그들이 학습자에게 어떠한 영향을 미칠지에 대해서는 분명하게 말할 수 없다. 특히 어떤 방법과 자료를 활용해야 학습자들로 하여금 요구된 목표에 도달하게 할 수 있는지에 대해 교사, 행정가, 장학담당자의 합의된 견해가 없다.

• 유동적 참여: 교육조직에서의 참여는 유동적이다. 학생들은 입학한 후 일정한 기간이 지나면 졸업한다. 교사와 행정가도 때때로 이동하며, 학부모와 지역사회 관계자도 필요시에만 참여한다.

4) 이완결합체제

Weick(1976)은 학교조직의 특성을 '이완결합체제(loosely coupled system)'로 제시하고, 이완결합을 결합된 사건들이 서로 호응하나, 그 각각의 사건을 또한 그 자신의 정체성과 물리적 또는 논리적으로 별개라는 증거들을 가지고 있는 이미지로 전달하고자 하였다. 예를 들어, 학교에서 상담실과 교장실은 이완결합되어 있다. 교장과 상담가는 때로는 붙어있으나, 각각 고유의 정체성과 분리성을 가지고 있으며, 그들의 부착은 제한적이고, 드물며, 상호 영향력이 약하고, 중요하지 않고, 반응 또한 느리다.

학교조직은 공식구조와 각 부서별 상하위계적 지위 관계를 가지고는 있지만, 군대나 기업 등과는 달리 학교조직 구성원들은 상당한 자율성과 개별성을 유지하는 특성이 있다. 즉, 학교조직의 내적 구조는 서로 연결은 되어 있으나 각자가 독자성을 유지하면서 어느 정도 분리되어 있는 모습이 있다는 것이다. 실제 학교에서 교사들은 교실에서 혼자 일하고, 동료나 행정가들에 의해 비교적 잘 관찰되지 않으며, 학생들에게는 상당한 자율권을 행사하고 있다(신현석 외, 2015).

Meyer와 Rowen(1983)도 학교의 중심적인 활동인 수업이 조직 구조의 통제에서 벗어나 있음을 지적하면서 교육조직을 이완조직의 측면에서 이해해야 한다고 하였다. 즉, 교육평가와 교육과정, 교수방법, 교육권 등에서 교육행정가는 교사를 통제할 위치에 있지 못하기 때문에 학교는 이완조직의 측면에서 신뢰의 논리(logic of confidence)에 의해 운영되어야 한다는 것이다(윤정일 외, 2015).

5) 이중조직

학교는 두 가지 기본적인 조직 영역, 기관적 · 운영적 기능 등과 관련한 관료적 영역과 실제 교수-학습 과정에 관련된 전문적 영역이 있다. 일반적으로 관료적 영역은 긴밀하게 연결되어 있고 응집력 있는 구조를 가지고 있다. 전문적 영역은 좀 더 이완적으로 구조화되어 있다. 이와 같이 학교조직은 관료적 영역과 전문적 영역이 공존하기 때문에 전문가로서의 가치와 관료적 기대 간의 기본적인 갈등이 발생할 수 있다(Hoy & Miskel, 2013).

수업의 경우를 보면 교장과 교사가 느슨하게 결합된 관계를 보이지만, 수업시간 운영과 학습집단 구성, 인적 · 물적 자원의 활용 등은 대체로 엄격히 통제하고 있다. 즉, 수업 등과 관련한 특정한 측면에서 볼 때는 느슨한 결합 구조를 가진 조직으로 이해할 수 있으나, 행정관리라는 보편적인 조직관리의 측면에서는 엄격한 결합 구조를 가지고 있다(윤정일 외, 2015). 또한 학교는 개방체제이므로 외부 환경에 따라 조직 구조를 긴밀하게 하거나 이완된 형태로 만드는 압력도 변한다(Hoy & Miskel, 2013). 따라서 학교행정가는 행정관리 차원의 조직관리는 관료적 엄격성을 유지하되, 교육활동과 관련된 전문영역에서는 자율성 및 권한과 책임의 부여 등 이원적 차원에서 지도성을 발휘할 필요가 있다(신현석 외, 2015).

〈표 2-2〉 전문가와 관료들의 기본 특성: 유사점과 차이점

유사점	차이점	
	전문가	관료
전문적 기술 객관적 관점 비정적 및 공정한 접근 고객에 대한 봉사	동료지향적인 준거집단 의사결정의 자율권 스스로 부과한 통제기준	위계지향적 훈련된 순응 조직에 종속

출처: Hoy & Miskel(2013).

6) 학습조직

학교는 교수와 학습에 헌신하는 봉사조직이다. 학교의 궁극적 목적은 학생의 학습에 있으며, 실제 학교의 존재는 이러한 활동에 근거하고 있다. 학교는 다른 어떤 조직보다 더 학습조직(learning organization)이어야 한다(Hoy & Miskel, 2013).

Senge(1990)는 학습조직을 '구성원들이 진정으로 원하는 성과를 달성할 수 있도록 지속적으로 역량을 확대시키고, 새롭고 포용력 있는 사고능력을 함양하며, 집중된 열의가 자유롭게 설정되고, 학습방법을 서로 공유하면서 지속적으로 배우는 조직'으로 정의하면서 구성원들의 행동 특성을 강조하였다(김희규, 2007). Hitt(1995)는 전통적 조직과 학습조직을 비교를 통해 학습 조직의 특성을 제시하고 있으며, 조직이 관료적 조직에서 성과중심적 조직으로, 나아가 학습조직으로 발전해 나가고 있다고 제시하였다.

〈표 2-3〉 전통적 조직과 학습조직의 특성

구분	전통적 조직	학습조직
공유된 가치	효율성, 효과성	탁월성, 조직 개선
리더십 유형	통제자	촉진자
팀	작업집단	시너지 팀
전략	안내 지도(road map)	학습 지도(learning map)
구조	위계적	역동적 네트워크
직원	지식인(people who know)	학습인(people who learn)
기술(Skills)	적응 학습	생성 학습
측정체계	재정 보고	균형 잡힌 득점표

주: 전통적 조직은 관료적 조직과 성과중심조직의 조합을 의미함.
출처: Hitt(1995).

또한 Senge(1990)는 전통적인 관료적 조직과 근본적으로 다른 학습조직을 구현해 주는 다섯 가지 원리를 다음과 같이 제시하였다(신현석 외, 2015).

- 개인적 숙련(personal mastery): 지식과 기술 등에 대한 개인적 역량을 지속적으로 키우는 학습활동
- 정신적 모델(mental model): 주변에서 발생하는 현상들을 이해하는 인식체계
- 비전의 공유(shared vision): 조직이 추구하는 방향과 그 중요성에 대한 공감대 형성
- 팀학습(team learning): 구성원들이 팀을 이루어 학습하는 것으로 개인학습을 증진하고 조직학습을 유도
- 체제 사고(system thinking): 조직의 다양한 사건이나 활동을 부분이 아니라 조직 전체의 역동적인 상호작용 차원에서 인지하고 이해하는 접근방식

학교가 효과적인 학습조직이 되기 위해서는 교수-학습을 지속적으로 지원하고, 조직적 적응을 증진시키는 구조를 창출하는 방법을 찾아야 한다. 또한 개방적이고 협동적이며, 자기 조절적인 조직 문화와 풍토를 발전시켜야 한다. 변화에 개방적인 개인들을 끌어들어야 하며, 적법한 교수-학습활동을 바꾸어 놓으려는 부적절한 정치를 막아야 한다. 변혁적 리더십, 개방적이고 지속적인 의사소통, 공유된 의사결정 등은 학교의 조직적 학습을 향상시키고 또 증진시킬 수 있는 기제들이다(Hoy & Miskel, 2013).

7) Hoy와 Miskel의 학교조직 유형

Hoy와 Miskel(2013)은 관료구조의 여섯 가지 중요한 특징, ① 권위의 위계, ② 재직자 규정, ③ 절차상 설명, ④ 비정성, ⑤ 기술적 능력, ⑥ 전문화 중 '① 권위의 위계, ② 재직자 규정, ③ 절차상 설명, ④ 비정성'을 '관료적'으로, '⑤ 기술적 능력, ⑥ 전문화'를 '전문적'으로 분류하고, 이를 토대로 학교조직의 유형을 Weber형, 권위주의형, 전문형, 혼돈형과 같이 네 가지 형태로 제시하였다([그림 2-2] 참조).

먼저 Weber형 학교 구조는 전문화와 관료화가 모두 높고, 이들이 상호 보완적인 관계에 있다. 이 유형은 Weber가 기술한 이상적 유형(ideal type)과 비슷하다.

		전문적 유형	
		높음	낮음
관료적 유형	높음	Weber형 (Weberian structure)	권위주의형 (authoritarian structure)
	낮음	전문형 (professional structure)	혼돈형 (chaotic structure)

그림 2-2 학교조직 구조 유형

출처: Hoy & Miskel(2013).

권위주의형 구조는 관료적 권위를 강조한다. 권위는 지위와 위계에 근거한다. 규율, 규칙 및 지시에 대한 순응이 조직 운영의 기본 원리이다. 권력은 집중되고 위에서 아래로 움직인다. 규율과 절차가 비정하게 적용되며, 감독자가 항상 최종 결정을 한다. 일반적으로 조직과 상급자들에게 충성을 해 온 사람들이 승진을 한다.

전문형 구조는 상당한 의사결정이 전문성을 가진 직원에게 위임되는 구조이다. 직원들은 중요한 조직 의사결정을 할 수 있는 전문 기술과 능력을 가진 전문가로 간주된다. 규율과 절차는 동일하게 적용되는 엄격한 형태라기보다 안내해 주는 역할을 한다. 즉, 교사는 조직의 의사결정 과정에 상당한 권한을 가진다.

혼돈형 구조는 전문화와 관료화가 모두 낮으며, 이에 혼란과 갈등이 일상적인 운영의 특징이다. 비일관성, 모순 및 비효과성이 혼돈형 구조에 만연하다. 예외 없이 이 구조는 다른 구조 유형으로 이동하도록 강한 압력이 발생한다.

이러한 학교 구조의 유형은 학교발전 이론을 위한 토대로 기여할 수 있다. 이 네 가지 유형을 토대로 Hoy와 Miskel(2013)은 학교가 혼돈형 구조에서 권위주의형, Weber형, 전문형 구조로 점진적으로 이동하는 학교 발전 모형을 제시하였다([그림 2-3] 참조).

혼돈형 구조는 비효과적이며 신속한 조치를 할 가능성이 큰 집단이다. 교육위원회는 현재의 무질서에 질서를 가져오기 위해 안팎으로 상당한 압력하에 놓이게 될 것이다. 이에 대한 전형적인 대응은 '새로운 리더십'을 찾는 것이다. 새로운 리더십은 필연적으로 질서를 가져오기 위해 관료적이고 권위적인 절차에 의지하게 된다. 즉, 혼돈형

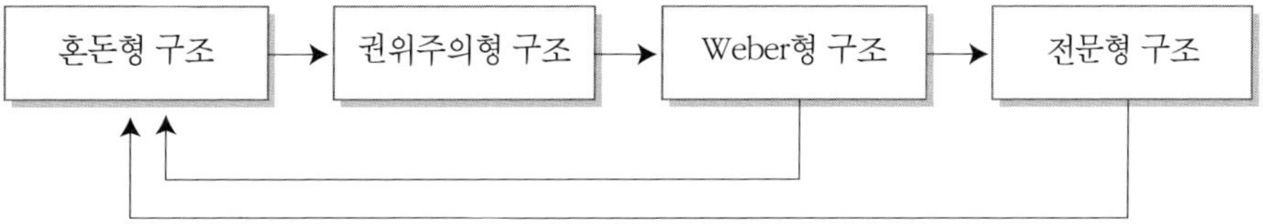

그림 2-3 예상되는 학교 구조의 점진적 변화

출처: Hoy & Miskel(2013).

구조는 권위주의형 구조로 이동할 것이다.

권위주의형 구조는 기계적(mechanistic)이다. 권력과 권위는 긴밀하게 연결된 조직 구조에 놓여 있다. 행정가들은 일방적인 의사결정을 하며, 교사들은 의문 없이 행정가들의 지시에 순응할 것으로 기대된다. 일반적으로 관계는 공식적, 비정적, 수직적이다. 관료적 권위에 근거한 공식적인 목표들이 조직 행위를 안내한다. 일정, 규율 및 절차 등의 행정적 시행에 따라 수업이 조정된다. 기대되는 갈등은 보통수준이며, 혼돈형 구조에서 발견되는 것보다는 낮지만 Weber형과 전문형 구조에서 발견되는 것보다는 높다. 학교 환경이 지원적이고, 안정적이며 단순하다면, 학교 효과성은 중간 정도가 될 것으로 예측된다.

Weber형 구조에서는 집권화와 전문화의 힘이 균형을 유지하고 있다. 위계, 규율, 절차, 비정성과 같은 관료적 속성이 교사의 기술적 능력 및 전문성을 보완한다. 행정가와 교사는 두 집단 모두가 강조하는 공동의 이익과 두 집단 모두가 헌신하는 공유된 목적을 위해 의사결정을 함께한다. 교사와 행정가 간의 갈등은 제한적이며, 조직의 각 부분들 간의 연결은 적당하게 긴밀하다. 즉, 공식적 특성 및 비공식적 특징들이 통합되어 있다. 학교 효과성은 높을 것으로 예측되며, 이 구조는 단순하고 안정적인 환경하에서 가장 효과적으로 기능하게 된다.

대부분의 사람은 무질서보다는 질서를 선호하기 때문에 혼돈형 구조에서 권위주의형 구조로의 이동은 상대적으로 쉽다. 그러나 권위주의형 학교 구조에서 Weber형 또는 전문형 구조로의 이동은 훨씬 더 어렵다. 여러 연구를 통해 볼 때 많은 학교들은 기본적으로 권위주의형에 머물러 있다. 이들 학교는 Weber형 또는 전문형 구조로 진화하지 못하고 상명하달식 구조를 띠고 있다.

교직이 더 전문직화됨에 따라 일부 학교 구조는 Weber형에서 전문형 구조로 진화될 수 있다. 전문형 구조는 이완되고, 유동적이며 비공식적이다. 전문가인 교사가 의사결정을 통제하고, 심지어 교사 집단이 권력의 지배적 근원이 된다. 행정가의 주요 역할은 교사에게 봉사하고 교수-학습 과정을 촉진하는 데 있다는 점에서 행정가는 교사에게 종속된다. 학교의 활동들을 통합하는 책임은 전문가인 교사에게 있다. 전문형 구조는 고도로 전문화된 직원, 다양한 목표, 높은 교사 자율성 및 수평적 관계를 가진 복잡한 조직이다. 궁극적으로, 이러한 조직의 효과성은 교사의 전문 기술, 헌신 및 봉사에 거의 절대적으로 달려 있다. 조직 전문가들을 신뢰하는 전문형 조직은 안정적이고 복잡한 환경에서 높은 효과성을 가진다.

이상의 네 가지 구조 유형은 이상적 유형(ideal type)이며, 대부분의 학교는 이 네 가지 유형에서 변형된다.

요약

- 학교조직은 학교의 특성과 조직의 개념을 토대로 정의될 수 있다. 이에 학교조직은 "교직원과 학생을 조직 구성원으로 하는 의도적으로 구성된 집합체로서, 공공성을 가진 교육이라는 특정한 목표를 서로 공유하고 있는 사회체제"로 정의할 수 있다.
- 학교조직이 갖는 특성은 ① 전문적 관료제, ② 공식 조직과 비공식 조직, ③ 조직화된 무질서 조직, ④ 이완결합체제, ⑤ 이중조직, ⑥ 학습조직으로 구분하여 살펴볼 수 있다. 학교는 이와 같은 다양한 특성을 가지고 있으며, 학교 행정가 및 교사는 학교의 다양한 특성을 잘 이해하고, 학교가 학습조직으로 발전해 나갈 수 있도록 지원하여야 할 것이다.
- 학교조직의 유형은 Weber형, 권위주의형, 전문형, 혼돈형 구조로 제시할 수 있으며, 이들 구조의 유형은 학교발전 이론을 위한 토대로 기여하고 있다. 대부분의 학교는 권위주의형 구조에 머무르고 있지만, 교사의 전문성이 심화되고 있는 상황에서 전문형 구조로의 진화에 대해서도 고려해 보아야 할 것이다.

찬반 토론

교사 경력 5년차인 김교육 선생님은 C고등학교의 고3 담임교사이다. 학년 초에 반 학생들 간의 학교폭력 문제가 발생하였고, 가해학생은 사회봉사처분을 받았다. 이에 대해 현 교육부 지침에 의해서는 학교생활기록부에 기재해야 하나, 가해학생의 학부모가 매일같이 찾아와 학생부 기재만은 말아달라고 간청하고 있고, 소속 학교장도 학생부에 사회봉사처분이 기재될 경우, 학생의 미래에 부정적 영향을 줄 수 있다고 우려하고 있다. 하지만 교육부 지침에 의하면 학생부 기재를 하지 않는 것은 직무 유기이며, 피해학생과 그 학부모는 가해학생의 처분이 기록되기를 바라고 있다.

김교육 선생님은 학교생활기록부에 학생의 처분 사실을 기재해야 하는가, 기재하지 않아야 하는가?

찬성의견	반대의견
1. 학교의 공식적인 규율과 규정에 따라 일관성 있게 일을 처리해야 하므로 학교생활기록부에 학교폭력과 관련한 사항을 기재하여야 한다. 2. 공정하게 일을 처리해야 차후에 같은 문제가 발생하여도 사건에 치우치지 않을 수 있다.	1. 학교폭력 관련 사항을 학생부에 기재하는 것보다는 가해학생이 다시 잘못된 행동을 하지 않도록 안내하고 지도하는 것이 더 중요한 문제이다. 2. 고3 학생의 학교생활기록부에 기록하는 것은 학생의 대학진학, 나아가 앞으로의 삶에도 영향을 줄 수 있으므로, 지나치게 비정한 일처리가 된다.

생각해 볼 문제

1. 다음 두 사례를 학교조직으로 볼 수 있는지를 학교조직의 개념에 비추어 논의해 보자.

   [A의 사례]

   A는 질병으로 인해 부득이하게 학교에 다닐 수 없었다. A의 부모는 A가 학교에 다닐 수는 없으나 집에서라도 교육을 받을 수 있도록 최선을 다해 홈스쿨링을 하고 있다.

[B의 사례]

B는 섬에서 할머니와 함께 살고 있다. 지금은 선생님도 1명, 학생도 1명인 초등학교에 다니고 있지만, 내년에 읍내에 있는 중학교는 갈 수 있을지 걱정이다.

('나홀로 교사'…전남지역 1인 교사 학교 20곳, 연합뉴스, 2015.05.12.)

2. 학교가 갖는 이중조직의 특성에 대해 설명하고, 이러한 학교의 특성이 조화를 이루기 위한 학교장의 역할에 대해 논의해 보자.
3. 앞서 배운 조직이론을 토대로 자신이 졸업한 고등학교의 조직 특성에 대해 파악해 보자.
4. 전통적인 조직과 학습조직의 차이에 대해 설명해보고, 미래 학교가 지향해야 할 학교조직의 방향에 대해 논의해 보자.
5. 지역, 학교급, 학교 규모 등에 따라 학교 조직의 특성이 어떻게 나타나고 있는지 파악해 보자.

참고문헌

강경석, 이봉우(1998). 학교 조직의 전문화 · 조직 구조 특성 · 조직 효과성 간의 인과 관계. **교육행정학연구, 16**(3), 127-148.

김희규(2007). **학교조직과 학습조직**. 경기: 한국학술정보.

신현석, 안선회, 김동석, 김보엽, 박균열, 박정주, 반상진, 변기용, 양성관, 엄준용, 이강, 이경호, 이일권, 이정진, 전상훈, 조홍순(2015). **학습사회의 교육행정 및 교육경영**(2판). 서울: 학지사.

오석홍(2003). **조직이론**. 서울: 박영사.

윤정일, 송기창, 조동섭, 김병주(2015). **교육행정학원론**(6판). 서울: 학지사.

Barnard, C. (1938). *Functions of an Executive*. Cambrige, MA: Havard Universtiy Press.

Cohen, M, D., March, J. G., & Olsen, J. P. (1972). A Garbage can Model of Organizational Choice. *Administrative Science Quarterly, 17*(1), 1-25.

Etzioni, A. (1964). *A comparative Analysis of Complex Organizations*. NY: Free press.

Hall, R. H. (1991). *Organizations: Structure and Process* (5th ed.). Prentice-Hall.

Hitt(1995). The Learning Organization: Some Reflections on Organizational Renewal. *Leadership & Organization Development Journal, 16*(8), 17-25.

Hoy, W. K., & Miskel, C. G. (2013). *Educational Administration: Theory, Research, and Practice* (9th ed.). NY: McGraw-Hill Education.

Katzenbach, J. R., & Zhan, Z. (2010). *Leading Outside the Lines: How to Mobilize the (in) Formal Organization, Energize Your team, and Get Better Result.* San Francisco, CA: Jossey-Bass.

Katz, D., & Khan, R. L. (1978). *The Social Psychology of Organizations* (2nd ed.). NY: John and Sons, Inc.

Meyer, J. W., & Rowen, B. (1983). "The Structure of Educational Organizations", In Meyer, J. W., & Scott. R. (1983). *Organizational Environments.* Califonia: Sage Publications.

Mintzberg, H. (1979). *The Structuring of Organizations.* Englewood Chiffs, NJ: Prentice Hall.

Selznick, P. (1957). *Leadership in Administration: A Sociological Interpretation.* Ill.: Row, Peterson and Co.

Senge, P. (1990). *The Fifth Discipline: The Art and Practice of the Learning Organization.* New York: Doubleday.

Weber, M. (1947). *The Theory of Social and Economic Organizations.* In T. Parsons (Ed.), A. M. Henderson and T. Parsona (Trans.). New York: Free Press.

Weick, K. E. (1976). Educational Organizations as Loosely Coupled Systems. *Administrative Science Quarterly, 21*, 1-19.

제 3 장

학교문화와 풍토

사례

박 교사는 요즘 정신없이 바쁜 나날을 보내고 있다. 수학교사, 담임, 연구부장으로서 평소 역할도 충실히 해야 할 뿐만 아니라, 새롭게 맡은 교사학습동아리의 회장으로서 역할이 추가되었기 때문이다. 물론 그동안에도 친한 동료교사들과 교내 동아리 활동은 많이 해 왔으나 주로 꽃꽂이모임, 영화감상 등 취미를 위주로 한 동호회 성격이거나, 동교과나 동학년 교사들끼리 모여서 소위 학교의 문제학생 지도 등 고민거리를 나누는 정도의 연구회 모임이었다. 그러나 이번 동아리는 그동안의 모임과는 다르게 매달 한 번씩 있는 정규모임 참여는 물론이고 모임이 없는 기간에도 동아리 멤버들과 SNS를 통해 정보를 나누며 활발히 활동하고 있다. 이 모임은 인근지역 내 여러 학교 교사들이 매달 한 번씩 정규적으로 만나 수업방법 개선에 대해 논의하는 교사학습동아리이다.

처음 이 모임을 소개시켜 준 것은 본교 교감선생님이셨다. 평소 수업방법 개선에 고민이 많았던 박교사에게 인근학교 교사에게 들은 적이 있다며 모임을 추천해 준 것이다. 박교사는 처음에는 별 기대 없이 참여하였다가 요즘엔 동아리 멤버들끼리 새로운 수업 아이디어나 개발한 자료들을 SNS에 올리고 그것을 자신의 수업에 활용해 보는 재미에 흠뻑 빠져 있다. 그동안 같은 학교, 동교과 교사라고 할지라도 서로의 수업에 대해 구체적으로 정보를 나눌 수 있는 기회는 거의 드물었다. 물론 교내 장학, 교과연구회 등 다양한 활동이 이루어졌지만 수업은 각자의 전문 영역이고 서로의 수업을 공개하는 것을 부담스러워하기 때문에 형식적인 활동에 그칠 경우가 많았다. 특히 50년의 역사적 전통하에 안정적 학교운영이 이루어지고 고경력 교사가 많은 본교에서 수업 공개는 거의 새로 부임하는 신임교사들의 몫이었다.

박 교사는 이 모임을 통해 수학시간에 졸기만 하던 학생들이 참여하고 활동하는 수업으로 교실을 변화시키는 데 성공하였다. 요즘처럼 교사로서 자부심과 만족감이 높았던 적이 없었던 것 같다. 연구부장인 박 교사는 같은 학교 교사들과도 이런 기쁨을 함께 나누고 싶은 마음에 학내에도 모임을 만들어 운영하고자 결심했다. 교감선생님의 적극적인 지원하에 교무회의에서 참여자를 모집한다는 공지를 냈으나, 이후 얼마 못 가 실망감에 빠졌다. 일주일 동안 참여자가 단 2명뿐이었던 것이다. 전체 교사가 40명에 달하는데 단 2명뿐이라니. 그 2명도 평소 친하게 지내던 동료교사들만 눈치를 보다 겨우 신청서를 냈다. 교감선생님은 처음이라 생소해서 그럴 것이다 위로해 주었으나, 박 교사는 고민에 빠졌다. 언론에서 비판하는 것처럼 철밥통에 자기계발하지 않는 교직풍토의 문제를 인정할 수밖에 없는가, 아니면 박 교사가 근무하는 학교만의 특수한 문화나 분위기 때문인가 말이다. 이 장에서는 학교문화 및 풍토는 무엇인지, 학교운영에 어떠한 영향을 미치는지 살펴보면서 박 교사의 고민에 대해 함께 논의해 보자.

1. 학교문화

1) 학교문화의 개념

(1) 조직문화의 개념 및 수준

조직문화(organizational culture)는 한 조직에 대한 느낌, 기분, 분위기, 성격 혹은 이미지를 파악하려는 시도이며, 오래전부터 비공식 조직, 규범, 가치, 이념 및 자발적 체제 등의 많은 개념을 포함해 왔다. 즉, 조직문화의 개념은 매우 복잡하고 포괄적이다. 이러한 조직문화의 개념에 대해 Deal과 Kennedy(1982)는 "한 조직의 구성원에게 있어서 무엇이 중요한가를 밝혀 주는 공유된 가치, 무엇이 진리라고 생각하는가를 나타내는 신념, 특정한 장소에서 어떻게 행동하는가에 대한 행동 규범"이라고 정의하였으며, Schein(1985)은 "조직 구성원이 어떻게 생각하고 느끼고 행동하는가를 알기 위해 반드시 이해되어야 하는 것으로 조직 구성원들이 공유하는 기본적 가정과 신념"이라고 정의한 바 있다. 또한 Hofstede(1996)는 "하나의 조직 구성원들을 다른 조직의 구성원들과 구별 짓는 집합적 정신 프로그램, 문화적인 개념과 관련된다."고 하였다. 이러한 개념들을 정리하여 종합해 보면 조직문화는 "조직 구성원들이 내·외적인 문제의 해결과정에서 반복된 경험을 통해 무의식적으로 공유하게 된 기본 가정, 신념, 가치, 행동 규범 등의 결합체"라고 정의할 수 있겠다. 이러한 조직문화를 통해서 구성원들은 조직에 대한 일체감과 안정감을 부여받는다.

앞에서 제시한 조직문화의 개념은 '묵시적 가정으로서의 문화' '공유된 가치로서의 문화' '공유된 규범으로서의 문화' 등을 포괄하고 있는데, Hoy와 Miskel(2013)은 이를 심층적이면서 추상적인 개념에서 표면적이면서 구체적인 정도에 따라 3단계의 수준으로 구분하여 설명하고 있다.

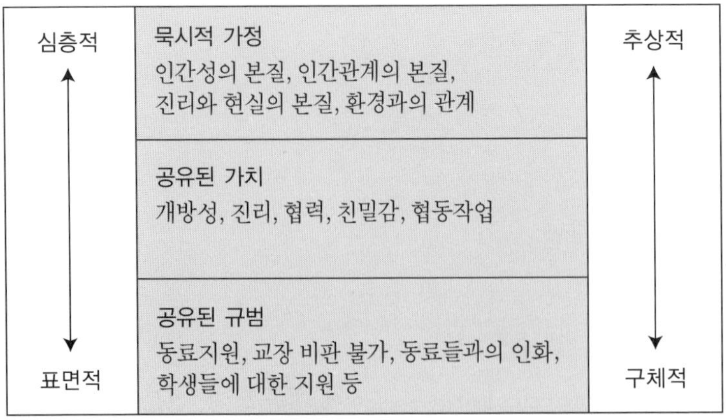

그림 3-1 조직문화의 수준

출처: Hoy & Miskel(2013).

'묵시적 가정으로서의 문화'는 가장 심층적이고 추상적인 단계로서 구성원들이 오랜 조직생활을 통해 습득한 것으로, 인간성의 본질, 인간관계의 본질, 진리와 현실의 본질 및 환경과의 관계를 말한다. 특히, 한 조직의 문화를 이해하기 위한 핵심에는 조직 구성원들이 공유하고 있는 묵시적 가정을 알아야 하고, 이러한 가정들이 어떻게 문화적 패턴 혹은 패러다임으로 결합되는지를 발견할 수 있어야 한다.

추상성의 중간수준에서의 문화는 '공유된 가치로서의 문화'로 정의할 수 있다. 가치는 무엇이 바람직한가에 대한 개념으로 문화의 내재적 가정을 반영하고, 구성원들이 조직에서 또는 조직의 성공을 위해 해야 할 것들로 정의하고 있다. 이와 관련하여 Ouchi(1981)는 성공하는 조직은 내적으로 일관되고, 개방성, 친밀함, 신뢰, 협동, 평등주의 등과 같은 공유된 가치를 특징으로 하고 있다고 주장한 바 있다.

가장 표면적이고 구체적인 문화는 '공유된 규범으로서의 문화'로 정의할 수 있는데, 규범은 행동에 직접적인 영향을 미치는 것으로 일반적인 경험의 표면 아래에서 일어나는 성문화되지 않은 비공식적 기대를 말한다. 즉, 규범은 사람들이 조직의 문화적 측면을 이해하도록 하는 하나의 선명한 수단이 될 수 있다.

(2) 학교문화의 개념 및 특징

일반적으로 학교문화에 대한 연구들은 주로 조직문화에 대한 연구를 바탕으로 이루어져 왔다(조경원, 2004). 따라서 조직문화를 "조직 구성원들이 내·외적인 문제의 해결과정에서 반복된 경험을 통해 무의식적으로 공유하게 된 기본 가정, 신념, 가치, 행동 규범 등의 결합체"라고 정의한다면, 학교문화(school culture)는 "학교조직의 구성원들이 공유한 집합적 정신 프로그램, 의미, 이해, 가치, 근본 가정"이라고 정의할 수 있겠다. 학교는 그 구성원과 목표를 지닌 하나의 조직으로, 조직의 효과성을 높이기 위해 조직문화에 관심을 갖는다(조경원, 2004). 조직의 효과를 높이는 문화적 요소들은 학교공동체를 하나로 묶어 주는 목적, 전통, 규범, 가치 등이며, 이들은 학교문화의 결정적인 요소들이다. 또한, 넓은 의미의 학교문화는 그 안의 학생문화, 교사문화, 학부모문화 등 여러 하위문화들을 망라하며, 지역사회 및 전반적인 사회 환경의 영향을 받는다. 이를 도식화하면 [그림 3-2]와 같다.

학교문화는 다양한 상징체제를 통해 내용을 전달하는데, 대표적인 상징체제로 이야

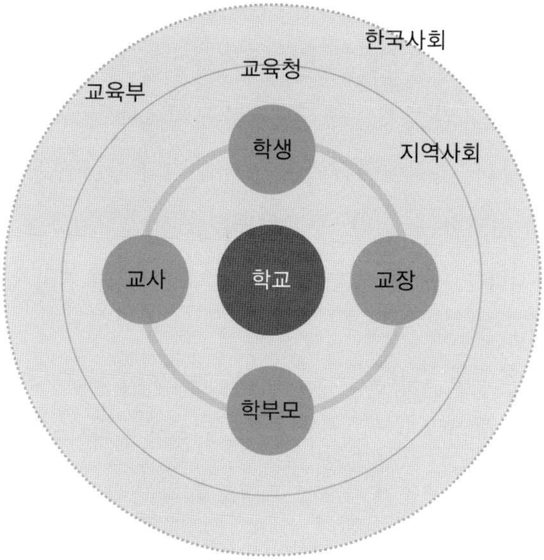

그림 3-2 학교문화와 하위문화

기(stories), 삽화(icons), 의식(rituals) 등이 있다. 이야기는 실제사건에 근거하고 있는 설화, 사실에 의해서 논증될 수는 없지만 의심할 바 없는 신념을 전달하는 신화, 허구적인 설명으로 회자되고 다듬어진 전설 등이 포함되며, 삽화는 학교문화를 전달하기 위해 사용되는 물리적 가공물로 로고, 표어, 교훈, 급훈 등을 예로 들 수 있다. 의식은 학교조직에서 무엇이 중요한지를 알려 주는 일상적인 행사들을 말한다. 이야기, 삽화, 의식 등과 같은 문화가 표현되는 상징들은 학교문화를 이해하는 데 도움을 준다. 예를 들어, 한 학교에서 학부모와 교육청의 압력에도 불구하고 교사들의 입장을 지켜준 학교장 이야기는 응집력과 충성심의 상징이 되어 새로 발령받는 교사들의 입에서 입으로 전달되며 그 학교문화 속에서 특별한 의미를 가지게 된다(Hoy & Miskel, 2013).

2) 공유된 가치와 성공한 조직문화

문화를 이해하는 데 있어서 조직 내 공유된 가치와 신념은 중요한 요소이다. 조직문화의 수준에서 가치는 심층적이고 추상적인 수준의 묵시적 가정을 반영하며, 다음 단계인 규범을 이해하는 기반이 된다. 가치(value)는 바람직한 것이 무엇인지에 대한 신념(belief)을 말하는 것으로, 공유된 가치는 조직의 기본 특성을 규정하며 조직에 정체성을 부여한다. 종종 공유된 가치는 구성원들이 조직에서 성공하기 위해 해야 할 것이 무엇인지를 정의해 준다. 조직에서 구성원들이 왜 그와 같이 행동하는지를 물어보면, 조직의 핵심 가치를 파악할 수 있다. 구성원들은 조직이 지지하는 기준이 무엇인지를 알면 그 기준을 지지하는 의사결정을 할 것이고, 보다 더 조직의 일부로 느끼게 되는 것이다(Hoy & Miskel, 2013).

공유된 가치의 중요성은 성공한 조직문화에 대한 기업 연구들을 통해 잘 파악된다. Ouchi(2008)의 Z이론에 따르면, 조직의 성공은 기술의 문제이기보다는 사람의 문제이며, 성공한 기업은 어떠한 공유된 가치를 특징으로 하는 조직문화를 가지고 있다는 것을 발견하였다. Ouchi는 성공한 조직에는 친밀성, 신뢰, 협동, 평등주의 등과 같은 공유된 핵심 가치가 존재하며, 이는 장기적 고용, 완만한 승진 속도, 참여적 의사결정,

〈표 3-1〉 Z이론의 조직의 특성 및 핵심 가치

조직의 특성		핵심 가치
1. 장기적 고용	→	조직에 대한 헌신
2. 완만한 승진 속도	→	경력지향
3. 참여적 의사결정	→	협동과 팀워크
4. 집단결정에 대한 개인적 책임	→	신뢰와 집단충성
5. 전체적인 지향	→	평등주의

출처: Hoy & Miskel(2013).

집단결정에 대한 개인적 책임, 전체적인 지향 등의 조직 특성을 갖게 한다고 보았다.

장기적 고용은 조직 구성원들의 조직에의 헌신을 통해 조직에 몰입하게 하고, 완만한 승진은 조직 구성원들에게 다양한 경력과 숙련의 기회를 주며, 참여적 의사결정과 집단결정에 대한 개인적 책임은 협동과 신뢰의 분위기를 제공하고, 전체 지향은 조직의 평등주의 분위기를 형성한다. 조직의 이러한 핵심 가치는 모든 구성원들에 의해 수용되고 공유되며, 실제적으로 조직생활의 모든 측면에 영향을 미친다.

성공적인 조직에 대한 또 다른 연구에서도 조직 효과성을 촉진하는 데 강력한 조직문화의 중요성을 강조하였다. Deal과 Kennedy(1982)는 성공한 조직의 몇 가지 문화적 특성을 다음과 같이 제시하였으며, 이를 통해 성공한 조직은 정보와 아이디어의 공유를 중시한다고 보았다(Hoy & Miskel, 2013).

- 폭넓게 공유되고 있는 조직 철학
- 공식적 규칙과 정책보다 개인들에 대한 관심을 더 중시
- 공동의 정체성을 확립하려는 의식과 의례
- 비공식적 규칙과 예외적인 것에 대한 충분한 이해
- 구성원들이 수용하는 것이 다른 사람들에게 중요하다는 신념

3) Steinhoff와 Owens의 학교문화 유형론

Steinhoff와 Owens(1976)는 공립학교에서 발견될 수 있는 학교문화를 네 가지로 유형화하였는데 가족문화(family culture), 기계문화(machine culture), 공연문화(cabaret culture), 공포문화(horror culture)가 그 예이다(〈표 3-2〉 참조). 특히, 이를 '학교문화평가척도'를 개발하여 분석한 결과 가족문화와 기계문화의 학교가 상대적으로 많이 나타났고, 공연문화와 공포문화의 학교는 비교적 적은 것으로 나타났다.

〈표 3-2〉 Steinhoff와 Owens의 학교문화 유형

구분	특징
가족문화	• 학생에 대한 의무 이상의 헌신, 서로에 대한 관심이 중요 • 모든 사람은 가족의 한 구성원이며, 애정, 우정, 협동적, 보호적
기계문화	• 학교를 순전히 기계적인 것으로 간주, 조직의 구조가 원동력 • 행정가는 조직 유지를 위한 투입을 제공하기 위해 시시각각 노력
공연문화	• 학교를 브로드웨이 쇼, 연회 등 공연장으로 간주, 청중의 반응에 초점 • 명지휘의 감독하에 교수의 예술적 질 강조
공포문화	• 학교가 전쟁지역과 같은 긴장의 장으로 은유되는 문화 • 학교를 폐쇄상자, 교도소, 고립된 생활공간으로 묘사, 직원 간 비난, 적대적

출처: Hoy & Miskel(2013).

그 밖에도 학교문화를 유형화한 다양한 연구들이 있다. Hoy와 Miskel(2013)은 학교문화를 아카데미(the academy), 감옥(the prison), 사교클럽(the club), 공동체(the community), 공장(the factory) 등의 은유를 사용하여 문화의 본질을 파악하려고 하였다. 이를 정리하면 다음 〈표 3-3〉과 같다.

또 다른 연구에서 Deal과 Wise(1983)는 학교를 공장(factory), 정글(jungles), 사원(temple)에, 교장을 CEO, 조련사(tamer), 교도사(gurus)로 비유하기도 하였다.

〈표 3-3〉 Hoy와 Miskel의 학교문화 유형

구분	특징
아카데미	학교는 학습이 주가 되는 장소로 간주되고, 학교장은 탁월한 교사이자 학습자이다.
감옥	학교는 학생들을 통제하고 훈련하기 위한 보호기관이며, 학교장은 감시자이다.
사교클럽	학교는 모든 사람이 즐거운 시간을 보내는 사교클럽이며, 학교장은 사회적 관리자이다.
공동체	학교는 사람들이 서로 배우고 지원하는 양육환경이며, 학교장은 공동체의 지도자이다.
공장	학교는 매우 잘 조율된 학생-기계를 만들어 내는 생산라인이며, 학교장은 공장장이다.

2. 학교풍토

1) 학교풍토의 개념

(1) 조직풍토의 개념

조직풍토는 조직문화와 함께 조직의 특징을 규명하고 구성원의 행동을 이해하기 위한 개념으로 널리 활용되어 왔다(노종희, 1990). 조직풍토(organizational climate)란 조직 내에서 구성원이 경험하는 총체적 환경의 질을 말하는 것으로(Lunenburg & Ornstein, 2012), 인성이 한 개인이 갖는 특성의 독특한 양상을 말하는 것이라면 조직풍토는 한 조직이 갖는 특징적 양상을 설명하는 개념이다(Taguiri, 1968). 다시 말해, 조직풍토는 한 조직을 다른 조직과 구분시켜 주며, 조직 내 구성원의 행동에 영향을 미치는 일련의 내적 특징이다(신현석 외, 2015; Gilmer, 1966). Litwin과 Stringer(1968)는 조직풍토 정의에 인식(perception) 개념을 적용하여, 조직풍토란 조직 환경 속에서 생활하고 일하는 사람들의 집단적 인식에 기반하여 구성원들의 행동에 영향을 미치는 일련의 측정가능한 직무환경의 특성으로 정의했다. 주로 조직풍토를 설명함에 있어서는 개방적, 폐쇄적, 부산한, 평온한, 따스한, 냉랭한, 적대적, 엄격한 등의 표현이 활용된다(Lunenburg & Ornstein, 2012).

(2) 조직풍토와 조직문화

그렇다면 조직풍토는 앞서 다룬 조직문화와 어떻게 다른가? 조직문화와 조직풍토는 둘 다 조직의 특성이 구성원의 의식에 반영되고 공유됨으로써 특정의 인식 세계를 형성하거나 행동의 패턴으로 표출되는 과정과 관련된다는 점에서 공통점이 있다(김세호, 2010). 이처럼 문화와 풍토의 정의가 서로 중복되는 부분이 있어 개념적 혼란을 가져온다(진동섭 외, 2011). 학문적으로 볼 때, 문화가 인류학과 사회학에서 기원한 것이 반해, 풍토는 사회심리학과 산업심리학에 뿌리를 두고 있다(Hoy & Miskel, 2013). 조직문화와 조직풍토를 개념적으로 구분해 보자면, 조직문화란 공유된 가정, 가치, 규범 등 신념을 강조하는 반면, 조직풍토는 행동에 대한 공유된 지각(perception) 또는 집단인지의 관점에서 정의된다(신현석 외, 2015). 조직문화는 비교적 장기간에 걸쳐서 형성되고 학습, 전달되는 특성이 있는 반면, 조직풍토는 개념형성의 과정이 비교적 단순하고 단기적이다(김세호, 2010). 따라서 학교풍토는 학교문화에 비해 상대적으로 쉽게 관찰될 수 있다. 학교풍토는 설문지 등을 활용하여 객관적으로 분석될 수 있는 반면에 학교문화는 조직행동에 대한 직접적인 관찰과 심층면접, 다양한 서류분석 등을 활용한 질적인 연구방법을 통해서만 분명하게 밝혀질 수 있다고 주장된다(Hoy & Miskel, 1996;

〈표 3-4〉 조직문화와 조직풍토의 개념 비교

구분	조직문화	조직풍토
학문분야	인류학, 사회학	사회심리학, 산업심리학
연구방법	민속지적 기법	조사연구
추상성 수준	추상적	보다 구체적
공유된 지향성	가정, 가치, 규범	행동 인식

Owens, 1999: 박삼철, 2003 재인용). 〈표 3-4〉는 문화와 풍토의 개념을 비교하여 정리한 것이다.

(3) 학교풍토의 개념 및 특징

학교풍토(school climate)는 학교의 전반적 작업환경에 대한 구성원의 인식을 말하는 것이다. 다시 말해, 학교를 다른 학교와 구분지어 주고 조직 내 구성원의 행동에 영향을 미치는 일련의 내적 특성이라 정의할 수 있다. 보다 구체적으로는 학교풍토란 구성원들에 의해 경험되고, 그들의 행동에 영향을 주며, 학교 내의 행동에 대한 구성원의 집단 인식에 근거한 비교적 지속적인 학교 환경의 특징을 말한다. 학교풍토는 개인의 인성과 비교하여 학교의 인성(personality)이라 할 수 있다(Hoy & Miskel, 2013).

학교풍토는 조직 내에서 구성원의 행동에 영향을 미치는 주요 요인으로 인식되어 학교효과성, 학교의 질과 관련하여 국내외에서 다양한 연구가 수행되었다. 학교조직의 풍토에 대한 대표적 연구로는 Halpin과 Croft의 학교풍토론(OCDQ), Miles의 조직건강론(OHI), Willower 등의 학교풍토론이 있다.

2) Halpin과 Croft의 학교풍토론

Halpin과 Croft는 학교의 조직풍토를 설명하기 위하여 조직풍토기술지(Organizational Climate Description Questionnaire: OCDQ)를 개발하였다(Halpin & Croft, 1962). 이 연구에서는 학교 조직 내 교사집단과 학교장의 행동 특징이 어떠한지를 교사의 지각을 통해 조사하고, 개방-폐쇄의 연속선상에서 학교풍토를 설명하고자 하였다. 이때, 개방풍토의 두드러진 특징은 학교장과 교사, 교사와 교사 상호 간의 협동과 존경이 있다는 점이며, 폐쇄풍토는 그와 반대로 학교장은 틀에 박힌 일과 불필요한 잡무를 강조하고, 교사는 최소한의 반응만 보이며 일탈하고, 리더십은 통제적이고 지시적이며, 교사 상호 간에 무관심한 특징으로 설명된다.

Halpin과 Croft의 OCDQ는 학교풍토를 측정하는 도구로 널리 활용되어 왔으며, 이후 개정판이 개발되어 활용되고 있다(Hoy & Miskel, 2013). Hoy 외(1991)는 초등학교를 기반으로 하여 개정된 풍토 측정도구(OCDQ-RE)를 개발하였다([그림 3-3] 참조). OCDQ-RE에서는 교사와 학교장의 행동 특성을 각각 세 가지 특성으로 제시하고, 총 여섯 가지 하위 변인을 통해 조사된 점수를 바탕으로 학교풍토를 네 가지 유형으로 구분하여 설명하였다. 자세한 사항은 다음과 같다.

〈교사 행동 특성〉

- 동료적(collegial): 교사들 간의 개방적이고 전문적인 상호작용을 지지한다. 교사들은 열의 있고, 수용적이며, 동료교사의 전문적 능력을 존중한다.
- 친밀한(intimate): 교사들 내부의 강하고 결속력 있는 사회적 지원 네트워크를 나타낸다. 교사들은 서로 잘 알고 친밀하며 정기적으로 교제한다.
- 일탈적(disengaged): 전문적 활동에 의미를 가지지 못하거나 초점이 부족하다. 교사들은 단순히 시간을 때우며, 동료교사에 대해 부정적이고 비판적 행동을 한다.

〈교장 행동 특성〉

- 지원적(supportive): 교사들에 대해 기본적 관심이 반영된다. 학교장은 교사들의 제안을 경청하고 개방적이다.
- 지시적(directive): 엄격하고 밀착된 감독을 요구한다. 학교장은 교사들에 대해서 뿐만 아니라 아주 작은 학교활동에 이르기까지 밀착되고 지속적인 통제를 한다.
- 제한적(restrictive): 교사들의 일을 수월하게 해 주기보다는 오히려 방해한다. 학교장은 교사들에게 잡무, 회의, 일상적이고 바쁜 업무로 부담을 준다.

※ 다음 각 문항의 내용을 읽고, 자신이 근무하고 있는 학교에 대한 설명으로 가장 적합한 응답에 표시하시오.

1. 교사들은 동료교사와 친구처럼 가까이 지낸다.	RO	SO	O	VFO
2. 교사들은 열의와 열정을 가지고 즐겁게 일한다.	RO	SO	O	VFO
3. 교사회의는 쓸모없다.	RO	SO	O	VFO
4. 학교장은 교사들을 지원하기 위해 매우 노력한다.	RO	SO	O	VFO
5. 학교장은 냉혹하게 다스린다.	RO	SO	O	VFO
6. 교사들은 일과 끝나는 즉시 퇴근한다.	RO	SO	O	VFO
7. 교사들은 동료교사를 자신의 집으로 초대한다.	RO	SO	O	VFO
8. 학교장은 건설적인 비판을 한다.	RO	SO	O	VFO

RO=거의 발생하지 않는다, SO=가끔 발생한다, O=자주 발생한다, VFO=매우 자주 발생한다.

그림 3-3 Hoy 등의 OCDQ-RE의 문항(예시)

〈학교풍토 유형〉

- 개방풍토(open climate): 학교 구성원 간 협동, 존경, 신뢰가 형성되고, 교장은 교사의 의견과 전문성을 존중하며, 교사는 과업에 헌신하는 풍토
- 몰입풍토(engaged climate): 교장은 비효과적인 통제를 시도하지만, 교사는 이와는 별개로 높은 전문적 업무수행을 하는 풍토
- 일탈풍토(disengaged climate): 몰입풍토와 반대로, 교장은 개방적이고 지원적인데 반해 교사는 학교장을 무시하거나 무력화하려 하고, 교사 간 불화와 편견이 심하고 헌신적이지 못한 풍토
- 폐쇄풍토(closed climate): 개방풍토와 반대로, 교장은 일상적이거나 불필요한 잡무만을 강요하고 엄격한 통제를 시도하며, 교사는 교장과 불화하고 업무에 대한 관심과 책임감이 결여된 헌신적이지 못한 풍토

		학교장 행동(지원적, 지시적, 제한적)	
		개방	폐쇄
교사 행동 (동료적, 친밀한, 일탈적)	개방	개방풍토	몰입풍토
	폐쇄	일탈풍토	폐쇄풍토

그림 3-4 Hoy 등의 OCDQ-RE의 학교풍토 유형

3) Miles의 조직건강론

학교의 풍토를 파악하는 또 하나의 틀은 조직건강(organizational health)이다. 조직건강은 인간의 건강에 해당하는 개념으로, 건강한 조직은 조직의 기능을 효과적으로 수행하며, 파괴적 외부세력으로부터 적절히 대응하며, 보다 완전하게 그 기능을 수행할 수 있는 체제로 발전과 성장을 도모하는 노력을 지속하는 조직이다(Miles, 1965; Hoy & Miskel, 2013). Miles는 조직건강 측정도구로 조직건강목록(Organizational Health Inventory: OHI)을 개발하였다. 그는 조직건강 개념을 학교에 적용하여 학교조직의 건강을 측정하는 변인으로 과업달성, 조직유지, 성장발전 세 가지를 제시하였다(윤정일 외, 2015).

Miles의 조직건강론을 활용하여 학교조직의 건강도를 측정하는 도구들이 꾸준히 개발되고 있다. Hoy와 Tarter는 Miles의 모형에 기초하여 제도적 수준, 행정적 수준, 교사 수준의 3개 차원 7개 항목으로 구성된 중학교 조직의 건강을 재는 조직건강조사지(OHI-M)를 제안하였다(Hoy & Tarter, 1997; Lunenburg & Ornstein, 2012). 제도적 차원은 학교와 외부 환경과의 연계, 행정적 차원은 조직 내부의 경영 기능에 대한 통제, 교사 차원은 교수학습 과정과 관련된다. [그림 3-5]는 그 중 일부 조사지의 구성과 문항을 예시적으로 제시한 것이다(Hoy & Tarter, 1997).

건강한 학교(healthy school)는 교수학습의 성공을 향해 조화롭게 업무를 수행하는 학생, 교사, 학교장의 행동으로 특징지어진다. 교사는 학생, 동료, 학교와 자신의 직업을

□ 제도적 차원

- 제도적 응집력: 학교 프로그램의 교육적 통일성을 유지하며 환경에 대처하는 정도를 말한다. 교사들은 비합리적인 지역사회와 학부모의 요구에 대해 보호받는다.

□ 행정적 차원

- 협력적 리더십: 친근하고, 지원적이며, 개방적이고, 질적 기준을 준수하는 학교장의 행동을 말한다. 동시에 학교장은 높은 성취를 지향하며, 구성원들에게 자신의 태도와 기대를 명확하게 알게 한다.
- 학교장 영향력: 상급자의 행동에 영향을 미칠 수 있는 학교장의 능력을 말한다. 영향력 있는 학교장은 상급자를 설득하여, 추가적인 배려를 얻고, 상대적으로 위계에 방해받지 않고 일을 추진한다.
- 자원 지원: 교실 자원과 수업 교구가 적절히 준비되는 정도를 말한다. 필요에 따라서는 여분의 교구도 지원 가능하다.

□ 교사 차원

- 교사 결속: 교사들 간의 친밀하고 강력한 결속을 말한다. 교사들은 동료교사, 자신의 일, 학생들에 대해 좋은 감정을 가진다. 교사들은 학생과 동료들에게 헌신하며, 자신의 일을 열정적으로 수행한다.
- 학문적 강조: 학문적 성취에 대한 학교의 요구 정도를 말한다. 학생들에게 높지만 성취 가능한 목표가 제공되고, 학습환경은 질서 있고 진지하며, 교사들은 학생들의 성취능력을 신뢰하며, 학생들은 열심히 공부하고 학문적 성취에 대해 인정받는다.

그림 3-5 Hoy와 Tarter의 중학교 조직건강조사지(OHI-M)의 구성과 문항(예시)

출처: Hoy & Tarter(1997); Lunenburg & Ornstein(2012).

좋아하며, 학문적 성취를 위해 노력한다. 교사는 동료와 학생들을 신뢰한다(높은 교사 결속). 학습환경은 질서 있고 진지하며, 학생들을 열심히 공부하고 학문적 성취에 대해 인정받는다(높은 학문적 강조). 교장의 행동은 친근하고, 지원적이며, 개방적으로 건강하다(높은 협력적 리더십). 교장은 교사들의 직무에 필요한 자원을 제공하며, 상급기관에 영향을 미친다(높은 학교장 영향력). 결과적으로 건강한 학교는 제도적 응집력을 가지며, 교사는 비합리적이고 적대적인 외부 압력에 대해 보호를 받는다(높은 제도적 응집).

반대로, 건강하지 않은 학교(sick school)는 파괴적 외부 압력에 대해 취약하다. 교사와 행정가는 비합리적인 학부모의 요구에 상처받고 대중의 변덕에 흔들린다(낮은 제도적 응집). 학교장은 효과적 리더십이 부족하고, 구성원에게 방향을 제시하지 못한다(낮은 협력적 리더십). 교사들은 동료와 학생들을 좋아하지 않으며, 냉담하고 불신하며 방어적이다(낮은 교사 결속). 수업 교구와 자원이 충분히 지원되지 못한다(낮은 자원 지원). 결국 학문적 성취가 떨어지고, 학구적 학교생활이 불가능하다(낮은 학문적 강조).

4) Willower 외의 학교풍토론

학교의 풍토를 규명하는 다른 방식으로, 학교에서 학생을 대하는 태도와 학생을 통제하는 교사의 행동을 통해서 학교풍토를 구분해 볼 수 있다(Lunenburg & Ornstein, 2012). Willower 외(1973)는 학교에서 학생을 어떻게 통제하느냐에 따라 학교풍토가 어떻게 조성되는지 밝히고자 하였다. 그들은 학교의 학생 통제 방식을 인간적-보호적 방식의 연속선으로 가정하고, 학생통제이념조사지(Pupil Control Ideology: PCI)를 개발하여 학교풍토를 조사하였다. 리커르트 척도로 구성된 20개 항목에 대한 조사 결과를 바탕으로 인간주의적 학교와 보호지향적 학교로 구분하여 학교풍토를 설명하는데, 각 학교는 다음과 같은 특성을 띤다(윤정일 외, 2015).

〈인간주의적 학교〉

- 인간주의적 학교는 학생들의 협동적인 상호작용과 경험을 통해 학습이 이루어지는 교육공동체의 특성을 가진다. 엄격한 교사의 통제보다는 스스로의 자제가 중요시되며, 교사는 민주적인 통제방식을 추구한다. 교사와 학생 모두 자신의 의지에 따른 행동을 선호하고 행동에 대해 책임을 지려는 분위기를 띤다.

〈보호지향적 학교〉

- 보호지향적 학교는 학교의 질서유지를 위해 엄격하고 통제된 상황을 조장하는 전통적인 학교의 특성을 가진다. 교사는 학교를 학생과 교사의 위계가 있는 권위적 조직으로 인식하는 경향을 띤다. 교사는 학생들의 행동을 이해하기보다는 도덕적 차원에서 판단하려 하며, 무책임하고 훈련되지 않은 존재로 보고 엄격한 규율과 체벌에 의한 통제가 필요하다고 인식한다.

요약

- 조직문화는 조직 구성원들이 내 · 외적인 문제의 해결과정에서 반복된 경험을 통해 무의식적으로 공유하게 된 기본 가정, 신념, 가치, 행동 규범 등의 결합체이며, 조직문화를 통해서 구성원들은 조직에 대한 일체감과 안정감을 부여 받는다. 학교문화는 학교조직의 구성원들이 공유한 집합적 정신 프로그램, 의미, 이해, 가치, 근본 가정으로 학교는 그 구성원과 목표를 지닌 하나의 조직으로 조직의 효과성을 높이기 위해 조직문화에 관심을 갖는다.
- Ouchi는 Z이론을 통해 성공한 조직의 공유된 가치의 중요성과 문화적 특성을 설명하였고, Steinhoff와 Owens는 공립학교에서 발견될 수 있는 학교문화를 네 가지로 가족문화, 기계문화, 공연문화, 공포문화로 유형화하였다.
- 조직풍토는 조직 내에서 구성원이 경험하는 총체적 환경의 질을 말하는 것으로, 조직을 다른 조직과 구분시켜 주며, 조직 내 구성원의 행동에 영향을 미친다. 조직의 문화와 풍토 개념은 조직의 특성이 구성원의 의식이나 행동 패턴으로 표출된다는 점에서 유사하나, 조직문화는 공유된 가정, 가치, 규범 등 신념을 강조하고, 조직풍토는 행동에 대한 구성원의 공유된 지각을 강조한다는 점에서 구분된다.
- Halpin과 Croft는 학교풍토를 개방(open)–폐쇄(closed)의 연속선으로, Miles는 건강한 학교(healty school)와 건강하지 않은 학교(sick school)로, Willower 등은 인간주의적 학교와 보호지향적 학교로 구분하여 설명하였다.

찬반 토론

최근 학교평가, 교원능력개발평가, 학교성과급 등 학교와 교원의 교육활동을 평가하고 결과에 따라 적정한 보상을 제공하는 제도들이 다양하게 도입되어 활용되고 있다. 이는 학교 및 교원의 능력과 실적을 평가하고, 그 결과에 따라 공정한 보상을 제공함으로써 구성원의 동기를 유발하고, 교육의 질을 향상시키기 위한 목적을 가지고 있다.

학교는 협력적 문화와 풍토를 지향한다는 점을 감안해 볼 때, 이러한 제도적 변화 경향은 바람직한가?

찬성의견	반대의견
1. 학교평가 등은 학교교육활동의 질을 결정하는 데 중요한 역할을 할 수 있으며, 교육목표 달성에 직접적인 영향을 줄 수 있다.	1. 학교평가 등은 협력적 학교문화 조성보다 경쟁적 학교문화를 조장하기 때문에 학교조직이나 교사 집단에 부정적일 수 있다.
2. 학교평가 등을 통해 학교운영의 공정성과 투명성 및 책무성을 보장받을 수 있다.	2. 공정성과 투명성 및 책무성의 보장을 전제로 한 학교평가 등이 이루어질 수 있도록 제도적 보완이 선행되어야 한다.
3. 교원의 동기유발을 위해 능력 및 성과에 대한 적절한 평가와 공정한 보상이 이루어져야 한다.	3. 교원의 동기유발은 내재적 보상에 영향을 받으며, 보수 등 외재적 보상에 의해 크게 좌우되지 않는다.

생각해 볼 문제

1. 성공한 조직의 문화적 특성을 설명해 보자.
2. 내가 졸업한 학교문화를 이야기, 삽화, 의식 등의 상징체제를 통해 설명해 보자.
3. Steinhoff와 Owens의 학교문화 유형을 설명하고, 내가 졸업한 학교는 어디에 해당하는지 근거를 들어 설명해 보자.
4. Hoy와 Miskel 등의 학교문화에 대한 은유적 표현을 설명하고, 나 스스로 학교문화를 은유적으로 표현해 보자.
5. 조직풍토 개념을 조직문화와 비교하여 설명해 보자.

6. 내가 졸업한 학교는 어떠한 풍토를 가진 학교였는지 세 가지 학교풍토 이론을 적용하여 설명해 보자.
7. OCDQ-RE에서 제시한 네 가지 학교풍토와 그 특징을 설명해 보자.
8. 건강한 학교의 특징을 제도적, 행정적, 교사 수준에서 간략히 설명해 보자.
9. 내가 졸업한 고등학교의 학생 통제 방식을 설명하고 Willower 외가 제안한 학교풍토 유형 중 어디에 해당하는지 서술해 보자.

참고문헌

김병모(2010). 사립 미래고등학교의 교사문화에 관한 미시적 연구. **교육정치학연구**, 17(4), 217-243.

김세호(2010). 학교조직 문화와 풍토의 개념적 관계에 대한 고찰. **교육종합연구**, 8(1), 1-20.

노종희(1990). 학교 조직풍토의 개념화 및 측정에 관한 연구. **교육학연구**, 28(2), 67-80.

박삼철(2003). Schein의 조직문화개념 분석에 기초한 학교문화와 학교풍토의 개념적 관계. **교육행정학연구**, 21(4), 161-178.

신현석, 안선회, 김동석, 김보엽, 박균열, 박정주, 반상진, 변기용, 양성관, 엄준용, 이강, 이경호, 이일권, 이정진, 전상훈, 조홍순(2015). **학습사회의 교육행정 및 교육경영**(2판). 서울: 학지사.

윤정일, 송기창, 조동섭, 김병주(2015). **교육행정학원론**(6판). 서울: 학지사.

이낙종(2005). 학교장의 수업지도성 행동에 대한 미시정치적 분석. **교육행정학연구**, 23(1), 113-136.

이윤식, 이효신(2012). 학교조직건강, 개인적 교사효능감, 집단적 교사효능감 및 수업전문성 간의 관계. **한국교원교육연구**, 29(4), 541-564.

조경원(2004). 학교문화의 형성 과정에 관한 탐색: '새 학교문화 창조' 정책을 중심으로. **학교문화연구**, 7, 7-38.

진동섭, 이윤식, 김재웅(2011). **교육행정 및 학교경영의 이해**. 경기: 교육과학사.

Deal, T. E., & Kennedy, A. A. (1982). *Corporate Culture: The Rites and Rituals of Corporate Life*. Reading, MA: Addison-Wesley.

Gilmer, B. H. (1966). *Industrial Psychology* (2nd ed.). New York: Free Press.

Halpin, A. W., & Croft, D. B. (1962). The Organizational Climate of Schools. Contract

#SAE 543-8639. U.S. Office of Education, Research Project.

Hofstede, G. (1996). *Cultures and Organizations.* McGraw-Hill Companies.

Hoy, K. W., & Miskel, C. G. (2013). *Educational Administration: Theory, Research and Practice* (9th ed.). NY: McGraw-Hill Education.

Hoy, W. K., Tarter, C. J., & Kottkamp, R. (1991). *Open Schools/Health Schools: Measuring Organizational Climate.* Beverly Hills, CA: Sage.

Hoy, W. K., & Tarter, C. J. (1997). *The Road to Open and Healthy Schools: A Handbook for Change* (2nd ed.). Thousand Oaks, CA: Corwin Press.

Litwin, G. H., & Stringer, R. A., Jr. (1968). *Motivation and Organizational Climate.* Boston: Harvard University Press.

Lunenburg, F. C., & Ornstein, A. C. (2012). *Educational Administration: Concepts and Practices* (6th ed.). Wadsworth, Cengage learning.

Miles, M. B. (1965). Educational and Innovation: The Organization in Context. In M. Abbott & J. Lovell (Eds.), *Changing Perspectives in Educational Administration* (pp. 54-72). Auburn, AL: Auburn University Press.

Ouchi, W. (1981). *Theory Z. Reading.* MA: Addison-Wesley.

Schein, E. Y. (1985). *Organizational Culture and Leadership.* San Francisco: Jossey-Bass.

Taguiri, R. (1968). The Concept of Organizational Climate. In R. Tagiuri & G. H. Litwin (Eds.), *Organizational Climate* (pp. 11-32). Boston: Harvard Graduate School of Business.

Willower, D. J., Eidell, T. L., & Hoy, W. K. (1973). *The School and Pupil Control Ideology,* rev. ed. (University Par: Pennsylvania State University Studies Monograph No. 24)

제 4 장

학교구성원: 동기이론

1. 동기의 개념
2. 동기의 내용이론
3. 동기의 과정이론

사례

국어교사인 나 교사는 올 봄 D중학교로 전근을 왔다. 신임교사로 발령받은 이후 네 번째 학교인 D중학교에서 근무를 시작하면서 나 교사는 매일매일 한숨이 늘고 있다. 경력 16년차 베테랑 교사인 나 교사에게도 이번 학생들은 지도하기가 정말 힘이 들었다. 중3 담임교사로서 나름 잔뼈가 굵었다고 자부했었는데 도심의 중학교에서만 근무하던 나 교사에게 도시 외곽의 공단지역에 위치한 D중학교에서의 교사생활은 만만한 것이 아니었다.

나 교사의 하루는 담임을 맡은 3학년 5반 학생들이 등교했는지를 확인하는 것부터 시작한다. 지각을 하더라도 28명의 반 학생 모두가 등교하는 날이 손에 꼽을 정도이다. 그중에서도 특별히 결석이 잦은 반 학생 몇 명의 출석일수가 걱정되어 아침부터 전화를 걸어 등교를 재촉하는 일이 일상이 되었다. 수업시간을 알리는 종이 울리고 해당 수업 교실에 들어가면 또 다른 전쟁이 시작된다. 제자리에 있지 않은 학생들을 자리에 앉히고, 엎드려 자는 학생들을 깨워 수업을 시작하는 데도 한참, 벌써 진이 빠진다. 그나마 교과서를 챙겨오지 않는 학생들이 다반사이고, 수업 시작 후 졸거나 잠드는 학생들을 계속 깨우기가 미안하여 모르는 척 수업을 끝까지 마쳐야 할 때도 많다.

D중학교에서 4년째 근무하고 있는 옆 반 박 교사에게 고민을 토로하지만 별다른 해결책이 없었다. 수업시간 준비물을 안 챙겨오거나 시끄럽게 하거나 수업을 방해하는 경우에 대해 벌점 제도를 활용했더니 그나마 도움이 되었다는 이야기를 조언처럼 해 주었다. 그러나 그것도 초반에만 효과가 있었을 뿐 학생들을 수업에 집중시키는 데는 크게 도움이 되지는 못하였으며, 지금은 과도하게 수업을 방해하는 학생을 조용히 시키는 정도로만 쓰고 있다고 하였다.

이미 학업에 흥미를 잃어버린 아이들에게 수업시간은 그저 지루하게 참아내야 하는 시간일 뿐일 것이다. 어떻게 하면 학생들을 국어 수업에 흥미를 느끼고 참여하도록 유도할 수 있을 것인가? 다양한 동기이론을 통해서 나 교사의 고민을 해결해 줄 방안이 있는지 함께 논의해 보자.

1. 동기의 개념

조직이 효과적으로 운영되기 위해서는 조직구성원의 욕구 충족, 사기 진작 등을 통해 구성원의 능동적인 참여를 이끌어 내는 것이 필요하다. 이러한 개인의 욕구 충족, 사기 진작 등은 동기가 있어야 유발된다. 동기(motive)는 라틴어인 movere(움직이다)에서 유래된 것으로 학문적으로는 '생명이 있는 유기체로 하여금 목표지향적인 행동을 하도록 활성화시키는 의식적인 심리, 정신적 에너지'로 정의된다. 즉, 동기는 '행동' 그 자체를 말하기보다는 소망, 욕구, 충동 등과 같이 개인으로 하여금 목표지향적 행동을 하게 하는 내적인 상태로 정의할 수 있으며, 이는 개인의 내부에 존재하는 욕구 등과 같은 행동을 활성화하는 힘을 통해 개인이 어떠한 형태로 행동하도록 안내하며, 행동의 방향, 즉 목표를 지향하도록 하여 그 행동을 지속하거나 유지하도록 이끌어 준다. 이렇듯 동기의 개념에는 노력(effort), 지속성(persistence), 방향성(direction)을 포함하고 있는데 노력은 '일을 얼마나 하는가?'와 같은 행동의 정도에 관한 문제이고, 지속성은 '일을 얼마나 꾸준히 하는가?'와 같은 행동에 투입하는 노력의 지속성에 관한 문제이다. 마지막으로 모두를 포괄하여 방향성은 질적인 차원에서 목표 달성을 위한 방향으로 지속적인 노력을 투입하는가의 문제라고 볼 수 있다.

동기이론은 크게 내용이론과 과정이론으로 구분할 수 있다. 내용이론은 보수, 승진, 인정 등과 같이 인간을 동기화시키는 구체적인 요소를 파악하고자 하는 데 초점을 두고 있으며, 대표적으로 욕구위계론, 동기-위생이론, 생존-관계-성장이론 등이 있다. 반면, 과정이론은 투입, 성취욕구, 보상 등에 대한 인식을 명확히 하는 것과 같이 동기를 유발하기 위하여 동기 요인들이 상호작용하는 과정에 초점을 둔다. 대표적인 이론으로 기대이론, 공정성이론, 목표설정이론 등이 있다.

〈표 4-1〉 동기이론의 유형

유형	특징	이론	예
내용이론	• 인간을 동기화시키는 구체적인 요소 파악 • 동기를 유발시키는 것이 '무엇'인가에 초점	• 욕구위계론 • 생존-관계-성장이론 • 동기-위생이론	• 보수, 승진, 인정 등에 대한 인간의 욕구를 충족시키는 것
과정이론	• 동기를 유발하기 위하여 동기 요인들이 상호작용하는 과정에 관심 • '어떻게' 동기가 유발되느냐에 초점	• 기대이론 • 공정성이론 • 목표설정이론	• 작업 투입, 성취욕구, 보상에 대한 인식을 명확히 하는 것

출처: Hoy & Miskel(2013).

2. 동기의 내용이론

1) 욕구위계론[1)]

(1) 기본전제

Maslow의 욕구위계론 또는 욕구체계론(need hierarchy theory)은 조직에서의 동기를 연구하는 데 가장 유명하면서 광범위하게 사용되는 동기이론이다. Maslow는 인간의 충족되지 않은 욕구가 동기를 유발한다고 전제하면서, 인간은 다양한 욕구를 가지는데 이들 욕구 간에는 위계가 존재한다고 보았다. 또한 하위 욕구가 충족되지 않은 상태에서 상위의 욕구를 가지지 못하며, 일단 충족된 욕구는 더 이상 동기유발을 하지 못한다고 전제하였다.

(2) 욕구의 종류

Maslow는 인간의 욕구를 순서와 패턴에 따라 5개의 그룹으로 구분하였는데, 그 욕구위계는 다음과 같다.

1) 욕구위계론은 욕구체계론이라고도 부른다.

- 1단계: 생리적 욕구
  삶을 유지하기 위한 기초 욕구, 의식주, 성, 수면 등
- 2단계: 안전의 욕구
  신체적 위협으로부터의 보호, 혼돈 및 무질서로부터의 해방, 심리적 안정감 포함, 신분보장, 직업안정성, 의료보험 등
- 3단계: 사회적 욕구
  사회적 인간으로서의 욕구, 어딘가 소속되어 친밀한 관계를 유지하려는 욕구, 친교, 우정 등
- 4단계: 존경의 욕구
  타인으로부터의 존경, 인정, 자기 존경 등
- 5단계: 자아실현의 욕구
  매우 광범위한 의미를 지니며, 자아발전, 성장, 성취, 진보 등

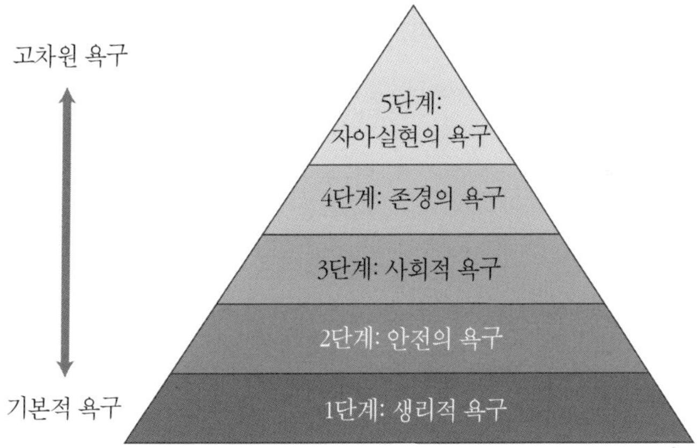

그림 4-1 Maslow의 욕구 위계

(3) Maslow 이론의 비판 및 적용

Maslow의 욕구위계론은 인간의 기본 욕구를 이해하고, 인간 내면의 기능적인 면을 새로운 관점에서 연구하였다는 점에서 그 성과를 인정받고 있다. 그러나 사람에 따라

4단계의 욕구가 3단계의 욕구보다 중시될 수 있는 것처럼 인간의 욕구는 순차성은 있으나 고정된 것은 아니고, 인간의 행동은 단일의 욕구에 의해 이루어지는 것이 아니라 여러 욕구 요인의 상호작용으로 결정되며, 무엇보다 인간의 욕구 역시 상황 등에 따라 다를 수 있는데 조직 변인(구조, 과정, 리더십 등)과 환경 변인들을 고려하지 않고 인간의 욕구와 동기를 너무 정태적으로 파악하였다는 점에서 비판을 받기도 한다.

한편, Maslow 이론을 교육조직에 적용해 보면, 정규직 교사들은 생리적 욕구, 안전의 욕구 등 기본적 욕구는 어느 정도 충족되었다고 볼 수 있으며, 교육자들의 경우 5단계의 욕구 중 존경의 욕구와 자아실현의 욕구에 대해 결핍이 크다는 연구 결과들을 찾아볼 수 있다(Hoy & Miskel, 2013).

2) 생존-관계-성장이론

(1) 기본전제

Alderfer는 Maslow의 욕구위계론의 설명력과 경험적 타당성을 개선하기 위해 생존-관계-성장이론(existence relatedness growth theory)을 제안하였다. Alderfer에 의하면 욕구는 체계적으로 정돈될 수 있으며, 낮은 수준의 욕구와 높은 수준의 욕구에는 근본적인 차이가 있다고 제안하였다.

(2) 욕구의 종류

Alderfer는 Maslow의 5단계 욕구를 존재(existence), 관계(relatedness), 성장(growth)의 욕구로 통합하여 제시하였는데, 그 내용은 다음과 같다.

- 존재 욕구: 생존 유지를 위해 필요한 욕구, Maslow의 생존의 욕구와 안전의 욕구에 해당
- 관계 욕구: 타인과 관계를 맺으려는 욕구, Maslow의 사회적 욕구, 존경의 욕구 중 타인으로부터의 존경의 욕구에 상응

- 성장 욕구: 반전의 욕구, Maslow의 자아실현의 욕구와 존경의 욕구(자기 존경)에 해당

(3) Maslow의 욕구위계론과의 비교 및 적용

Alderfer의 생존-관계-성장이론은 인간의 욕구를 체계화할 수 있고, 욕구의 수준에 따라 욕구의 발로가 이루어진다는 점에서 Maslow의 욕구위계론과 기본전제가 같다. 그러나 Alderfer의 생존-관계-성장이론은 Maslow의 욕구위계론의 비판을 극복하고 보완하고자 했던 연구의 결과이므로 〈표 4-2〉와 같은 차이를 보인다.

Alderfer의 이론은 Maslow 이론에서 제시한 욕구 단계가 고정된 문제를 개선하였다는 점에서 보다 현실적인 이론이라고 할 수 있다. 최근 심각해진 학교폭력 문제로 인해 교사, 학생에게 있어 과거와 달리 기본욕구인 안전의 욕구마저 학교 현장에서 충족되지 못하고 결핍으로 인한 욕구로 발현될 수 있는 점은 Alderfer의 적용을 통해 설명해 볼 수 있겠다.

〈표 4-2〉 Maslow와 Alderfer 이론의 비교

Maslow	Alderfer
하위 욕구가 충족되면 상위 욕구 추구 (만족-진행 접근법, 욕구의 상향성 전제)	욕구가 충족되지 않을 경우 낮은 단계로 퇴행 (좌절-퇴행 접근법)
강도가 큰 욕구만이 동기요인으로 작용	존재, 관계, 성장 세 욕구가 동시에 나타날 수 있음
하위 단계가 충족되어야 상위 단계로 이동	하위 단계가 충족되지 않더라도 상위 단계로 충족 가능

3) 동기-위생이론

(1) 기본전제

Herzberg는 200여 명의 기술자와 회계사를 대상으로 직무수행 시 가장 만족했고,

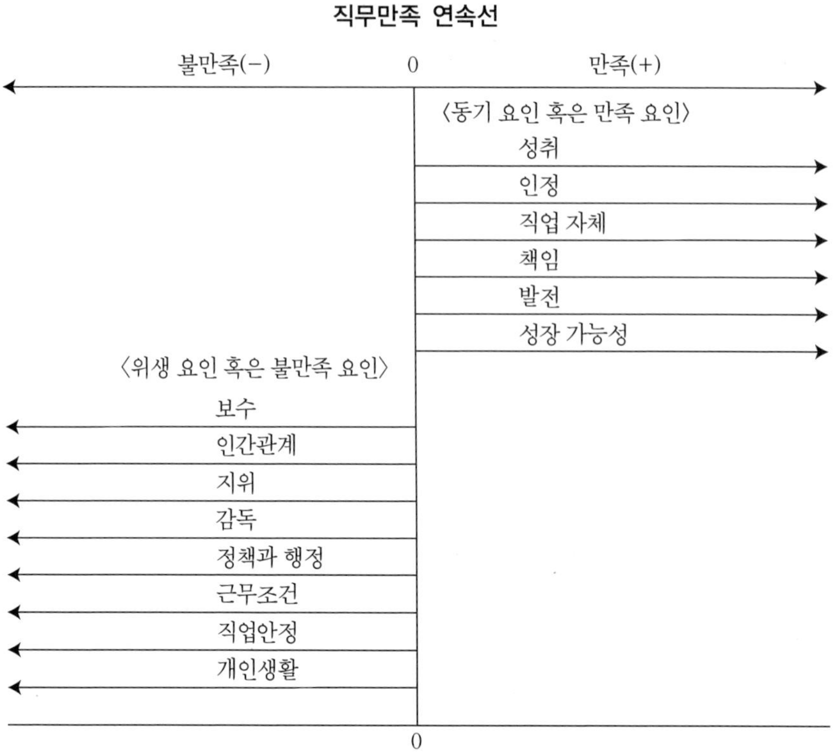

그림 4-2 만족−불만족 요인 비교

출처: 윤정일 외(2015).

가장 불만족했던 사건이 무엇이었는지를 실험(면접)한 결과, 직무와 관련하여 동기화시키는 데에는 두 가지의 독립한 변인이 있음을 알아내었다. 즉, 직무를 수행할 때 만족을 주는 요인과 불만족을 주는 요인이 별개로 존재한다는 사실을 발견한 것으로, 이로 인해 동기−위생이론(motivation-hygiene theory)을 2요인 이론(Two-Factor Theory)이라고도 한다.

Herzberg는 '만족'과 '불만족'을 연속선상의 양극에 위치한 개념으로 인식하던 종래의 견해들과는 달리, 만족과 불만족은 반대의 개념이 아닌 별개의 차원이라고 결론지었다.

(2) 동기-위생 요인

Herzberg에 의하면 만족 요인은 적극적이며 장기적인 효과를 가지고, 불만족 요인은 단기적인 효과를 가진다고 보았으며, 만족 요인은 동기 요인으로, 불만족 요인은 위생 요인으로 정의하였다. 동기-위생 요인을 설명하면 다음과 같다.

- 동기 요인(만족 요인, 접근 욕구)
  - 직무에 만족하고, 긍정적인 태도를 갖게 하는 요인, 직무를 통한 성취감, 인정감, 도전감, 책임감, 성장과 발전 등
  - 일 자체가 포함됨
- 위생 요인(불만족 요인, 회피 욕구)
  - 직무 불만족 초래, 직무를 수행하는 데 관련된 요건(보수, 근무조건, 감독, 지위, 대인관계, 직업 안정 등)
  - 위생 요인이 충족되더라도 직무 불만족의 감소만 가져올 뿐 직무 만족을 불러일으키지는 못함

(3) Herzberg 이론의 비판 및 적용

Herzberg의 이론은 동기 요인의 중요성과 이를 조직운영에 실천할 수 있는 현실적인 방안을 제시했다는 점에서 의미를 지니지만, 연구의 방법론상으로 제약적인 면접법만을 사용하였다는 점에서 이론의 신뢰성이 약하고 주관적이라는 비판을 받아 왔다. 또한 직무 만족에 대한 전반적인 측정이 시도되지 않았으며, Maslow 이론과 마찬가지로 상황 변인을 무시했다는 비판도 받는다. 한편, Herzberg의 이론을 토대로 볼 때, 교육조직에서 교사의 동기유발은 보수, 직업안정, 대인관계 등의 위생요인이 아무리 충족되어도 성취감, 성장과 발전 등의 동기요인이 발현되지 않으면 장기적인 효과가 나타나지 않는다는 점에서 고려해 볼 만하다.

4) 동기 내용이론의 관계

앞에서 제시한 Maslow의 욕구위계론, Alderfer의 생존-관계-성장 이론, Herzberg의 동기-위생이론 등 동기의 내용이론들 간의 관계를 도식화하면 〈표 4-3〉과 같다.

〈표 4-3〉 동기 내용이론의 관계

	Alderfer	Maslow	Herzberg	
고차원 욕구	성장	자아실현	동기 요인	내적 동기
↑		존경		↑
	관계	사회적		
↓	생존	안전	위생 요인	↓
기본적 욕구		생리적		외적 동기

출처: 윤정일 외(2015).

3. 동기의 과정이론

1) 기대이론

(1) 기본전제

Vroom의 기대이론(expectancy theory)에서는 사람은 사고와 이성을 지닌 존재로 자신의 행동의 결과나 그 결과가 가져다 주는 보상에 대한 기대와 가치를 주관적으로 평가하여 행동을 선택한다고 보았다. 기대이론은 다음의 네 가지 가정을 기반으로 한다. 첫째, 사람은 자신의 필요(needs), 동기(motivations), 과거의 경험(past experiences)에 따라 각자의 기대를 가지고 조직에 참여한다. 둘째, 개인의 행동이란 의식적 선택의 결과로, 사람은 예측하는 능력을 사용하여 자유로이 행동을 선택한다. 셋째, 사람들이 조직으로부터 원하는 것은 다를 수 있다(예: 높은 보수, 직업안정성, 승진, 도전 등). 넷째,

사람은 개인적으로 자신에게 최적의 결과를 가져오는 대안을 선택할 것이라는 점이다(Lunenburg & Ornstein, 2012).

(2) 개념과 모형

이러한 가정에 기초하여 기대이론[2]은 성과, 기대, 수단성, 유인가의 네 요소로 구성된다. 네 가지 요소의 개념과 모형을 살펴보면 다음과 같다(Lunenburg & Ornstein, 2007; Hoy & Miskel, 2013; [그림 4-3] 참조).

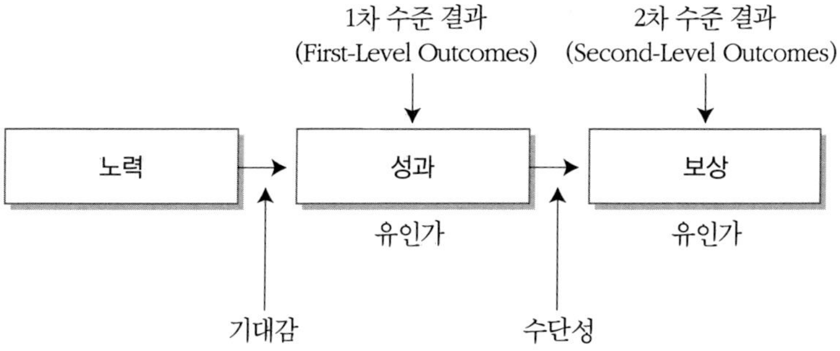

그림 4-3 기대이론의 네 가지 요소 모형

- 성과(outcome)는 과업을 수행하고 나서 얻는 결과를 말한다. 두 단계로 구분되는데, 1차 수준의 성과는 과업을 수행하고자 노력하여 얻어지는 직접적인 결과로서의 성과(performance)를 말한다. 2차 수준의 성과는 1차 수준의 성과를 달성했을 때 그 결과로 주어지는 보상을 말하는 것으로, 궁극적인 목표 달성(goal accomplishment)에 해당한다. 예를 들어, 교사가 열심히 가르치는 노력을 하여 학생들이 높은 성취를 얻었다면 1차 수준의 성과이며, 이를 통해 교사가 자신의 교수능력을 인정받았다면 2차 수준의 성과이다.
- 기대(expectancy)는 내가 열심히 노력하면 과업을 수행할 수 있을 것이라고 믿는

2) 여기에서는 Vroom이 제시한 초기의 기대이론 모형을 다룬다.

정도이다. 다시 말해, 특정 성과를 얻어 낼 수 있을 것이라는 가능성 또는 주관적 확률에 대한 믿음을 말한다. 예를 들어, 교사가 자신이 열심히 노력함으로써 학생들의 성취를 높일 수 있는 확률이 높다고 생각한다면, 그 교사의 기대는 높다고 할 수 있다.

- 수단성 또는 도구성(instrumentality)은 1차 수준의 결과인 성과가 2차 수준의 결과인 보상을 가져오게 되리라고 믿는 정도, 즉 주관적 확률을 말한다. '내가 만약 원하던 수준까지 과업수행에 성공한다면 어떤 보상을 받을 것인가'라는 질문으로 표현할 수 있다. 예를 들어, 교사가 자신이 가르치는 학생들의 성취수준을 향상시켰을 때 이로 인해 금전적 보상을 받거나 또는 자신의 교수능력을 공식적으로 인정받을 가능성이 높다고 생각한다면, 이는 수단성이 높다고 할 수 있다.
- 유인가(valence)는 특정 결과나 보상의 매력 또는 그것에 대한 개인이 갖는 선호를 말한다. '내 노력의 결과로 받게 될 보상이 나에게 얼마나 가치가 있는가 혹은 내가 얼마나 좋아하는가'를 말하는 것으로 가치(value) 개념과 유사하다. 조직에서 높은 보수, 직업 안정성, 승진, 동료와의 관계, 상사의 인정 등에 대한 가치나 선호는 다양하게 나타날 수 있다. 예를 들어, 교사가 교수능력을 인정받는 것에 대해 매우 가치롭게 여긴다면 유인가가 높다고 할 수 있다.

기대이론에 따르면, 동기(Motivation)의 강도는 기대(E: Expectancy), 수단성(I: Instrumentality), 유인가(V: Valence)가 모두 높을 때 높아진다. 이를 함수로 표시하면 다음과 같다.

$$\text{동기(Motivation)} = f[\text{기대(E)} \times \text{수단성(I)} \times \text{유인가(V)}]$$

사람들이 과업을 열심히 수행하고자 하는 동기의 정도는 기대, 수단성, 유인가의 상호작용에 의해 영향을 받으며, 이때 세 요소 중 어느 하나라도 기대 확률이 0(zero)에 가깝게 되면 동기가 강하지 않게 됨을 시사한다.

(3) 기대이론의 적용

기대이론은 사람들이 어떻게 동기가 유발되는가를 설명해 주는 주요한 이론으로 많은 실증연구를 통해 그 타당성이 입증되고 있다(Hoy & Miskel, 2013). 동기를 유발하는 요인들의 상호작용 과정에 대해 설명하는 이 이론에 근거하자면, 조직에서 구성원의 동기를 향상시키기 위해서는 과업수행의 기대가 높아질 수 있도록 적절한 교육훈련 등을 제공하고, 높은 과업수행에 대하여 유인가 높은 적절한 보상을 제공하도록 제도적 지원이 이루어져야 한다. 마찬가지로 교직상황에서 교사들이 가르치는 일에 열의를 가지도록 하려면, 교사 스스로가 열심히 가르치면 학생들의 인지적 · 정의적인 성취가 향상될 것이라는 믿음을 가질 수 있어야 하며, 높은 성취를 보인 교사에게는 교직의 보람을 느낄 수 있는 적절한 보상이 주어져야 한다. 물론 이때의 보상이란 교사가 가치롭다고 생각하는 유인가 있는 것이어야 할 것이다.

2) 공정성이론

(1) 개념

Adams의 공정성이론(equity theory)은 사회적 비교이론의 일종으로 한 개인이 타인에 비해 얼마나 공정한 대우를 받고 있다고 느끼는가에 초점을 둔 이론이다. 공정성 이론에 따르면, 조직에서 구성원의 노력과 직무 만족은 자신의 업무상황에 대한 지각된 공정성에 의하여 결정된다. 사람들은 자신이 다른 사람과 비교하여 공정한 대우를 받고 있느냐에 대해 관심을 가지고 이를 인지하고 있으며, 이 인지된 공정성이 조직 내 구성원의 행동에 영향을 미친다는 것이다.

이때 행동은 자신(A)의 투입(조직에 기여하는 것) 대비 성과(조직으로부터 받는 것)의 비율을 타인(B)의 투입 대비 성과의 비율과 비교하여 결정된다. 만약 자신(A)의 비율이 비교대상이 되는 타인(B)의 비율과 동일하거나 대체로 비슷하다면 조직에서 자신에 대한 처우가 공정하다고 느끼지만, 만약 그렇지 않다면 자신에 대한 처우가 불공정하다는 인식이 생기게 된다. 불공정성이 인식되면 사람들은 분노하고 그것을 제거하고자 한다. 불공평에 대한 감정이 초래하는 결과의 하나는 동기를 감소시키는 일이다(Hoy & Miskel, 2013).

$$\langle \text{자신 A} \rangle \quad = \quad \langle \text{타인 B} \rangle$$

$$\frac{\text{성과}}{\text{투입}} \quad \begin{matrix} > \\ < \end{matrix} \quad \frac{\text{성과}}{\text{투입}}$$

(2) 공정성이론의 적용

직무수행자가 '불공정성'을 감소시키기 위해 취하는 행동은 여러 가지로 나타나는데, 주요한 행동으로는 투입을 조정하거나, 성과를 조정하거나, 조직을 이탈하는 행동을 들 수 있다(윤정일 외, 2015). 조직에서 자신이 공헌한 것에 비해 충분히 대우받지 못한다고 생각하는 경우에 가장 많이 나타나는 행동은 자신의 투입을 감소시키는 것이다(Harder, 1992). 성과를 조정하려는 행동은 조직 내에서 불법적인 행위나 편법을 이용한 잉여이익을 증대시킴으로써 성과를 조정하려는 양태로 나타날 수도 있다(Greenberg, 1993). 그 밖에도 조직을 이탈하거나 비교대상을 변경하는 행동으로 불공정성의 균형을 맞추기도 한다. 한편, 자신의 투입과 성과를 조정하는 행동뿐만 아니라 비교대상의 투입이나 성과를 변경하고자 하는 행동도 나타날 수 있다.

직무수행자 간의 불공정성 인식은 효과적인 조직운영을 방해하는 요소로 발현될 수 있다. 학교에서 역시 학생, 교사, 행정가들은 자신이 공정하게 대우받지 못한다고 생각한다면, 각자의 과업수행 동기가 감소하고, 속임수나 편법을 쓰거나, 또는 다른 동료들에게 압력을 가하여 균등한 성과를 내도록 하는 상황을 가져올 수 있다.

공정성이론은 사회 조직 내에서 구성원에 대한 공정한 처우의 중요성을 드러냄으로써 조직운영 절차의 표준화 등에 기여하였다(Baron, 1998). 그러나 공정성이란 개인의 주관적 판단으로 보는 사람마다 다를 수 있으며, 대부분의 사람들이 자신의 투입에 비해 성과가 낮은 경우에 부당함을 크게 느끼는 반면에 투입에 비해 상대적으로 좋은 처우를 받는 경우에 대해서는 민감하게 반응하지 않는다는 측면에서 문제가 제기된다(Greenberg, 1993). 그럼에도 지속적으로 자신이 투입한 것에 비해 과도한 대우를 받는 것 또한 동기를 감소시킬 수 있으며, 조직 차원에서 공정한 절차와 실천은 개인에게 있어 중요한 동기적 힘이 된다는 점에서 지속적인 관심을 기울일 필요가 있다(Hoy & Miskel, 2013).

3) 목표설정이론

(1) 개념

Locke와 그 외 여러 학자들에 의해 정립된 목표설정이론(goal setting theory)은 목표를 달성하려는 의도가 개인의 동기를 일으키고 과업 수행을 높이는 주요한 동인이 된다는 가정에 기반한다. 사람의 행동은 유목적적이며, 목표와 의도에 의해 통제된다는 것이다. 목표는 사람의 생각과 행위의 방향을 지시하고 에너지 사용을 통제할 수 있다.

목표의 설정이 사람의 행동에 미치는 긍정적인 효과로는, 첫째, 목표가 제시하는 과업에 대한 집중력을 높이며, 둘째, 목표하는 활동에 대한 노력과 지속성을 증진시키고, 셋째, 구체적인 과업수행 방법을 개발하도록 함으로써 과업의 수행력을 높인다는 점 등을 들 수 있다(윤정일 외, 2015). 목표설정의 긍정적 효과는 매우 잘 알려져 있으며, 오늘날 목표설정이론은 목표관리법(MBO), 기획예산제도(PPBS), 경영정보관리(MIS), 전략적 기획 등 경영기법에 광범위하게 적용됨으로써 학교를 비롯한 많은 행정조직 실제에서 광범위하게 활용되고 있다.

(2) 목표설정이론의 적용

조직 여건이 허용적인 상황에서 목표설정은 조직 구성원의 동기를 유발하는 강력한 기제가 된다. Steers는 좋은 과업목표의 속성을 다음과 같이 정리하였다. 첫째, 목표는 구체적이어야 한다. 구체적인 목표는 구성원들에게 무엇을 해야 하고 어디로 가야 할지 방향과 과정을 알려 줌으로써 목표가 없거나 막연할 때에 비해 높은 과업수행을 가능하게 한다. 둘째, 목표는 수행하는 사람들이 도달하기에 약간 어려우면서 실행 가능해야 한다. 너무 쉬운 목표는 동기를 자극하기 어려우며, 구성원의 능력으로 도달 가능하면서도 도전적이어야 한다. 셋째, 목표는 구성원들이 받아들일 수 있어야 한다. 이때 목표 설정에 구성원이 참여할 경우 목표의 수용도를 높일 수 있다. 어려운 목표라도 일단 수용되면 쉬운 목표보다 더 많은 노력과 지속성으로 이어질 수 있으며, 어려운 목표를 달성했을 때 만족도도 높다. 넷째, 과업수행 과정에서의 피드백이 필요하다. 설정된 목표와 비교하여 자신이 어느 정도에 있는지 지속적인 피드백을 제공함으로써 올바른 방향으로 나아갈 수 있게 한다. 정리하자면, 구체적이고 도전적이지만 달성 가능한 목표를 설정하고, 진행과정에서 피드백을 통해 동기를 강화시키도록 해야 한다(신현석 외, 2015; 윤정일 외, 2015).

요약

- 동기는 개인이 어떠한 형태로 행동하도록 안내하며, 행동의 방향, 즉 목표를 지향하도록 하여 그 행동을 지속하거나 유지하도록 이끌어 준다. 동기의 내용이론으로 욕구위계론, 동기-위생이론, 생존-관계-성장이론 등이 있으며, 과정이론으로는 기대이론, 공정성이론, 목표설정이론 등이 있다.
- Maslow는 욕구위계론을 통해 인간은 충족되지 않은 욕구가 동기를 유발한다고 전제하면서, 인간의 욕구를 5개 단계로 구분하고(생리-안전-사회적-존경-자아실현), 이들 욕구 간에는 위계가 존재한다고 설명하였다.
- Alderfer는 Maslow의 5단계 욕구를 존재(existence), 관계(relatedness), 성장(growth)의 욕구로 통합하여 제시하였다. Herzberg는 동기-위생 이론을 통해 직무를 수행할 때 만족을 주는 요인과 불만족을 주는 요인이 별개로 존재하는데, 만족 요인은 동기 요인으로, 불만족 요인은 위생 요인으로 정의하였다.
- Vroom은 인간은 사고와 이성을 지닌 존재로 자신에게 최적의 결과를 가져오는 대안을 선택하게 된다는 것을 전제로 하여, 조직에서 직무 수행의 동기가 유발되려면 구성원이 열심히 노력하면 성과를 얻을 것이라는 기대(E)와 이 성과가 보상을 가져올 것이라는 수단성(I) 그리고 성과나 보상이 자신에게 매력적(V)일 경우에 동기(M)가 유발된다고 설명하였다($M=f(E \times I \times V)$).
- Adams의 공정성이론에 따르면, 조직에서 구성원은 자신의 투입에 대한 성과와 비교대상이 되는 타인의 투입에 대한 성과를 비교하여 동일하거나 비슷하지 않아서 불공정하다고 느끼면 직무 동기를 저하시키는 결과를 가져온다고 하였고, 목표설정이론에서는 목표설정은 조직 구성원의 동기를 유발하는 강력한 기제로 작용한다고 보았다.

찬반 토론

일반 사기업과 학교조직은 몇 가지 측면에서 다르다고 말할 수 있다. 예를 들면, 사기업에서는 동기 요인으로 중요하다고 할 수 있는 성과급, 승진 등은 교사들에게 동기 요인으로 크게 중요하지 않을 수 있다. 또한 사기업에서의 상사와 부하직원들 갈등관계와는 다르게 교사들은 학생들과의 인간관계에 더 많은 관심과 초점이 있다는 점 등이다. 그렇다면 학교조직이 사기업과 다르다는 점을 고려하여 교육의 질을 높이기 위해 교사는 무엇으로 동기를 유발시킬 수 있겠는가에 대한 고민이 필요하다. 교사도 다른 사기업과 마찬가지로 보수나 성과급 등으로 동기유발이 가능하고, 이를 통해 성과를 증가시킬 수 있는가?

찬성의견	반대의견
1. 교사도 본인의 능력과 성과에 대해 적절히 보상받았을 때 교사로서의 더 큰 보람을 느낄 수 있다.	1. 교사는 보수 등 외재적 보상보다는 교사로서의 보람, 자신의 능력 발휘 등 내재적 보상에 더 크게 동기유발된다.
2. 적절한 보수, 이를 통한 신분 안정 등은 교사에 대한 직무만족감과 긍정적인 태도를 갖게 하여 충분히 동기요인이 될 수 있다.	2. 교사의 보수나 성과급을 증가시키는 것만으로 교육의 질을 높일 수는 없다.
3. 학교조직도 이제는 어느 정도의 경쟁적인 조직문화를 통해 교육의 질을 높일 수 있도록 변화해야 한다.	3. 학교조직은 일반 사기업과는 달리 경쟁적인 조직문화를 가지기 어렵기 때문에 이를 고려한 동기요인을 활용하는 것이 바람직하다.

생각해 볼 문제

1. 동기의 개념에 대해 정의하고, 나는 개인적으로 어떤 요인에 의해 동기유발되는지 설명해 보자.
2. 동기이론의 내용이론과 과정이론의 차이점을 설명하고, 만약 교사라면 나는 어떤 요소에 의하여 가장 잘 동기부여가 되어 헌신적인 교사가 될 수 있으며 그 이유는 무엇인지 설명해 보자.

3. Maslow의 욕구위계론, Alderfer의 생존-관계-성장이론, Herzberg의 동기-위생이론의 관계를 설명하고, 학교 구성원으로서 교사들을 동기화시키는 데 세 이론 중 어떤 이론이 가장 유용하다고 생각하는지 설명해 보자.
4. 교사가 수업에서 학생들이 적극적으로 참여하도록 동기를 유발시키기 위해서는 어떻게 해야 할 것인지 기대이론, 공정성이론, 목표설정이론을 토대로 각각 설명해 보자.

참고문헌

신현석, 안선회, 김동석, 김보엽, 박균열, 박정주, 반상진, 변기용, 양성관, 엄준용, 이강, 이경호, 이일권, 이정진, 전상훈, 조홍순(2015). **학습사회의 교육행정 및 교육경영**(2판). 서울: 학지사.

윤정일, 송기창, 조동섭, 김병주(2015). **교육행정학원론**(6판). 서울: 학지사.

진동섭, 이윤식, 김재웅(2011). **교육행정 및 학교경영의 이해**. 경기: 교육과학사.

Baron, R. A. (1998). *Psychology* (4th ed.). Boston: Allyn and Bacon.

Greenberg, J. (1993). Stealing in the Name of Justice: Informational and Interpersonal Moderators of Theft Reactions to Underpayment Inequity. *Organizational Behavior and Human Decision Processes, 54*, 81-103.

Harder, J. W. (1992). Play for Pay: Effects of Inequity in Pay-for-Performance Contest. *Administrative Science Quarterly, 37*, 321-335.

Hoy, K. W., & Miskel, C. G. (2013). *Educational Administration: Theory, Research and Practice* (9th ed.). NY: McGraw-Hill Education.

Lunenburg, F. C., & Ornstein, A. C. (2012). *Educational Administration: Concepts and Practices* (6th ed.). Wadsworth, Cengage learning.

제 5 장

교육정책 과정과 정책결정모형

1. 교육정책의 의의
2. 교육정책의 과정
3. 교육정책결정모형

사례

수업을 마치는 종이 울리고 쉬는 시간이 되어 수업을 마친 김 교사는 교무실로 들어갔다. 교무실에서는 언론에 발표된 학제개편에 대해 토론을 하고 있었다. 정치권을 중심으로 발표된 이번 정책방안은 저출산 고령화의 문제를 해결하기 위해 초등학교 입학 연령을 당기고 초등학교와 중등학교(중학교와 고등학교)를 각각 1년씩 단축하자는 것이다.

먼저 이 교사가 학제개편에 대한 반대 의견을 제시하였다. "교육정책은 흔히 '백년지대계(百年之大計)' 라고 하는데 이렇게 갑자기 학제를 바꾼다는 뉴스는 참 이상한 것 같아요. 특히 초등학교와 중등학교를 1년씩 단축하면 교사가 각각 1/6씩 남을 텐데 그러면 대충 계산해도 5~6년간은 신규 교사 채용은 못하게 되잖아요. 교육과정도 상당히 많은 양을 줄여야 하고요. 중등학교를 줄인다면 중학교를 줄일지 고등학교를 줄일지도 결정해야 하고요. 그리고 이런 정책을 하려면 비용도 어마어마할 것 같아요. 무엇보다 실제 학제개편을 할 때 어떤 방식으로 줄일지에 따라서 변화의 시기에 해당하는 아이들은 정말 대혼란을 경험하게 될 것 같아요. 저는 이런 계획은 많은 시간을 들여서 연구하고 국민적 공감대를 형성해서 결정하는 것이 필요하다고 생각해요."

이에 대해 박 교사는 학제개편에 대해 찬성하는 입장을 밝혔다. "학제개편은 매우 중요한 것 같아요. 해방 이후에 만들어진 우리나라 학제는 이제까지 너무 오래 유지되어 왔어요. 특히 3월에 새 학년이 시작하는 봄 학기제는 세계적으로 거의 없다고 들었어요. 다른 나라는 모두 가을에 새 학년을 시작하는데 우리나라는 봄 학기라서 글로벌 스탠더드에 맞지 않는 것 같아요. 학제개편의 필요성에 대한 공감대가 중요한 것 같고 이에 대해 동의만 한다면 이 선생님이 말씀하시는 부분들은 결국 어떻게 할 것인지에 대한 방법론인 것 같아요. 저는 오랫동안 제기만 되고 실행되지 않아왔던 학제개편을 이번 기회에는 꼭 추진하면 좋겠어요."

동료 교사들의 토론을 듣다가 김 교사는 매우 혼란스러움을 느꼈다. 학제개편은 필요한 것 같기도 하고, 실제 추진하려면 너무 어려울 것 같다는 생각도 들었다. 김 교사는 교육정책 방안을 왜 정치권에서 먼저 제안하게 되었는지에 대해서 궁금한 생각이 들었다. 이러한 경우에 교육정책은 누가 어떤 방식으로 결정하게 되는 것일까? 결정된 정책은 어떻게 집행하고, 추후에 집행된 정책에 대해서는 어떻게 평가하게 되는 걸까? 김 교사는 교육정책과정과 정책결정모형에 대해 다시 한 번 학습해 보기로 하였다.

1. 교육정책의 의의

1) 교육정책의 개념과 유형

교육정책은 '교육(敎育)'과 '정책(政策)'이 합쳐져 만들어진 용어로 '교육에 관한 정책'을 의미한다. 다양한 정책의 영역 중에서 교육의 영역에 해당하는 정책이 바로 교육정책이라고 할 수 있다. 따라서 교육을 정의하는 관점에 따라 교육정책의 영역은 달라질 수 있다는 것을 의미한다. 교육은 학자에 따라 다르게 정의되고 있지만 일반적으로 교육정책의 영역은 확장되고 있다고 할 수 있다. 교육정책의 대상이 되는 교육의 범위를 인간의 발달단계의 측면에서 보면 '무덤에서 요람까지' 인간의 전 생애에 걸쳐 이루어진다. 교육의 형식 측면에서 보면 정규 학교교육을 포함하여 학교 밖에서 이루어지는 비형식 교육과 무형식 교육을 모두 포함하는 것으로 확장해 볼 수 있다. 교육의 개념과 영역이 확장되어 간다는 것은 교육정책의 영역도 확대되어야 함을 의미한다.

교육정책은 공적인 활동이기 때문에 대상이 되는 공식적인 영역은 법령상 규정에 의거한다고 할 수 있다. 우선 우리나라 교육의 근간이 되는 법이라 할 수 있는 「교육기본법」에서는 교육의 정의를 명시하는 대신에 제2조에서 '교육은 홍익인간(弘益人間)의 이념 아래 모든 국민으로 하여금 인격을 도야(陶冶)하고 자주적 생활능력과 민주시민으로서 필요한 자질을 갖추게 함으로써 인간다운 삶을 영위하게 하고 민주국가의 발전과 인류공영(人類共榮)의 이상을 실현하는 데 이바지하게 함을 목적으로 한다.'라고 교육의 이념을 제시하고 있다. 「교육기본법」에서 제시하고 있는 교육정책의 영역을 살펴보면, 학교교육(제9조), 사회교육(제10조), 특수교육(제18조), 영재교육(제19조), 유아교육(제20조), 직업교육(제21조), 학술문화(제24조), 국제교육(제29조) 등이다. 우리나라의 교육정책은 「교육기본법」에 명시되어 있는 영역을 중심으로 하고, 교육과 관련된 법령에 따라 설정되어 이루어지고 있다.

정책은 관리나 행정이라는 말과 관련이 깊은 용어이다. 특히 정부 등에서 이루어지는 공공문제(public affairs)를 관리하는 행정을 '공공행정(public administration)'이라고 명명하고 있다. 19세기 후반부터 '과학적 관리론'이 유행하면서 기업경영 분야에서 '관리나 경영(management)'이라는 용어를 많이 사용하게 되었고, '공공관리(public management)'라는 용어를 사용하게 되었는데 Waldo(1980)는 굳이 관리라는 용어를 피해야 할 이유는 없지만 어원상이나 역사적으로 행정이라는 용어를 사용하는 것이 적절하다고 결론을 맺고 있다. 20세기 후반에 공공정책에 대한 실제적이고 학문적인 관심이 크게 증대되면서 행정보다는 '공공 정책(public policy)'이라는 용어를 사용하는 경우가 많아졌다(정용덕, 2002). 이와 같은 현상은 20세기에 거의 모든 나라에서 경제정책과 교육정책 등 많은 분야에서 국가의 개입이 늘어난 현상과도 관련이 있다. 전통적인 행정학에서는 권력관계나 정치적인 문제와는 구분하여 행정의 내부관리 및 정책의 집행단계에 초점을 두는 이른바 '정치행정이원론'의 관점을 견지해 왔었다. 하지만 최근의 정책학(policy study) 혹은 공공정책연구(public policy study)는 정치와 행정의 관계를 밀접한 것으로 보는 '정치행정일원론'의 입장을 취하여 일반 시민이나 이익집단 등의 참여를 강조하고 있으며, 정책의 집행뿐만 아니라 의제형성 및 정책수립에서부터 평가 및 환류에 이르는 전 과정을 연구의 대상으로 삼고 있다.

진동섭 외(2011)는 정책에 대한 여러 학자들의 정의를 〈표 5-1〉과 같이 정리하고

〈표 5-1〉 정책에 대한 학자들의 다양한 정의

학자	정책의 정의
Lasswell(1971)	문제해결 및 변화 유도를 위한 활동
Easton(1953)	전체 사회를 위한 제 가치의 권위적 배분
Eyestone(1971)	정부 기관과 환경과의 관련성
Friedrich(1963)	주어진 환경 속에서 개인, 단체 또는 정부가 취하는 일종의 행동 대안
Dye(2007)	정부가 할 일과 하지 않을 일을 구분하여 선택하는 것

출처: 진동섭 외(2011), p. 330의 내용을 정리한 것임.

있다.

교육정책은 교육에 대한 권위적 결정 혹은 교육의 목적을 달성하기 위한 조건과 수단의 선택과 집행, 평가, 환류를 포함하는 활동이라고 정의할 수 있다. 다시 말하면 교육의 목적을 달성하기 위해 정부가 교육의 과정에 관여하여 학습을 지원하거나 불합리한 교육과정을 규제하는 의사결정의 과정으로 볼 수 있다. 윤정일 외(2015)는 교육정책의 정의는 구체적인 교육상황에서 다섯 가지의 내용을 함축하고 있다고 제시하였다. 교육정책은 정치적 과정을 통해 결정되는 국가의 통치 작용이고, 교육제도와 그 운영에 관한 기본 지침이며, 교육문제 해결을 위한 대안의 선택이고, 교육이념과 목적의 구현이며, 교육행정에 대한 기본 지침의 성격을 갖고 있다는 것이다.

2) 교육정책의 유형 구분

모든 사람이 교육과 관련되어 있다고 할 만큼 교육의 문제는 다양하고 복잡하게 구성되어 있다. 우리나라는 지방교육자치제도를 운영하고 있는데, 과거에는 중앙정부인 교육부가 거의 모든 정책을 결정하고, 시 · 도 교육청 등의 지방정부는 집행과 관리에 초점을 맞추어 왔다고 할 수 있다. 하지만 지방교육자치가 심화되면서 점점 교육감과 교육청의 정책 기능이 강화되고 있고, 일부 정책적 갈등이 일어나는 사례가 발생하기도 한다.

이론적으로 교육정책의 유형에 따라 중앙정부와 지방정부의 역할을 구분하기도 한다. 국가별로 역사적 전통과 문화를 반영하여 중앙정부와 지방정부의 정책적 기능이 배분되어 있다. 하지만 이론적 관점에 따라 정책의 유형을 구분해 볼 수 있다. Peterson (1979)은 정책의 유형에 따라 정부의 수준이 결정된다고 제시하였다. Peterson은 정부의 정책활동을 재분배정책, 개발정책, 배당정책의 세 가지 유형으로 구분하였는데, 재분배정책은 한 집단에서 다른 집단에게 편익을 이전해 주는 정책을 의미하고, 개발정책은 지역의 경제성장을 촉진하는 정책이며, 배당정책은 모든 주민에게 편익을 제공하기 위해 일반 재정에서 충당하는 정책을 의미한다. 재분배정책은 중앙정부에서 담

〈표 5-2〉 Peterson이 구분한 정책 유형과 특성

정책 유형	정부수준	특 성
재분배정책	중앙정부	한 집단에서 다른 집단에게 편익을 이전하는 정책 (예) 복지, 사회보장, 공공의료혜택, 공공주택
개발정책	지방 또는 중앙정부	지역의 경제성장을 촉진하는 정책 (예) 관광개발, 교통 · 통신개발, 경제 하부구조 개발
배당정책	지방정부	모든 주민에게 편익을 제공하는 정책 (예) 집사활동, 치안, 소방, 쓰레기 수거, 공공매립지 제공

출처: Peterson(1981): 정용덕(2002)에서 재인용.

당하고, 배당정책은 지방정부에서 담당하는 것이 바람직하며, 개발정책은 중앙과 지방정부가 선택적으로 담당할 수 있다고 보았다.

Lowi(1972)는 정책이 사회에 미치는 영향을 고려하여 분배정책, 규제정책, 재분배정책, 구성정책으로 구분하였다. 분배정책은 국민에게 서비스나 이익을 분배하는 정책을 의미하고, 규제정책은 개인이나 집단의 활동 또는 사유재산에 대하여 통제를 가하는 정책을 의미한다. 재분배정책은 정부가 부나 재산, 소득, 권리 등을 사회 계층 내에 재분배하는 정책을 의미하며, 구성정책은 정치체제 자체의 구조적인 변화를 목표로 하는 정책을 의미한다.

교육정책은 다양하게 구성되어 있기 때문에 일반적인 정책의 유형 중에서 어디에 속하는 것인지에 대해서는 논란이 있을 수 있다. Peterson의 관점에서 교육정책을 살펴보면 재분배정책과 배당정책의 속성을 동시에 갖고 있는 것으로 볼 수 있다. Lowi의 관점에서 보면 공교육체제는 분배정책에 포함된다고 할 수 있지만 정부가 개인이나 집단의 활동에 대해 통제하는 관점에서 보면 사학정책이나 대학입학정책 등은 규제정책에 포함되어 있다고 할 수 있다. 또한 저소득층이나 교육 소외계층에 대해 적극적인 지원 정책을 펴는 것은 재분배정책에 속한다고 할 수 있고, 교육정책의 추진을 위해 중앙부처의 직제를 바꾸거나 대통령 직속 교육정책위원회를 설립하고 폐지하는 등의 활동은 구성정책에 속한다. 따라서 교육정책을 하나의 유형으로 단정적으로 구분하는 것

에는 한계가 있을 수 있으며 개별 정책의 특성에 따라 구분하는 것이 바람직하다.

교육에 대한 철학과 관점에 따라 교육정책의 유형을 나누는 경우도 있는데, 교육의 수요자 입장에서 학교 선택을 강조하고, 교육 공급자의 책무성을 강조하는 입장은 소위 '신자유주의적 정책'이라고 유형을 구분하는 반면에 사회적 약자에 대한 배려를 강조하는 복지정책은 '진보주의적 정책'으로 구분하기도 한다. 또한 사회적 공동체의 중요성을 강조하는 경우에는 '공동체주의적 정책'으로 구분할 수 있다.

3) 교육정책의 영역 구분

교육정책의 대상이 되는 범위에 대한 논의는 교육의 개념에 대한 논의와 밀접한 관련이 있다. 교육정책의 범위는 법규상으로 본다면 교육부에서 담당하는 정책의 범위로 제한할 수 있지만 법규는 사회현상의 변화를 반영하여 변화한다는 측면에서 본다면 범위를 더욱 확장하여 살펴볼 수도 있다. 교육정책의 범위는 관점에 따라 다양하지만 하나의 관점이 모든 교육정책의 내용을 완전하게 포괄할 수 없다는 한계를 갖고 있으며, 각각의 관점들은 교육의 영역을 구분하는 독특한 목적을 함의하고 있기 때문에 다양한 관점을 이해할 필요가 있다. 실제로는 다양한 관점의 영역을 종합적으로 결합하여 교육정책이 운영되고 있다. 이종재 외(2012)는 교육정책의 영역을 정책의 대상, 정책의 내용, 정책의 과정 단계, 지역적 적용 범위 등 네 가지 관점으로 나누었는데 조금 더 구체적으로 살펴보면 다음과 같다.

첫째, 교육의 대상에 따라 교육정책의 범위를 설정하는 관점이다. 특히 교육의 대상이 되는 연령을 현행 학교제도와 연계하여 구분하는 관점으로 취학 전까지의 아동을 대상으로 하는 유아교육, 초등학생을 대상으로 하는 초등교육, 중학생과 고등학생을 대상으로 하는 중등교육, 대학생과 대학원생을 대상으로 하는 고등교육, 성인을 대상으로 하는 평생교육 등이다. 이외에도 영재교육, 특수교육, 직업교육 등도 추가로 고려될 수 있다. 이러한 영역의 구분은 해당하는 교육의 대상에 따라서 법규가 마련되어 있고, 학교교육 제도를 중심으로 명확하게 대상별로 정책을 구분하는 데 매우 유용하다고 할 수 있다. 하지만 교육의 대상으로 보면 제외되는 영역이 많이 존재하며, 대상별로도 구체적인 교육정책 내용에 따라 다시 구분이 되어야 하는 한계를 갖고 있다.

둘째, 교육과 정책의 내용에 따라 구분하는 관점이다. 교육의 내용과 관련된 교육과정 정책, 교원의 양성 · 자격 · 임용 · 연수 등에 대한 교원정책, 학생이나 학습자에 대한 지원에 관한 학생정책, 학부모의 교육과 지원에 관한 학부모정책, 교육비용의 지원과 부담에 관련한 교육재정정책, 학교의 시설 등에 관한 교육시설정책 등이 있다. 교육의 내용에 따라 구분하는 것은 영역별 전문가의 구분이 용이하며 정책의 전문성을 높이는 장점이 있다. 하지만 내용의 구분에서도 역시 대상이나 연령, 학교급의 구분 등이 다시 이루어져야 하는 한계를 갖고 있다.

셋째, 교육정책 과정의 단계에 따라 구분하는 방식이다. 교육정책이 의제화되고, 결정되어, 집행되고, 평가와 환류를 거치게 되는 과정에 따라 정책을 구분하는 것이다. 이 관점은 정책의 일반적인 생애주기에 따라 구분이 가능하다는 점에서 모든 정책을 포괄할 수 있다는 장점을 갖고 있다. 하지만 교육정책의 과정이 세부적으로는 매우 다양하게 이루어질 수 있다는 점에서 한계를 갖는다. 또한 교육정책의 일반적인 과정을 제시하는 데에는 유용하지만 교육정책의 대상이나 내용에 따라 완전히 다른 정책이 된다는 점을 반영하지 못하는 한계를 갖고 있다.

넷째, 교육정책의 적용 지역에 따라 구분하는 방식이다. 유 · 초 · 중등교육의 경우에는 중앙정부의 교육정책, 시 · 도 교육청 수준의 교육정책, 교육지원청 수준의 교육정책으로 나누어 각 지역에 맞는 교육정책이 수립되고 집행되는 것을 구분하는 방식이다. 고등교육의 경우에는 특별한 경우를 제외하고는 국 · 공 · 사립의 유형에 상관없이 모두 동일한 정책의 대상이 되고 있으며 지역에 따른 정책적 차이는 거의 없다. 미국의 경우에는 연방정부의 교육정책, 주정부의 교육정책, 카운티별로 이루어지는 교육정책 등 지역에 따른 교육정책이 매우 다른 양상을 보이고 있어서 이러한 구분의 방식이 더욱 의미를 갖는다. 하지만 우리나라의 경우에는 대부분의 교육정책이 오랫동안 중앙집권적인 방식으로 이루어져 왔기 때문에 중앙정부의 교육정책이 거의 예외 없이 우리나라 전체에 영향을 미쳐 왔다. 최근 지방교육자치가 실질적으로 내실화되면서 지역별로 특색 있는 교육정책이 적용되는 사례가 늘어나는 추세라고 할 수 있다.

앞에서 살펴본 네 가지 관점은 각각 나름의 목적에 따라 유용한 장점이 있다. 하지만 모든 교육정책의 영역을 다 포괄하지는 못하는 한계를 갖고 있다. 우리나라의 교육정책 영역을 모두 포괄하기 위해서는 다양한 관점이 중첩적으로 적용될 필요가 있다. 교육부의 직제를 살펴보면 학교급이나 정책의 내용을 혼재한 기준으로 정책부서를 나누고 있는데, 어느 한 가지로 모든 것을 포괄하기 어려운 현실적 측면이 반영된 결과라고 할 수 있다.

2. 교육정책의 과정

1) 교육정책 과정론

지구상에 존재하는 모든 생명체는 생성되고 소멸되는 생애 주기(life cycle)를 갖고 있어서 결국에는 소멸된다. 교육정책도 유기체와 같이 생성되고 소멸되는 단계를 거치는데 단계는 학자에 따라 다르게 구분되고 있다. 교육정책의 단계는 개별 정책에 따라 다양하게 이루어지고 있지만 일반적으로 이루어지는 정책의 과정을 일반화한 것이 정책과정론이라고 할 수 있다.

일상생활에서 어떤 목적을 달성하기 위해서는 계획을 세워서 일을 진행하고 결과에 대해 평가하는 과정을 거치게 된다. 이렇게 일상적인 생활에서 흔히 경험하는 계획(plan), 집행(do), 평가(see)의 과정을 정책의 과정에 적용해 보면 정책형성(policy formulation), 정책집행(policy implementation), 정책평가(policy evaluation)의 과정으로 구분해 볼 수 있다. 하지만 실제 정책의 과정에서는 이렇게 단순한 과정을 거치기보다는 다양한 유형의 참여자들이 복잡한 과정을 거치게 되는 경우가 더 많이 발생하게 된다. 따라서 여러 학자들이 보다 구체화된 이론과 모형들을 제시해 왔다.

Lasswell(1971)은 정책과정을 7단계로 구분하였는데, 정보의 수집(intelligence), 주장(promotion), 처방(prescription), 행동화(invocation), 적용(application), 종결(termination), 평가(appraisal)로 정책과정 모형을 도입하였다. 이 모형은 정책과정의 연구 분야에 대한 기본 틀을 제시하고, 정책과정 연구의 출발점이 되었다(남궁근, 2008). 이후 여러 학자에 의해 정책과정의 단계가 제안되었다. Anderson(2002)은 정책과정을 다섯 단계로 구분하였는데, 문제규명, 정책형성, 채택, 집행, 평가로 제시하였다. Jones (1984)는 정책과정에서 민간과 정부의 경계를 중심으로 네 단계로 구분하였는데, 정책문제의 정부귀속 단계, 정부 내의 행동 단계, 정부의 문제해결 단계, 추진정책의 재검토 단계이다. 실제 문제가 존재하고 정책이 집행되는 민간의 영역과 정책이 결정되는 정부의 영역 간의 역할을 구분한 것으로 볼 수 있다. Dye(2007)는 다섯 단계의 정책과정 모형을 제시하였는데, 문제 확인, 정책대안의 형성, 정책의 합법화, 정책집행, 정책평가의 단계이다. Dye는 정책과정에서 정치적인 역동을 특히 강조한 것으로 볼 수 있다. Dunn(2008)은 정책을 다섯 단계로 구분하였는데 의제설정, 정책형성, 정책채택, 정책집행, 정책평가의 단계이다. Dunn(2008)은 『정책분석론』 제4판에서 정책평가 이후 정책적응, 정책승계, 정책종결 등 세 단계를 추가하여 총 여덟 단계로 구분하였는데, 추가된 세 단계는 정책평가의 결과를 반영한 환류에 해당한다고 할 수 있다(남궁근, 2008).

정책의 순차적인 단계를 강조하는 정책과정론은 일반론에 가까우며 현실의 정책을 설명하는 기술적(descriptive)인 관점이라기보다는 규범적(normative)이거나 처방적(prescriptive)인 관점에 가깝다 보니 실제 정책의 과정을 이해하는 데 일정한 한계가 있다. 현실적인 설명력이 적다는 이유로 여러 가지 비판이 존재하는데, 첫째, 각 단계는 인과적인 관계를 갖고 있지 못하고, 둘째, 각 단계에서 설명하는 순서가 현실에서는 반드시 일관되지 않으며, 셋째, 정책의 결정과정과 입법과정에 초점이 맞추어져 있으며, 넷째, 다양한 이해 관계집단 간의 정치적인 상호작용이 적절하게 반영되지 못하고 있다는 점이다.

이러한 비판이 존재함에도 불구하고 정책과정론은 여러 가지 장점을 갖고 있기 때문에 아직까지 다양하게 활용되고 있다. Anderson(2002)은 정책과정론이 네 가지 장점을 갖고 있다고 제시하는데, 첫째, 실제 정책과정에서 단계별 활동과정을 순차적으로 밟고 있으며, 둘째, 단계적 접근방법은 폐쇄적이지 않고 환경 변화에 개방적이며, 셋째, 정책과정의 동적, 발전적 측면이 반영되어 있으며, 넷째, 정책과정론은 한 사회나 특정 문화에 종속적이지 않기 때문에 여러 나라의 정책결정 체제를 비교 연구하는 데 유용하다는 것이다. Dunn(2008)은 정책과정의 각 단계별로 여러 가지 정책분석기법을 활용할 수 있다고 보았는데 이를 통해 정책의 내용과 결과를 발전시키는 데 도움이 된다고 보았다.

교육정책은 다양한 이해관계 집단이 참여하고 있어서 정치적인 역동성을 내포하고 있다. 한편 교육의 중요성에 대해서는 모든 사람이 기본적으로 동의하고 있다는 점에서 다른 분야와 다른 특수성을 갖고 있다고 할 수 있다. 종합적으로 살펴보면 교육정책의 과정을 네 단계로 나누어 살펴볼 수 있다. 첫째, 교육문제가 제기되고 정책의제로 채택되는 과정을 '교육정책 의제 설정 단계'라고 할 수 있다. 둘째, 다양한 정책적 대안 중에서 최적의 대안을 찾아서 교육정책으로 결정되는 과정을 '교육정책 결정 단계'라고 할 수 있다. 셋째, 교육정책이 결정된 이후에 실제 교육의 현장에서 집행되는 과정을 '교육정책 집행 단계'라고 할 수 있다. 넷째, 교육정책이 집행된 이후에 그 결과에 대해 평가하고 평가된 결과를 반영하여 새로운 정책으로 개선하는 '교육정책 평가와 환류 단계'로 구분할 수 있다.

2) 교육정책 문제와 의제 설정

교육과 관련된 문제는 매우 다양한 수준과 양상으로 존재하고 있다. 개인적으로 누구나 교육과 관련하여 고민과 불편함을 가지고 있는데, 이러한 개인 수준의 문제를 넘어서 다수의 사람에게 영향을 미치는 문제를 공공의 교육문제(public educational problems)라고 할 수 있다. 정책의제는 여러 가지 공공의 문제 중에서 정부가 공식적으로 해결 방안을 마련하기 위해 선택한 것을 의미한다. 수많은 공공의 교육문제들이 모두 정부의 교육정책의제(educational policy agenda)가 되는 것은 아니고, 특정한 문제만이 정부의 정책의제가 되기 때문에 정부의 정책의제가 된다는 것은 매우 의미 있는 것이다. 정책의제의 개념을 조금 더 구분해 보면 정부당국이 선택하여 채택한 의제를 정부의제(government agenda)라고 하고, 이를 확장하여 많은 국민이 '정부가 해결해야 한다고 생각하는 정책문제'까지 포함하면 이를 공공의제(public agenda)라고 할 수 있다(남궁근, 2008).

교육정책의제는 다양한 수준으로 존재한다. Birkland(2005)는 의제화의 진행 수준에 따라 의제모집단(agenda universe), 공공의제(public agenda), 정부의제(government agenda), 그리고 결정의제(decision agenda)로 구분하였다. 의제모집단이란 다양한 교육의 문제들을 의미한다. 교육의 문제는 개인적인 수준에서 사회적인 수준으로 다양한데 많은 사람에게 영향을 미치고 관심을 받고 있는 교육문제들을 공공문제(public problem) 또는 사회문제(social problem)라고 하고, 의제모집단은 이러한 공공의 문제들로 구성된다. 의제모집단에서 일부 문제들만 의제화되는데, 이를 위해서는 많은 사람이 그 문제를 인식하고 있고, 문제의 해결을 위해 정부의 조치가 필요하다는 공감대가 형성되어 있고, 정부의 법적 권한이 명확하게 설정되어 있는 문제에 한하여 공공의제가 된다(Cobb & Elder, 1983). 정부의제는 공식적인 권한을 가진 정책결정자가 문제의 해결을 위해 관심을 갖는 문제를 의미한다. 정부의제를 결정하는 정책결정자는 대통령, 국회, 행정부, 법원 등이 해당하는데, 가령 교육 관련 정부의제는 주로 교육부와 교육청의 담당자가 적극적으로 문제를 해결하기 위해 관심을 갖고 있는 문제들이 해당된다. 결정의제는 법률적으로 결정의 권한을 가진 기관에서 구체적인 정책적 대안을 확정하기 직전의 의제를 의미한다. 예를 들면, 국회에서 의결을 앞두고 있는 법률안, 대통령과 부처의 장관이 결정하기 위해 최종적으로 검토하고 있는 의제를 의미하는데 대통령령안, 부령안, 정부의 정책안 등이 이에 해당한다. 따라서 결정의제는 정부의제가 다양한 논의와 검토의 과정을 거쳐서 심화시킨 정책의제라고 할 수 있다.

May(1991)는 의제설정 과정을 네 가지 모형으로 유형화하였는데, Cobb, Ross와 Ross(1976)가 제안한 외부주도(outside-initiation)모형, 동원(mobilization)모형, 내부접근(inside-access)모형 등 세 가지 유형에 공고화(consolidation)모형을 추가한 것이다. 외부주도모형에서 외부는 정책결정자를 의미하는 정부의 바깥을 의미한다. 민간집단에 의해 제기된 이슈가 공공의제가 되었다가 정부의제로 진입한 경우에 외부주도모형에 해당한다. 동원모형은 정책결정자에 의해 제기되어 자연스럽게 정부의제가 되고 성공적인 집행을 위해 공공의제로 전환되는 유형을 의미한다. 특히 선거 등과 관련하여 정치적으로 제기된 의제의 경우 정부의제가 선거과정을 통해 공공의제로 전환되는데 일반 국민의 지지를 얻는 과정을 강조하기 때문에 동원모형이라고 하며, 이 과정을 통해 정책의 성공적 집행에 긍정적인 영향을 미치고자 하는 의도가 반영되어 있다. 내부접근모형은 정부기관 내부집단이나 정책결정자와 밀접한 관계가 있는 집단에 의해 제안되는 의제설정모형이다. 의제를 제안하는 집단은 대부분 정부기관이거나 전문가 집단이라고 할 수 있는데 전문연구기관도 포함된다. 이 경우에는 광범위하게 공공의제로 제안되지는 않으며 일반 국민에게 미치는 영향이 크지 않거나 관심을 받기 어려운 경우도 포함된다. 마지막으로 공고화모형은 이미 일반적으로 국민의 관심과 지지가 높은 정책문제에 대해 정부가 관여하여 문제를 해결해 가는 유형을 의미한다. 이미 국민적인 지지를 받고 있기 때문에 이러한 지지를 공고화하는 과정을 강조하는 경우라고 할 수 있다. 정책의제가 이미 국민적인 지지를 받고 있다는 것은 정책이 결정된 이후에 집행과정에서 정부의 노력과 비용을 상당히 절감할 수 있으며 더 많은 지지를 얻을 수 있음을 의미한다.

일반적인 정책문제가 정부의제로 진입하는 기회는 항상 열려 있는 것이 아니라 정책과정의 흐름 속에서 특정한 시점에 정부의제로 진입할 수 있는 기회가 생긴다는 것

〈표 5-3〉 의제설정모형의 유형 구분

구분		일반 국민의 관여 정도	
		높음	낮음
의제설정의 주도자	민간	외부주도모형	내부접근모형
	정부	공고화모형	동원모형

출처: May(1991): 남궁근(2008)에서 재인용.

을 설명하는 이론이 Kingdon의 정책흐름모형이다(Kingdon, 2011). 실생활에서는 다양한 수준과 양상의 교육문제가 존재하고 있지만 다양한 문제 중에서 정부의제로 진입하기 위해서는 치열한 경쟁이 이루어진다. 학교에서의 폭력문제는 오래 지속되어 왔음에도 불구하고 사회적으로 주목을 받는 이슈가 되는 것은 커다란 사건이 발생하여 언론을 통해 소개될 때라고 할 수 있다. 하지만 사회적 이슈가 되었다고 하여 모두 정책의제(policy agenda)로 채택되는 것은 아니다. 학교폭력과 관련하여 심각한 사건이나 사고가 발생한 후에 사회적 이슈가 되지만, 시간이 흘러서 다른 사회적 이슈가 발생하면 사회적 관심도가 낮아지는 상황이 반복된다. Kingdon(2011)은 Cohen, March와 Olsen(1972)의 '쓰레기통 모형(garbage can model)'을 발전시켜 정책의제 설정 및 정책결정 과정에 대한 모형을 제시하였다. 쓰레기통 모형은 정책의 과정을 문제, 해결책, 선택기회, 참여자 등 네 가지 흐름으로 구분하는데, Kingdon의 정책흐름모형은 정책문제, 정치, 정책대안 등 세 가지의 흐름으로 본다는 점에서 차이가 있다. 또한 쓰레기통 모형에서는 과정과 참여자를 구분하지 않고 있으나, 정책흐름모형에서는 과정과 참여자를 구분하고 있고, 쓰레기통 모형에서는 정치를 중시하지 않고 있으나 정책흐름모형에서는 정치적 변화와 정책활동가(policy entrepreneurs)의 역할을 강조한다는 차이점을 보여 준다.

정책문제, 정책대안, 정치의 흐름은 각각 분리되어 독자적으로 흘러가지만 결정적인 순간에 결합(coupling)을 하게 된다. 정책대안들이 정책문제와 결합되고, 2개의 결합은 다시 정치적으로 우호적인 세력과 결합하게 된다. 이러한 결합은 대부분 '정책의 창(policy window)'이 열릴 때 이루어진다(Kingdon, 2011). 정책의 창은 심각한 정책문제가 발생하거나 정치의 흐름에서 중요한 변화가 일어날 때 열린다. 심각한 정책문제가 발생한 경우를 '문제의 창(problems windows)'이 열렸다고 하고, 정치적인 변화가 일어난 경우를 '정치의 창(political windows)'이 열렸다고 할 수 있다. 정책의 창이 열린 경우에는 정책문제의 흐름이나 정치의 흐름이 정책대안의 흐름과 결합하여 정책의제가 설정되고, 새로운 정책이 결정될 가능성이 높아진다.

정책의제는 정책문제나 정치의 흐름에 따라 우연히 설정되지만 정책결정은 실행 가능한 대안에 초점을 맞추게 된다(Kingdon, 2011). 문제의 흐름, 정책대안의 흐름, 정치의 흐름 등 세 가지 흐름이 동시에 결합될 때 정책결정이 이루어질 확률이 높아진다. 하나의 정책 영역에서 성공적으로 정책이 결정되면 그와 인접한 영역에서도 정책결정이 이루어질 가능성이 높아진다. 왜냐하면 정치적 연합을 통해 하나의 정책을 성공적으로 결정한 경우에는 그 정치적 연합을 활용하여 관련된 다른 정책들도 결정함으로써 이익을 얻으려 하기 때문이다.

중요한 교육문제라 하더라도 정책적 관심이 오래 유지되지 못하고, 주기적으로 문제가 발생하는 시점에서 다시 새로운 정책이 결정되고 발표되는 과정이 반복되고 있다. Kingdon의 정책흐름모형에서는 정책문제의 흐름, 정치의 흐름, 정책대안의 흐름이 결합되어 정책의 창이 열리고, 이때 정책활동가의 역할을 통해 정책이 결정되는 과정을 강조한다(Sabatier, 1991). 하지만 정책의 창이 열리는 기간이 오래 지속되지 않는다는 것이 중요하며 사회적 관심을 잃게 되면 결합되었던 세 가지 흐름은 분리되어 독자적인 흐름으로 바뀌게 된다. 이 경우에는 다시 정책의제로서 관심을 받지 못하는 상태라고 할 수 있다.

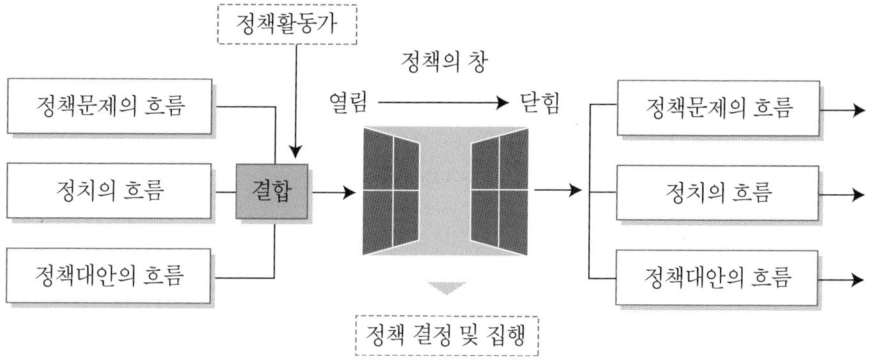

그림 5-1 Kingdon의 정책흐름모형을 활용한 분석 모형

3) 교육정책 결정, 집행, 평가와 환류 단계

교육정책의 의제가 선정되면 교육정책의 목표를 설정하게 된다. 이는 교육문제의 해결 방향이라고 할 수 있는데 문제를 해결하는 방법은 다양하게 존재할 수 있다. 여러 가지 정책대안 중에서 문제를 가장 효과적으로 해결할 수 있는 최적의 대안을 결정해야 하는데, 이를 '교육정책 결정과정(educational policy making process)'이라고 한다. 정책결정 과정은 일종의 의사결정 과정(decision making process)이라고 하는데 다음 절에서 구체적으로 논의하고자 한다.

실제 정책결정 과정은 하나의 이론에 의해 결정되기보다는 다양한 요인의 영향을 받아서 복합적으로 이루어진다고 할 수 있다. 우리나라의 교육정책은 특히 국민적인 관심 분야이기 때문에 정치적 영향력을 많이 받게 되고, 다양한 수준의 선거에 의해서도 변화가 이루어지는 상황이다. 정책으로서 갖추어야 할 다양한 가치를 충족시키기 위해서는 정책결정 과정에서 국민과의 소통을 통해 민주적으로 정책결정이 이루어지고 잦은 정책 변화보다는 법령에 의해 제도화됨으로써 국민적 신뢰를 높여 나가야 할 필요가 있다.

교육정책의 집행은 결정된 정책을 구체적으로 실현시켜 나가는 과정이다. 정책결정 과정에서 다양한 정책 대안 중에서 가장 효율적인 것으로 평가받은 정책이 결정되는데 계획된 대로 정책을 실현시켜 나가는 과정이라고 할 수 있다. 정책으로 결정된 대안은 추상성이 매우 높은 경우가 많은데 이를 구체화하고 실체화하는 과정이 집행이기 때문에 매우 중요한 의미를 갖는다.

교육정책이 결정되었다 하더라도 실제 집행과정에서 정책의 목표가 달성되지 않는 경우를 종종 볼 수 있는데, 정책목표와 정책대안 사이에 처음부터 인과관계가 존재하지 않는 경우를 '정책의 실패'라고 하고, 정책집행 과정에서 예상치 못한 문제가 발생하여 의도한 정책목표를 달성하지 못하는 경우를 '집행의 실패'라고 구분할 수 있다(정정길 외, 2010). 전자는 정책결정 과정의 오류로 인한 것이라 할 수 있지만 후자는 집행과정에서 조금 더 신중한 판단과 실행이 필요했던 것으로 볼 수 있다.

정책은 유기체와 같아서 끊임없는 관리가 없으면 생명력을 유지할 수 없다. 중앙정부 수준에서 아무리 합리적인 의사결정을 했다고 하더라도 집행과정에서 왜곡되는 현상을 방지하지 못하면 정책집행의 성공을 보장할 수 없다. 따라서 정책담당자의 관점에서는 정책이 집행되는 과정에서 끊임없는 현장 모니터링을 통해 제대로 집행되고 있는지를 점검해야 할 필요가 있다.

정책이 집행된 이후에 목표한 바를 달성했는지를 분석하는 것을 정책평가(policy evaluation)라고 한다. 교육정책은 주로 다양한 교육현장에서 이루어지는 경우가 많고, 그 교육정책의 단일한 효과를 측정하기 어려우며, 정책의 효과가 장기간에 걸쳐서 나타나는 경우가 많기 때문에 평가의 어려움이 있다.

정책의 결과는 산출(output), 성과(outcome), 영향(impact)으로 구분할 수 있는데 산출은 측정 가능한 가시적 결과를 의미하고, 성과는 비가시적인 결과를 포함하며, 영향은 사회에 미치는 장기적인 효과를 포함한다. 최근에 정책평가는 해당 정책의 담당자에 대한 책무성을 높이는 수단으로 활용되기도 하며, 정책담당자 개인과 조직에 대한 평가로 연계하는 경향을 갖고 있다.

정책평가 결과는 다음 해의 정책이나 유사한 정책의 추진에 참고자료로 활용되는데, 이 과정을 정책환류(policy feedback)라고 한다. 최근 정책의 효과성에 대해 연구적 접근을 통해 평가하는 경향이 나타나고 있는데 이는 연구와 자료에 기반한 정책(data driven policy)의 의미를 갖고 있다. 즉, 과학적 정책과정을 실현하기 위해 정책의 효과를 평가하는 것이 강조되고 있는 추세이다. 정책평가가 강조되면서 정책의 기획과 결정단계에서 정책의 목표를 구체적인 성과목표로 설정하는 경우가 많아지고 있다. 새로운 유형의 학교를 만드는 경우 그 학교가 실제 교육력을 발휘하고 그 결과 학생의 학업성취도에 긍정적인 영향을 미치는지에 대해 효과성을 검증하기도 하고, 정부의 정책이 교육현장에서 실제 구현되고 있는지에 대해 현장 만족도 조사나 평가용 설문조사를 실시하는 방법도 활용되고 있다.

3. 교육정책결정모형

1) 정책결정과 의사결정의 관점

정책결정은 정책문제를 해결하기 위하여 정책의 목표를 설정하고 목표를 달성하기 위한 정책적 수단을 정비하는 활동을 의미한다. 정책문제를 해결하기 위한 다양한 정책적 수단과 대안이 존재하고 있는데 이들 중에서 문제를 가장 효율적으로 해결할 수 있는 해법을 찾는 것은 간단치 않은 일이다. 특히 다른 분야에 비해 교육 분야는 정책 대안의 효과에 대해 정확하게 예측하기가 쉽지 않기 때문에 교육정책 결정과정은 더욱 어렵다. 하지만 어떤 목적을 달성하기 위해서는 꼭 필요한 순간에 여러 가지 대안 중에서 하나의 결정을 내려야 하는 선택의 상황이 발생한다. 교육정책 결정의 과정은 교육정책에 관한 의사결정 과정(decision making process)이라고 표현할 수 있다.

윤정일 외(2015)는 의사결정을 보는 네 가지 관점으로 합리적 관점, 참여적 관점, 정치적 관점, 우연적 관점을 제시하고 있다. 첫째, 합리적 관점은 합리적 판단으로서 의사결정을 의미하는데, 과학과 합리성에 대한 믿음을 바탕으로 선택과 의사결정의 순간에는 가장 최적의 방식이 항상 존재한다는 것이다. 의사결정은 목표 달성을 위한 수많은 대안 중에서 최적의 대안을 선택하는 과정으로 이해한다. 목표를 설정하고, 대안을 탐색하고, 대안에 따른 결과를 예측하여 목표를 극대화하는 최적의 대안을 선택하는 것이 가능하고 또한 그렇게 해야 한다는 것이다.

둘째, 참여적 관점은 합의로서의 의사결정을 의미한다. 참여적 관점은 조직 수준에서 공동의 목표가 있고 이를 달성하기 위한 최선의 선택을 위해 조직 내에서 참여적인 의사결정이 이루어짐으로써 최적의 대안을 선택하게 된다는 것이다. 참여적 관점은 합리적인 판단이 가능하다고 보는 점에서 합리적 관점과 유사하지만 조직 구성원들의 합의과정을 통해 최적의 대안을 선택한다는 점에서 구별된다고 할 수 있다.

셋째, 정치적 관점은 타협의 과정으로서의 의사결정을 의미한다. 정치적 관점은 의사결정의 과정이 권력(power)의 이동에 따라 다양하게 이루어질 수 있다는 것을 의미한다. 어떤 조직이 특정한 사람이나 집단에 의해 의사결정이 좌우되는 것이 아니라 여러 가지 요인과 다양한 세력들의 조합에 의해 영향을 받게 된다는 것이다. 조직에 대하여 본인들의 이해관계에 따라 영향력을 발휘하고자 하는 다양한 이익집단이 존재하며, 의사결정은 이해집단 간의 타협의 결과로 이루어진다. 정치적 관점은 합리적 관점이나 참여적 관점과 비교할 때 최적의 대안이라는 것이 존재한다고 상정하지 않으며 타협의 산물로서의 의사결정 결과는 상황에 따라 언제든지 변화할 수 있다는 점에서 특징적이라고 할 수 있다.

넷째, 우연적 관점은 우연적 선택으로서 의사결정을 설명한다. 우연적 관점에서 의사결정은 합리적 관점이나 참여적 관점과 같이 목표를 달성하기 위한 체계적인 과정에 의한 결과가 아니라는 점을 강조한다. 오히려 의도와는 상관없이 수많은 요소가 우연하게 한 곳에 모일 때 의사결정이 자연스럽게 이루어진다는 것이다.

〈표 5-4〉에 제시된 것처럼 네 가지 관점의 특징을 살펴보면 의사결정의 목적에 있어서 조직의 목표 달성을 추구하는 관점과 이해집단의 목표 달성이나 상징적 의미의 목표 달성으로 변화되는 것을 볼 수 있다. 합리적 관점은 관료제나 중앙집권적 조직에

〈표 5-4〉 의사결정에 관한 관점

구분	합리적 관점	참여적 관점	정치적 관점	우연적 관점
중심개념	목표 달성을 극대화하는 선택	합의에 의한 선택	협상에 의한 선택	선택은 우연적 결과
의사결정의 목적	조직목표 달성	조직목표 달성	이해집단의 목표 달성	상징적 의미의 목표 달성
적합한 조직형태	관료제, 중앙 집권적 조직	전문적 조직	대립된 이해가 존재하고 협상이 용이한 조직	달성할 목표가 분명하지 않은 조직
조직환경	폐쇄체제	폐쇄체제	개방체제	개방체제
특징	규범적	규범적	기술적	기술적

출처: 윤정일 외(2015).

적합하고, 참여적 관점은 전문적 조직에 적합하다는 것을 알 수 있다. 합리적 관점이나 참여적 관점은 환경의 다양한 변화에 민감하게 반응하지 않거나 고려하지 않는다는 점에서 폐쇄체제의 의사결정이라는 특징을 갖고 있지만 정치적 관점과 우연적 관점에서는 환경의 변화에 민감하게 반응한다는 점에서 개방체제에서의 의사결정이라고 할 수 있다. 앞의 두 관점은 현실에서 이루어져야 할 의사결정 방식의 방향을 제시하고 있다는 점에서 규범적 관점(normative perspective)이라고 할 수 있는 반면에 뒤의 두 관점은 현실에서 이루어지고 있는 의사결정에 대한 설명력이 높다는 점에서 기술적 관점(descriptive perspective)으로 특징을 설명할 수 있다.

2) 정책결정의 합리성

정책결정에 있어서 합리성은 매우 중요한 의미를 갖는다. 일반적으로 합리성(rationality)은 이성적 과정을 거친 판단을 의미한다. 교육정책에 있어서 합리성은 설정된 목표를 달성하기 위한 정책적 대안의 적합성을 나타내는데, Max Weber는 이를 수단적 합리성 또는 형식적 합리성이라고 보았다(남궁근, 2008). 정책연구에서 합리성의 개념을 경제학의 개념에서 차용하여 목표의 극대화 또는 과업의 최적화로 활용하고 있다(오석홍, 김영평, 2000). 합리성을 목표의 극대화로 이해한다면 목표가 이미 설정되어 있다는 것을 전제로 하고 있지만 현실에서 정책을 결정하는 상황에서는 정책의 목표에 대한 설정 자체가 어렵기 때문에 합리성을 추구하는 일은 매우 어려운 일이 될 수 있다.

Simon(1997)은 정책결정 과정에서의 합리성을 내용적 합리성(substantive rationality)과 절차적 합리성(procedural rationality)으로 구분하였다. 내용적 합리성은 목표의 극대화에 기초를 둔 합리성을 의미한다. 정책결정의 단계에서 주어진 조건과 제약 요인의 한계 내에서 설정된 목표의 성취를 극대화하는 것이 내용적 합리성이라고 할 수 있다. 내용적 합리성에 도달하기 위해서는 두 가지 조건이 충족되어야 하는데, 첫째, 행위자는 이윤 극대화나 효용 극대화라는 목표를 갖고 있어야 하고, 둘째, 합리적 선택을 할 수 있는 지식과 능력을 보유해야 한다. 하지만 현실의 정책 결정과정에서 목표가 설정되지 않은 경우가 많고, 모든 행위자가 선택에 필요한 지식과 능력을 갖추기도 어렵다는 점에서 내용적 합리성을 추구하는 것에는 일정한 한계가 있다. 따라서 Simon(1997)은 내용적 합리성에 대한 대안적인 관점으로 절차적 합리성을 제시하고 있다. 절차적 합리성은 정책의 문제를 해결하기 위해 정보를 수집하고, 처리하는 과정에서 적절한 절차를 거쳐서 의사결정을 할 때 이를 절차적 합리성으로 보는 것이다. 결국 절차적 합리성은 내용적 합리성이 갖고 있는 실현 가능성의 한계를 극복하기 위하여 제한된 합리성을 인정하고 목표의 달성을 위한 의사결정의 과정과 방법을 강조한 것이다.

남궁근(2008)은 Diesing(1962)과 Dunn(2008)이 제시한 정책결정의 합리성에 대한 논의를 종합하여 기술적 합리성, 경제적 합리성, 법적 합리성, 사회적 합리성, 정치적 합리성 등 다섯 가지로 제시하고 있다. 첫째, 기술적 합리성(technical rationality)은 목표를 달성하기 위해 제안된 대안 중에서 최적화된 수단을 선택한다면 기술적 합리성이 높다고 보는 것이다. 둘째, 경제적 합리성(economic rationality)은 공공문제에 대해 능률적인 해결방안의 선택을 의미한다. 비용-편익 분석을 통하여 최소의 비용을 투입하여 사회적인 총편익을 극대화하는 대안을 선택해야 한다는 것이다. 셋째, 법적 합리성(legal rationality)은 현행 법규와 행정적 선례에 일치하는 대안을 선택하는 것을 의미한다. 제도적인 관점에서는 매우 보수적인 것으로 현행 법규의 범위 내에서 정책이 결정되었는지를 평가하는 합리성이라고 할 수 있다. 넷째, 사회적 합리성(social rationality)은 사회제도의 유지와 개선에 미치는 영향력을 강조하는 것이다. 사회를 구성하고 있는 여러 요소들 사이에 상호의존성과 결속성을 강조하는 것으로 기존 사회체제에 제도화될 수 있는 가능성을 고려하는 것이다. 다섯째, 정치적 합리성(political rationality)은 정책이 결정되는 구조라고 할 수 있는 정치적 역학관계가 잘 이루어져 있는지에 초점을 맞추는 것이다. 정책이 결정되는 의사결정 구조가 올바르게 구성되어 있을 때 정치적 합리성이 높아질 수 있다는 것이다.

정책결정의 합리성은 정책이 결정되는 단계에서 고려해야 할 가치를 의미한다. 정책결정의 과정에서 합리성은 반드시 추구해야 하지만 그 내용과 방법에 대해서는 다양한 이론이 존재한다. 정책결정에서의 합리성은 결국 다양한 의사결정이론의 기반이 된다고 할 수 있다. 특히 합리성에 대한 논의과정에서 완벽한 합리성에 대한 추구는 현실적으로 불가능할 수 있다는 한계를 인정함으로써 현실적으로 적용 가능한 이론을 개발하고 적용할 수 있는 토대가 마련된다고 할 수 있을 것이다.

3) 교육정책결정모형(의사결정모형)

교육정책 결정과정은 교육문제의 해결 방향을 결정하는 과정이라고 할 수 있다. 문제를 해결하는 방법은 다양하게 존재할 수 있다. 여러 가지 정책적 대안 중에서 문제를 가장 효과적으로 해결할 수 있는 최적의 대안을 결정해야 하는데 이를 교육정책 결정과정(educational policy making process)이라고 한다. 정책결정 과정은 일종의 의사결정과정으로 볼 수 있다. 교육정책의제로 설정된 교육문제를 해결하기 위해 최적의 대안을 선택하는 과정을 설명하는 이론적 모형인 교육정책결정모형은 합리모형, 만족모형, 점증모형, 혼합관조모형, 쓰레기통 모형 등으로 구분할 수 있다.

합리모형(rational model)은 인간의 합리적 선택을 강조하는 모형으로 현실적이라기보다는 목표지향적이고 규범적인 고전모형이라고 할 수 있다. Simon(1997)이 말하는 합리모형은 문제에 대한 과학적 분석을 토대로 모든 가능한 해결 대안을 찾아내고, 그 대안들의 결과에 대해 분석하고, 가장 효율적인 대안을 찾아내는 과정을 의미한다. 일반적으로 합리모형에 따른 정책결정의 절차를 살펴보면 다음과 같이 제시할 수 있다.

- 해결해야 할 문제의 내용을 완전히 파악한다.
- 문제해결을 통해 달성할 목표를 분명하게 정의한다.
- 목표를 달성할 수 있는 가능한 대안들을 모두 탐색한다.
- 대안들이 실행되었을 때 나타나는 결과를 완전하게 예측한다.
- 대안들을 비교하고 평가하여 최종적으로 선택하는 명확한 기준을 마련한다.

• 대안선택의 기준을 적용하여 최선의 대안을 선택한다.

논리적 당위성을 넘어서 현실의 정책문제를 해결하는 데 합리모형을 적용할 수 있을지에 대해서 부정적인 의견이 많다. 앞에서 제시한 절차들은 모두 실현가능성이 낮다고 할 수 있기 때문이다. 하지만 최근 정보통신기술의 발달로 인해 합리모형의 실현가능성이 높다는 학자들의 의견도 제시되고 있어서 부활의 가능성이 생기고 있다고 평가해 볼 수 있다.

만족모형(satisfying model)은 지나치게 객관성을 강조하는 합리모형의 제한점을 극복하기 위해 의사결정자의 제한된 합리성(bounded rationality)인 주관적인 만족도를 중시하는 의사결정이론이라고 할 수 있다. Simon(1997) 그리고 March와 Olsen(1976)은 객관적인 의사결정보다 의사결정자의 주관적인 결정을 강조하는 만족모형을 제안하였다. 정책결정의 과정에서 문제를 해결하기 위해 목표를 설정하고 현실적으로 가능한 대안을 탐색하는 과정에서 의사결정자가 만족하는 대안을 발견하면 탐색을 멈추고 결정이 이루어진다는 것이다. 만족(satisfying)은 개별 의사결정자가 특정 문제의 해결방안을 찾을 때 적용하고자 하는 최소한의 기준을 의미한다. 합리적 의사결정 과정에서 무한의 객관성을 도출하는 것이 불가능하기 때문에 가장 만족할 만한 대안을 선택하게 되는 현실을 설명하는 이론이라고 할 수 있다.

점증모형(incremental model)은 정책이 기존의 내용을 완전히 무시하는 것이 아니라 기존의 정책을 바탕으로 문제를 개선해 나가는 방식으로 점증적인 의사결정이 이루어진다는 것이다. Lindblom(1980)과 Wildavsky(1979)가 제시한 점증모형은 새로운 모형을 제시한 것이라기보다는 현실에서 이루어지고 있는 정책과정에서 대해 기술적(descriptive)으로 설명한 것으로 실제 정책과정에 대한 설명력이 매우 높다고 할 수 있다. 일반적으로 점증모형에 따른 정책결정의 절차는 다음과 같다.

• 정책의 목표와 정책대안은 밀접하게 관련되어 있어서 목표와 수단이 동시에 선택된다.

- 목표와 수단의 구분이 불명확하기 때문에 목표–수단 분석은 부적절하다.
- 정책대안의 판단 기준은 합의로 결정될 사항이다.
- 정책결정자의 지적 능력과 정보의 제한으로 대안에 관한 포괄적 분석은 제한된다.
- 정책대안의 비교와 선택은 부분적, 순차적으로 이루어진다. 기존의 정책에 대해 시행착오 과정을 통해 부분적인 정책 개선을 추구한다.

점증모형은 예산이나 정책의 과정이 전년도 정책에서 일부분의 수정으로 이루어지는 등 현실의 정책결정 과정에 대한 설명력은 매우 높다. 하지만 새로운 정책결정 과정이나 정책의 전면적인 폐지에 대해서는 설명력이 떨어지는 한계를 갖고 있다.

혼합관조모형(mixed scanning model)은 합리모형과 점증모형을 혼합한 것으로 보수적이라고 볼 수 있는 점증모형에 비현실적이라고 비판받는 합리모형의 장점을 결합한 것이라 할 수 있다. Etzioni가 제안한 혼합관조모형은 점증모형이 기존의 정책에 얽매이는 것에 대해 비판하면서 보다 넓은 범위(big picture)에서 관조해 봄으로써 새로운 정책적 대안의 탐색이 가능하다고 제시하였다. 보다 넓은 범위에서 대안을 탐색한다는 점에서 차이가 있고, 그중에서 결정된 부분에 대해서는 치밀하게 대안을 검토하는 것은 합리모형의 장점을 차용한 것이라고 할 수 있다.

쓰레기통 모형(garbage can model)은 의사결정의 과정이 비합리적이고 우연적인 상황에 의해 결정될 수 있다는 것으로 Cohen 외(Cohen, March, & Olsen, 1972)에 의해 제안되었다. 조직구성원 사이의 응집력이 아주 약한 상태, 즉 조직화된 무정부(organized anarchy) 상태에서 이루어지는 의사결정 과정을 설명하는데, 주로 대학의 위원회 조직에서 이루어지는 의사결정을 사례로 들 수 있다. 대학과 같이 조직화된 무정부 상태에서 이루어지는 의사결정의 특징을 살펴보면, 첫째, 조직 구성원들의 선호가 각각 다르고, 둘째, 목표와 수단 사이에 인과관계가 명확하지 않고, 셋째, 의사결정에 참여하는 사람의 구성이 유동적으로 변화한다. 쓰레기통 모형에서는 의사결정이 이루어지기 위한 네 가지 요소가 있다고 제시하는데, 문제(problem), 해결방안(solution), 참여자(participants), 선택기회(choice opportunity)이다. 이러한 의사결정의 요소들이 상호 관련 없이 독립적인 흐름을 형성하고 있다가 특정한 문제의 발생이나 우연한 상황에 의해 결합되어 정책결정이 이루어진다는 것이다. 현실의 정책결정 과정에 대한 설명력이 높다는 특징을 갖고 있지만 바람직한 방향을 제시하는 규범적 의사결정 과정은 아니라고 할 수 있다.

실제 생활하는 과정에서도 매 순간이 의사결정의 순간이라고 할 수 있다. 교육정책은 많은 사람에게 영향을 미친다는 점에서 더욱 중요한 의미를 갖는다. 실제 교육정책이 결정되는 과정은 하나의 이론에 의해 이루어지기보다는 다양한 요인의 영향을 받아서 복합적으로 이루어진다고 할 수 있다. 우리나라에서 교육정책은 거의 모든 국민의 관심 분야이기 때문에 정치적인 영향력을 많이 받고 있다. 중요한 교육정책은 선거와 공직자의 교체에 따라 상당히 자주 큰 변화의 과정을 거치고 있다. 지역적으로도 부분적인 변화보다는 전국 수준의 변화가 이루어지고 있다. 교육정책의 잦은 변화는 정책에 대한 국민의 신뢰도를 낮추는 주요한 요인이 되고 있다. 정책과정의 제도적 안정성을 높이고, 정책 변동에 대해 신중한 접근을 하는 것이 교육정책에 대한 국민적 신뢰를 높이는 방안이라고 할 수 있다.

요약

- 교육정책은 '교육(敎育)'과 '정책(政策)'이 합쳐져서 만들어진 용어로 '교육에 관한 정책'을 의미한다. 다양한 정책의 영역 중에서 교육의 영역에 해당하는 정책이 바로 교육정책이라고 할 수 있다.
- 교육과 관련된 문제는 매우 다양한 수준과 양상으로 존재한다. 개인적으로 누구나 교육과 관련하여 고민과 불편함을 가지고 있는데, 이러한 개인 수준의 문제를 넘어서 다수의 사람에게 영향을 미치는 문제를 공공의 교육문제라고 할 수 있다. 정책의제는 여러 가지 공공의 문제 중에서 정부가 공식적으로 해결 방안을 마련하기 위해 선택한 것을 의미한다.

- 교육정책의 의제가 선정되면 교육정책의 목표를 설정하게 된다. 여러 가지 정책적 대안 중에서 문제를 가장 효과적으로 해결할 수 있는 최적의 대안을 결정해야 하는데 이를 교육정책 결정 과정이라고 한다. 교육정책의 집행은 결정된 정책을 구체적으로 실현시켜 나가는 과정이다. 정책이 집행된 이후에 목표한 바를 달성했는지를 분석하는 것을 정책평가라고 한다. 정책평가 결과는 다음 해의 정책이나 유사한 정책의 추진에 참고자료로 활용되는데 이 과정을 정책환류라고 한다.
- 정책결정 과정은 일종의 의사결정과정으로 볼 수 있다. 교육정책의제로 설정된 교육문제를 해결하기 위해 최적의 대안을 선택하는 과정을 설명하는 이론적 모형인 교육정책결정모형은 합리모형, 만족모형, 점증모형, 혼합관조모형, 쓰레기통 모형 등으로 구분할 수 있다.
- 합리모형은 문제에 대한 과학적 분석을 토대로 모든 가능한 해결 대안을 찾아내고, 그 대안들의 결과에 대해 분석하고, 가장 효율적인 대안을 찾아내는 과정을 의미한다. 만족모형은 의사결정자의 제한된 합리성인 주관적인 만족도를 중시하는 의사결정이론이다. 점증모형은 기존의 정책을 바탕으로 문제를 개선해 나가는 방식으로 점증적인 의사결정이 이루어진다는 것이다. 혼합관조모형은 보다 넓은 범위에서 정책을 관조하여 대안을 탐색하고, 그중에서 결정된 부분에 대해서는 치밀하게 대안을 검토하는 것이다. 쓰레기통 모형은 의사결정의 과정이 비합리적이고 우연적인 상황에 의해 결정될 수 있다는 것이다.

찬반 토론

우리나라에는 대통령 선거, 국회의원 선거, 지방선거 등 다양한 선거가 실시되고 있다. 선거는 국정을 운영할 국민의 대표를 선출한다는 점에서 매우 중요하다고 할 수 있다. 각 정당과 후보들은 본인을 지지하는 집단을 형성하기 위해서 다양한 공약을 제시하고 있는데 선거 과정에서 제시되는 공약 중에서 교육공약이 매우 큰 비중을 차지하고 있다.

교직에 입문한 지 얼마 되지 않은 이 교사의 입장에서는 선거공약으로 제시되는 교육정책들에 대해서 매우 비판적인 생각을 갖고 있다. 제한된 시간에 만들어지는 교육공약 중에서 당선인의 공약은 학교교육에 상당히 큰 영향력을 미치기 때문이다. 과연 교육정책이 정치적인 영향력을 받는 것이 올바른 것일까? 교육정책 의제에 대해 국민적인 지지를 받는다는 점에서 민주성을 확보한다는 장점이 있을 수 있다. 하지만 교육은 전문적 분야인데 다수결의 원칙에 따라 결정되는 것이 과연 올바른 것인지 의문이 들었다.

교육정책 의제의 설정과정에서 정치적인 영향력을 받는 것이 좋은 것인지에 대해 토론해 보자.

찬성의견	반대의견
1. 교육정책은 민주주의의 원리에 따라 국민의 합의에 의해 방향을 결정하고 전문가들은 실행방법을 결정하는 것이 타당하다.	1. 교육정책은 전문성의 원리에 따라 전문가들이 방향과 실행방법을 결정하고 국민의 동의를 받는 것이 타당하다.
2. 교육은 국민의 생활에 매우 큰 영향을 미치기 때문에 선거과정을 통해서 정치적으로 결정되는 것이 바람직하다.	2. 교육은 매우 전문적인 분야이므로 교육정책이 선거 결과에 따라 다수결로 결정되는 것은 바람직하지 못하다.
3. 교육제도는 지속적으로 변화하는 환경에 맞추어 지속적으로 변화해 가야 하며 이를 위해서는 선거를 통한 국민적 동의의 과정이 필요하다.	3. 교육제도는 변화보다 안정성이 매우 중요하기 때문에 선거 때마다 교육제도를 변화시키는 것은 바람직하지 못하고, 학교 중심의 자율적 변화가 필요하다.
4. 교육정책의 집행에는 많은 비용이 필요하기 때문에 국민적 합의가 가장 우선되어야 한다.	4. 교육정책의 집행에는 많은 비용이 필요하기 때문에 전문가들의 판단이 매우 중요하다.

생각해 볼 문제

1. 교육정책을 경제, 사회, 문화 등 다른 영역의 정책과 비교하여 유사한 점과 차이점에 대해 논의해 보자.
2. 본인의 경험에 비추어 교육과 관련된 개인 수준의 다양한 문제에 대해 생각해 보자. 이 문제들 중에서 다수의 사람에게 영향을 미치는 문제인 공공의 교육문제들이 있는지 검토해 보자.
3. 교육정책의 과정인 정책의제 설정, 정책결정, 집행, 평가, 환류의 과정 중에서 가장 중요하다고 생각하는 것을 생각해 보고, 왜 그런지에 대해 논의해 보자.
4. 합리적으로 결정된 교육정책이라고 할지라도 실제 집행되는 과정에서 왜곡되는 현상

을 흔히 볼 수 있다. 이러한 현상이 왜 일어나게 되는 것인지에 대해 논의해 보자.

5. 문제를 해결하기 위해 최적의 대안을 선택하는 과정을 설명하는 이론적 모형으로 합리모형, 만족모형, 점증모형, 혼합관조모형, 쓰레기통 모형 등을 살펴보았다. 본인의 의사결정 경험에 비추어 가장 바람직한 의사결정 방법과 가장 많이 활용되는 의사결정 방법에 대해 논의해 보자.

참고문헌

남궁근(2008). **정책학**. 서울: 법문사.

윤정일, 송기창, 조동섭, 김병주(2015). **교육행정학원론(6판)**. 서울: 학지사.

오석홍, 김영평 편(2000). **정책학의 주요이론(2판)**. 서울: 법문사.

이종재, 김성열, 돈애덤스(2010). **한국교육 60년**. 서울: 서울대학교 출판문화원.

이종재, 이차영, 김용, 송경오(2012). **한국교육행정론**. 경기: 교육과학사.

이종재, 이차영, 김용, 송경오(2015). **교육정책론**. 서울: 학지사.

정용덕(2002). **현대국가의 행정학**. 서울: 법문사.

정정길, 최종원, 이시원, 정준금, 정광호(2010). **정책학원론**. 서울: 대명출판사.

진동섭, 이윤식, 김재웅(2011). **교육행정 및 학교경영의 이해**. 경기: 교육과학사.

Anderson, J. E. (2002). *Public Policy Making* (5th ed.). Boston: Houhton Mifflin.

Birkland, T. A. (2005). *An Introduction to the Policy: Theories, Concepts, and Models of Public Policy Making* (2nd ed.). NY: M. E. Sharp.

Cobb, R. W. (1983). *Participation in American Politics: The Dynamics of Agenda-Building* (2nd ed.). Baltimore: Johns Hopkins University Press.

Cobb, R., Ross, J. K., & Ross, M. H. (1976). Agenda Building as a Comparative Political Process. *American political science review, 70*(1), 126-138.

Cohen, M. D., March, J. G., & Olsen, J. P. (1972). A Garbage Can Model of Organizational Choice. *Administrative Science Quarterly, 17*(1), 1-25.

Diesing, P. (1962). *Reason in Society*. University of Illinois Press.

Dunn, W. N. (2008). *An Introduction to Public Policy Analysis* (4th ed.). NJ: Prentice Hall.

Dye, T. R. (2007). *Understanding Public Policy* (12th ed.). NJ: Prentice Hall.

Easton, D. A. (1953). *The Political System: An Inquiry into the State of Political Science*. NY: Alfred A. Knopf.

Etzioni, A. (1968). *The Active Society: A Theory of Societal and Political Processes*. NY: Free Press.

Eyestone, R. (1971). *The Threads of Public Policy: A Study in Policy Leadership*. Ardent Media.

Friedrich, C. J. (1963). *Man and His Government: An Empirical Theory of Politics*. McGraw-Hill.

Jones, C. O. (1984). *An Introduction to the Study of Public Policy* (3rd ed.). CA: Brooks/Cole Publishing Co.

Kingdon, J. W. (2011). *Agenda, Alternatives, and Public Policies* (2nd ed.). Washington, DC: Pearson.

Lasswell, H. D. (1971). From Fragmentation to Configuration. *Policy Sciences, 2*(4), 439-446.

Lindblom, C. E. (1980). *The Policy-Making Process* (2nd ed.) NJ: Prentice Hall.

Lowi, R. J. (1972). For Systems of Policy, Politics and Choice. *Public Administration Review, 32*.

March, J. G., & Olsen, J. P. (1976). *Ambiguity and Choice in Organizations*. Bergen: Universitetsforlaget.

May, P. J. (1991). Reconsidering Policy Design: Policies and Publics. *Journal of Public Policy, 11*(2), 187-206.

Peterson, P. E. (1979). A Unitary Model of Local Taxation and Expenditure Policies in the United States. *British Journal of Political Science, 9*(3), 281-314.

Peterson, P. E. (1981). *City Limits*. IL: University of Chicago Press.

Sabatier, P. A. (1991). Toward Better Theories of the Policy Process. *Political Science and Politics, 24*(2), 147-156.

Simon, H. A. (1997). *Administrative Behavior: A Study of Decision-Making Processes in Administrative Organizations* (4th ed.). NY: The Free Press.

Waldo, D. (1980). *The Enterprise of Public Administration: A Summary View*. Novato, CA: Chandler & Sharp Publishers.

Wildavsky, A. (1979). *Speaking Truth to Power: The Art and Craft of Policy Analysis*. MA: Little Brown.

제 6 장

리더십론

1. 리더십에 대한 이해
2. 특성이론
3. 행동이론
4. 상황이론
5. 최근의 교육리더십 이론

사례

김 교사는 교직 5년차 교사이다. 학교 일에 적응하여 재미도 있고 학생들을 가르치는 일도 자신감이 생겼다. 하지만 학교에서 온갖 쏟아지는 일들과 변화로 인해 정신이 없고 앞으로 어떻게 학교 일을 감당해 가야 할지 두려운 마음이 앞서기도 한다.

우선 김 교사는 학교에서 생활지도 업무를 맡아 학생 사안이 생겼을 때 학교의 관리자 및 해당 학생의 담임교사들과 일을 원만하게 협의하여 처리해야 하는데 관리자의 의견을 반영하는 것도 쉽지 않고 각 담임교사들의 의견을 모아 합의점을 찾아 나가는 것도 쉽지 않다. 이럴 때 김 교사는 선생님들의 의견을 모으고 협의해 나가는 좋은 역량과 방법을 갖추고 있으면 좋겠다는 생각이 간절하다.

아울러 학생 사안이 생기면 학교 선생님들과만 협의를 하는 것이 아니라 해당 학생들의 학부모들과도 협의를 해야 하는데, 김 교사에게는 선생님들과 협의하는 것보다 학부모들과 협의하는 것이 더 어렵다. 학부모들은 교사들의 의견을 들으려고 하기보다는 자신의 아이 입장에서만 일을 보고 억지를 부리는 경우도 많아서 김 교사는 학부모들을 만나기가 두렵기까지 하다. 학부모들과 잘 협의하고 함께 교육을 해 나갈 수 있는 좋은 방안이 필요한 시점이다.

학생 사안으로 지쳐 있는 김 교사는 생활지도 업무만 하는 것이 아니라 자신이 맡은 수업도 해야 한다. 오히려 생활지도보다 수업이 더 크고 중요한 일이기도 하다. 지친 몸을 이끌고 수업에 들어가 수업을 하려고 하면 학생들은 수업 준비가 되어 있지 않을 뿐만 아니라 수업에 관심이 없는 학생들이 많다. 이런 학생들을 이끌고 한 시간 수업을 꾸려 나가는 것도 너무 힘든 일이다. 무엇보다도 김 교사는 학생들의 동기부여에 힘들어 하고 있다. 학생들이 수업에 적극 참여하고 집중할 수 있도록 동기부여 할 방법을 찾고 있는데 잘 찾아지지가 않는다.

이러한 상황으로 볼 때 김 교사에게는 교사로서의 리더십이 절실히 필요한 시점이다. 학교에서 교사들과의 관계, 학부모들과의 관계, 학생들과의 관계 모두에서 어떻게 관계를 맺고 맡은 일들을 추진해 나가야 할지에 대해 막연한 상황이다. 리더십이란 무엇이고, 교사에게는 어떤 리더십이 필요하며, 교사가 리더십을 갖추기 위해서는 어떤 준비를 해야 하는지에 대해 함께 찾아보고 논의해 보도록 하자.

1. 리더십에 대한 이해

리더십(leadership)이란 무엇인가? Yukl은 리더십에 관한 여러 학자들의 정의를 종합하여, 한 사람이 집단이나 조직에서 활동과 관계를 인도하고 구조화하며, 촉진하기 위해서 다른 사람들에게 행사하는 의도적인 영향력의 과정이라 하였다. 그는 사실상 리더십에 관련된 수많은 정의는 이러한 내용 외에는 공통점을 발견하기 어렵다(Yukl, 1989)고 이야기하였다. 즉, 리더십은 사람, 상황, 시기, 학문분야, 사용하는 장소 등에 따라 각기 다른 의미를 내포하고 있으며, 리더십이 무엇인지 그 개념마저 명확하게 정리되기가 어렵기 때문에 리더십에 대한 수많은 논의와 연구가 이루어졌지만, 크게 만족할 만한 결과를 보여 주지는 못하고 있다.

그럼에도 우리가 리더십과 관련된 이론과 연구들을 살펴보는 것은 큰 의미가 있을 수 있다. 왜냐하면 대부분의 사람은 리더십이 조직의 효과성과 관계가 깊은 중요한 실제 현상이라 믿고 있으며, 조직에서 항상 주목받고 강조되는 주제이기 때문이다. 무엇보다도 그동안 수행되어 왔던 리더십과 관련된 이론과 논의들의 흐름과 내용 파악을 통해 해당 사회의 관심분야는 물론, 기존 리더십 연구와 이론들의 한계 및 시사점을 파악하여 미래에는 어떠한 리더십이 필요한지를 확인하고, 향후 이루어져야 할 리더십 연구와 논의의 방향을 찾을 수 있다.

리더십에 대한 논의는 시대 흐름과 사회 발전, 학문 패러다임의 변화 등에 따라 특성이론, 행동이론, 상황이론 등을 거치며 지속적으로 발전되어 오고 있다. 이러한 리더십 이론의 흐름에 있어서 새로운 이론이 관심을 받게 되었다고 하여 기존의 이론이나 개념이 잘못되었다는 것은 아니며, 그 위에 덧입혀지는 다면적 이론과 개념의 모습으로 이해할 필요가 있다. 이 장에서는 이러한 리더십 이론의 변화과정과 흐름, 그 중심 내용을 종합적으로 살펴보고자 한다.

2. 특성이론

리더십의 특성이론(trait theory)은 리더십 이론 중에서 가장 오래된 접근이라 할 수 있는데, 리더라면 일반인들과 차별화되는 외모, 성격, 동기, 능력 등 어떤 특별한 성질을 갖고 있을 것이라 가정하고, 이러한 리더의 차별적 특성이 무엇인지를 도출하고자 하는 연구들을 일컫는다. 이러한 측면에서 특성이론은 위인이론(great man theory)이라고 불리기도 한다.

리더십 특성이론의 초창기에는 리더의 신체적 특성이나 태도, 성향 등 리더가 타고난 여러 특성이 무엇인지에 대해 탐색해 보고자 하였으며, 이후 리더가 보유하고 있는 특정 기술, 리더가 처한 상황 등으로까지 논의가 확장되었다.

1) Stogdill의 첫 번째 리더십 특성 분석 연구(1904~1948)

Stogdill은 1904년에서부터 1948년까지 수행되었던 124편의 연구들을 분석하여, 리더십 효과에 긍정적, 부정적, 중립적 결과를 나타낸 리더십 특성과 관련 요인들(Stogdill, 1974)을 도출하였다. 이 연구에서 밝혀진 지도성 특성으로 다양한 요인이 도출되었다. 이러한 요인들은 크게 〈표 6-1〉과 같이 다섯 가지 특성으로 구분할 수 있다.

〈표 6-1〉 Stogdill이 정리한 리더 특성과 구성 요인

연번	리더 특성	구성 요인
1	능력(capacity)	지능, 민첩성, 언어유창성, 독창성, 판단력
2	성취(achievement)	학력, 지식, 운동능력
3	책임(responsibility)	신뢰성, 솔선수범, 인내, 적극성, 자신감, 자존감(우월감)
4	참여(participation)	단체활동, 사회성, 사교성, 협동심, 적응력, 유머
5	지위(status)	사회 경제적 지위, 인기

〈표 6-1〉과 같이 Stogdill은 리더와 리더가 아닌 사람을 구별해 주는 다섯 가지의 보편적 리더십 특성과 요인을 정리하였지만, 이러한 요인들이 지도성 효과에 항상 일관적인 영향을 미치지 않았음을 지적하였다. 그의 주장에 따르면, 어떤 사람이 앞의 몇 가지 특성을 가지고 있다고 해서 리더가 되는 것은 아니며, 특성에 기인한 영향력은 상황에 따라 변화하기도 한다고 하였다. 이에 따라 Stogdill은 능력, 성취, 책임, 참여, 지위 영역에 상황적 요소(구성원의 지적 수준, 지위, 기술요구와 관심, 성취목표)를 추가적으로 포함시켜 제시하였다.

2) Stogdill의 두 번째 리더십 특성 분석 연구(1949~1970)

Stogdill은 1949년부터 1970년까지 이루어진 163편의 리더십 특성과 관련된 연구들을 기존의 연구와 비교분석하여 리더십 특성과 요인들을 재검토하였는데, 추가적인 리더 특성들을 도출하였고, 리더십 효과성에 관련되는 특성들에 대해 보다 큰 관심을 두었다(신중식 외, 2003). Stodigill은 이러한 특성들과 함께 여러 기술이 리더십 효과성에 관련되는 것을 밝혀내었으며, 성공적이고 우수한 리더가 가지고 있는 특성과 기술을 〈표 6-2〉와 같이 정리하였다(Stogdill, 1974).

Stogdill은 이러한 두 번째 연구를 통해 리더의 특성을 확장하고, 긍정적 결과를 발견하기는 했지만, 보편적인 리더 특성을 보여 줄 수 있는 증거는 여전히 발견하지 못하였다.

〈표 6-2〉 Stogdill이 밝혀낸 우수한 리더의 특성과 기술

리더십 특성	기술
상황적응력, 야망, 성취지향성, 적극성, 인내심, 사회적 환경에 대한 기민성 및 대처성, 책임감, 자기주장능력, 협동 및 협력성, 결단성, 자신감, 과업수행 기술력, 신뢰성, 의존감, 지배욕, 설득력, 높은 활동력, 끈기-소신 유지력, 자존감(우월성),	지능 및 인지적 기술, 개념 파악, 창의성, 외교적 수완 및 재치, 유창한 언어구사, 업무파악 기술, 조직화된 사고체계(행정관리능력), 설득기술, 사회성, 사교성

결과적으로 어떤 특성을 가진 리더가 어느 한 상황에서는 효과적이지만, 다른 상황에서는 비효과적일 수 있으며, 반대로 서로 다른 특성을 가진 두 리더가 동일한 상황에서는 모두 성공적일 수도 있다(Hoy & Miskel, 2013). 리더가 어떤 특성을 가지고 있다는 것은 효과적일 가능성을 증대시켜 주기는 하지만, 그렇다고 해서 모든 성공적 리더가 공통적으로 갖는 특성, 기술이 있거나 모든 조직에 효과적으로 활용할 수 있는 리더십 특성이 있는 것은 아님을 시사 받을 수 있다.

3) 특성이론의 한계와 시사점

초기 리더십 특성이론과 관련된 연구들은 선천적 리더라고 생각되는 사람들의 신체적 특징, 성격특성, 능력 등을 파악하고자 하였지만, 리더와 추종자를 구별할 수 있는 특성을 발견하지 못하였고, 모든 상황에 적용할 수 있는 일반화된 특성을 발견하지 못하였다. 또한, 개별 특성이 효과성에 미치는 영향을 일관된 방식으로 설명하는데도 실패하였다(윤정일 외, 2015). 특히 특성이론의 초기 연구들은 리더 특성이 성격과 행동의 통합요소로서 어떻게 상호작용하는지, 상황이 특성 및 기술과 리더십 효과성의 관련성을 어떻게 결정하는가에 대해서는 크게 주의를 기울이지 않았다(Hoy & Miskel, 2013).

이처럼 리더십 관련 특성이론들은 다양한 한계점을 가지고 있지만, 그럼에도 특성이론은 중요한 시사점을 지니고 있다. 즉, 제시된 다양한 특성이 단일 특성으로는 유의성을 가지지 못한다 하여도, 여러 특성이 결합되면 리더십을 발휘하는 사람에게 상당히 유리하게 작용하는 역동성을 갖는 것으로 밝혀지고 있다(노종희 외, 2009). 특히 특성이론을 통해 밝혀진 리더의 특성과 기술에 대한 연구결과는 리더가 되고자 준비해야 할 활동과 계획을 수립하는 데 유용성이 있으며, 리더에 오르는 사람들을 위한 교육훈련 요소로도 유의미하게 활용될 수 있다.

이에 따라 리더십 특성이론과 관련된 후기의 연구들은 과업능력이나 기술적 특성에 관심을 두고 있는데, 효과적 리더십 특성과 관련된 변인들은 〈표 6-3〉과 같이 정리될

〈표 6-3〉 효과적 리더십 관련 특성 및 기술

인성	동기	기술(기능)
자신감, 인내심, 정서적 성숙, 성실도	과업과 대인관계욕구, 성취지향성, 권력욕구, 기대감	업무기술(전문성), 행정기술(관리) 대인관계기술, 개념적 기술,

수 있다(Hoy & Miskel, 2013).

이와 관련하여 Katz는 효과적인 리더십을 위해 필요한 기술을 강조하면서, 보다 하위 직위에서 필요한 사무적 기술(technical skills), 중간관리자에게 강조되는 인간관계 기술(human skills), 최고관리자에게 강조되는 상황파악 기술(conceptual skill)의 3 skills을 제시하였다(Katz, 1974).

종합해 보면, 리더가 우수한 리더로 평가받고, 성공적인 리더십을 발휘하기 위해서는 다양한 개인적 특성들과 함께 기술 요인의 조화가 필요하다. 여러 특성과 기술의 적절한 조화도 중요하지만, 무엇보다도 구성원의 특성, 조직의 유형이나 관리 계층 등 리더가 처해 있는 상황의 특성에 따라 효과가 달라질 수 있다는 것을 기억해야 한다.

3. 행동이론

리더가 어떠한 특성을 가지고 있는가에 맞추어져 있던 관심은 리더가 어떠한 행동을 하는지에 보다 주목하였다. 이에 따라 리더십 관련 학자들은 여러 가지 행동에 대해 설문방법, 실험적 연구방법 등을 통해서 리더가 나타내는 효과적 행동들을 연구하기 시작하였다. 이러한 리더의 행동에 초점을 맞춘 리더십 연구들을 행동이론(behavior theory)이라고 부른다.

1) 오하이오 주립대학교의 리더 행동에 관한 연구

1940년대 오하이오 주립대학교의 연구자들은 다양한 집단의 리더들의 효과적 리더십 행위와 그에 따른 성취와 만족에 대해 관심을 가졌다. 연구자들은 설문지를 통해 군인과 민간인을 대상으로 자신의 리더 행동을 기술하도록 하고 이를 분석했는데, 응답자들은 대체로 리더의 행동을 구조성(initiating structure)과 배려성(consideration)으로 구분하여 인식하고 있었다.

구조성은 '과업지향적 행동'으로 설명되기도 하는데, 특정한 과업을 부여하고 따라야 할 절차를 구체화하며, 구성원들에게 자신의 기대를 분명히 밝히고, 수행해야 할 과업일정을 정하며, 보고체계와 의사소통 통로를 명확하게 수립하는 행동 등을 의미한다. 배려성은 '인화지향적 행동'으로 설명될 수 있다. 친절하고, 접근이 쉬우며, 조직 구성원의 복지와 문제에 관심을 가지는 등 심리적 협조, 온정, 친화, 봉사의 지원적 행동을 강조하는 리더 행동을 의미한다.

연구진들은 이러한 결과를 바탕으로 구조성과 배려성을 측정하는 설문 척도를 개발하였는데, 이것이 바로 리더행동 기술 설문지(Leader Behavior Description Questionnaire: 이하 LBDQ)이다. LBDQ는 구조성에 관한 15개 문항과 배려성에 관한 15개의 문항, 총 30개의 문항으로 구성되어 있으며, 5점 척도를 통해 구조성 점수와 배려성

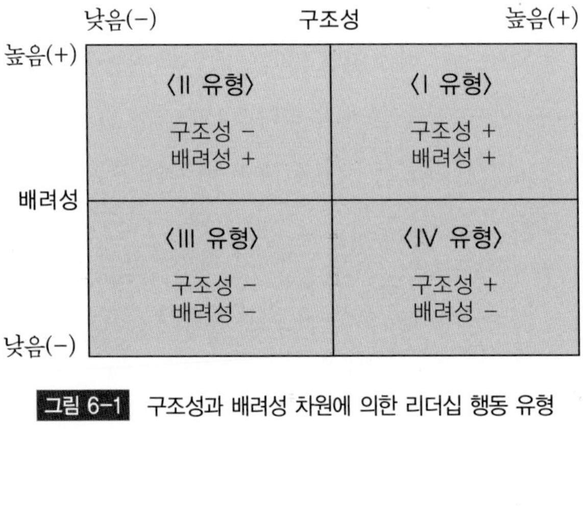

그림 6-1 구조성과 배려성 차원에 의한 리더십 행동 유형

점수를 계산하여 평균으로 다음과 같이 리더 행동 유형을 구분할 수 있다.

두 차원의 점수가 평균점보다 모두 높은 유형이 I의 유형이며, 이 유형이 가장 효과적인 리더십 행동유형이다. 그 반대의 경우가 III유형, 구조성은 높지만 배려성 점수가 낮은 유형이 IV유형, 구조성은 낮지만 배려성이 높은 유형이 II유형에 해당한다(Yukl, 2002).

오하이오 주립대의 LBDQ 연구가 밝힌 주요한 연구결과를 정리하면 다음과 같다(Halpin, 1956).

- 구조성과 배려성은 리더 행동의 기본적 차원이라 할 수 있다.
- 효과적인 리더 행동은 대부분 구조성, 배려성 행동과 연관되는 경향이 크다.
- 리더십 효과를 행동차원과 관련해 평가하는 데 있어서 상사는 구조성을 더 강조하는 경향이 있는 반면에 부하들은 배려성에 더 큰 관심을 갖고 있다.
- 리더가 어떻게 행동해야 하는가에 대해서, 리더가 본인의 행동에 대해 인식하는 사실과 부하가 리더의 행동을 인식하는 사실에는 차이가 있다.

2) 미시간 대학교의 리더 행동에 관한 연구

미시간 대학교의 조사연구센터 연구자들은 효과적인 리더 행동이 무엇인지에 관한 연구를 수행하였다. 이 연구는 리더 행동, 집단적 과정, 집단적 성과 간의 관계를 파악하는 데 초점이 맞추어져 있었으며, 다양한 업종의 리더들을 대상으로 리더 행동에 대한 정보를 수집하였다.

미시건 대학교의 주요 연구결과에 따르면, 특징적 리더행동은 [그림 6-2]와 같이 '생산 중심 리더십(production-Leadership)'과 '구성원 중심 리더십(employee-centered leadership)'으로 구분되어 나타났다(Yukl, 2002). 먼저 생산 중심 리더는 계획수립과 업무에 대한 일정 수립, 부하직원의 활동 조정, 장비 및 물품 지원 등과 같은 수행해야 할 목적과 업무의 과업지향적 측면을 강조하였다. 구성원 중심 리더는 인간관계에 대

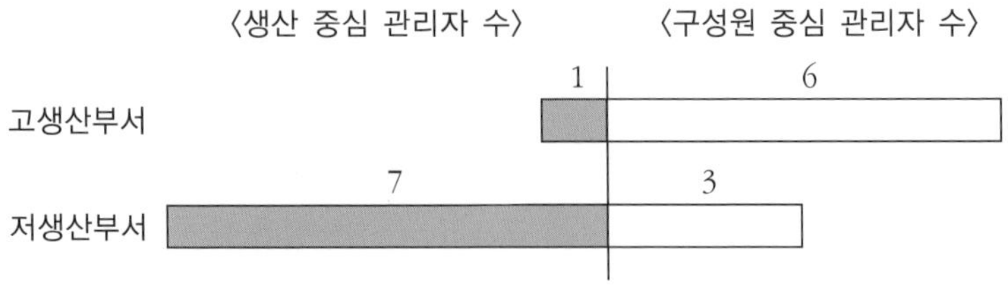

그림 6-2 관리자의 리더십과 생산성의 관계

한 관심이 높은 편으로, 직원들과 우호적 관계를 형성하며, 그들에 대한 신뢰감과 호의, 배려심 등을 내보이고, 직원들의 어려움에 관심이 많았으며, 직원들과 함께 의사결정을 하였고, 직원들의 욕구를 충족시키기 위한 노력을 기울였다.

이 연구는 여러 의미 있는 결과를 도출하였다. 먼저 효과적인 리더는 직원의 업무 목표와 지침에 대해 세세하게 감독하기보다는 전반적인 감독을 중심으로 하고, 업무수행에 있어서는 직원들의 자율에 맡기고 있다는 사실을 밝혀 주었다. 또한, Likert는 미시건 대학교의 연구결과를 정리하여 생산 중심 리더가 있는 부서가 구성원 중심 리더가 있는 부서의 생산성에 비해 성과가 떨어지는 것을 발견하였고, 이러한 결과를 바탕으로 리더는 직원들 스스로가 가치 있다고 느끼고, 중요한 존재로 생각할 수 있도록 직원들을 신뢰하고 지원해야 한다고 제시하였다(Likert, 1961).

3) Blake와 Mouton의 관리격자 이론

Blake와 Mouton은 리더의 행동을 '생산에 대한 관심'과 '인간에 대한 관심'이라는 두 차원으로 구분하였고, 이를 바탕으로 관리격자 또는 관리망(Managerial Grid) 이론을 개발하여 리더십 훈련 프로그램에 적용하였다(Blake & Mouton, 1985). 가장 효과적인 리더는 생산에 대한 관심과 인간에 대한 관심이 모두 높다는 가정을 하고 있다. 먼저 생산에 대한 관심은 구성원들로 하여금 과업을 성공적으로 완수할 수 있도록 조직에 관여하는 모든 것을 의미한다. 또한, 인간에 대한 관심은 대인관계와 연관이 있으며, 구성원들의 자아존중, 배려, 자존감, 신념 등이 강조된다.

Blake와 Mouton은 리더 성향을 이러한 생산에 대한 관심과 인간에 대한 관심으로 구분하고, 각각의 관심을 1점에서 9점까지 규정하여 두 관심에 대한 조합을 토대로 리더십 유형을 추출하였다. 그들이 제시한 리더십 유형은 [그림 6-3]과 같이 다섯 가지 유형으로 구분된다.

첫째, 1.1 태만형(impoverished management)은 방임형이라고도 하는데, 생산에 대한 관심과 인간에 대한 관심 모두가 낮은 유형으로, 리더십의 결여 또는 부재 상태라 할 수 있다. 리더는 업무와 구성원에 관심을 두지 않는 유형이며, 최소한의 요구 과업만을 수행한다.

둘째, 9.1 권위형(authority-obedience)은 생산에 대한 관심이 높고, 인간에 대한 관

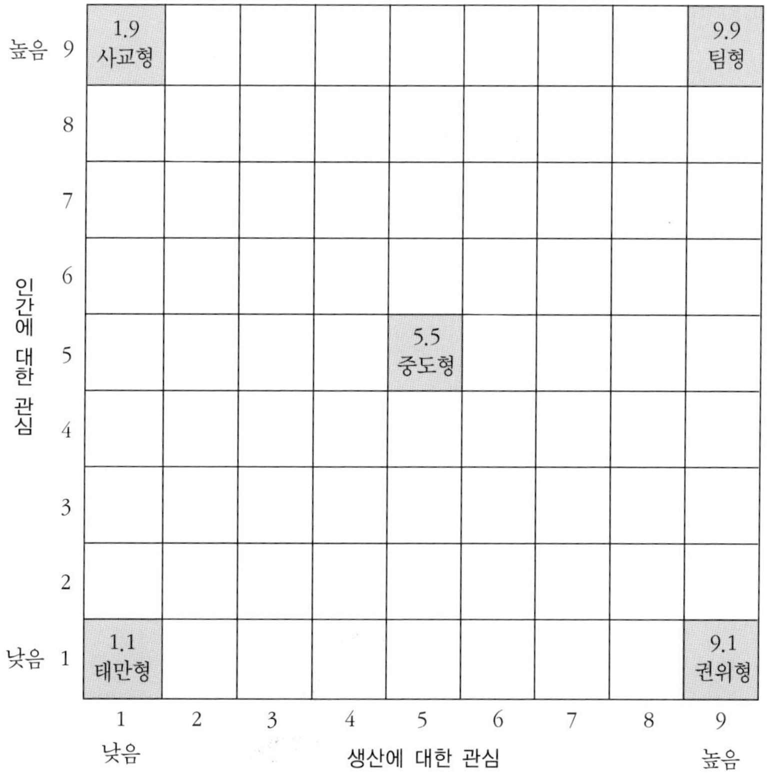

그림 6-3 Blake와 Mouton의 관리격자

심이 낮은 유형으로 리더는 매우 과업지향적이다. 즉, 생산과 과업의 성과에 대해 높은 관심을 갖지만, 구성원과 인간에 대해서는 큰 관심을 두지 않는다. 철저한 권위계층에 따르는 상의하달식 의사소통을 하는 편이며, 권력, 권위, 감독, 통제 등을 행사한다.

셋째, 1.9 사교형(country club management)은 생산에 대한 관심이 낮고, 인간에 대한 관심이 높은 유형으로 리더는 구성원들의 감정, 인간관계 측면에 높은 관심을 갖는다. 비공식적이고 사적인 의사소통을 하며, 과업보다는 구성원 간 호감을 유지하는 데 관심을 갖는다.

넷째, 5.5 중도형(organization-man management)은 생산에 대한 관심과 인간에 대한 관심 모두가 중간 정도로, 리더는 극단적 입장을 피하며, 현상에 순응적으로 균형점을 찾고자 한다. 형식적 의사소통을 하며 과업수행은 충분하지만, 조직의 개선이나 혁신을 꾀하지 않는다.

다섯째, 9.9 팀형(team management)은 생산에 대한 관심과 인간에 대한 관심 모두 높은 유형으로, 리더는 구성원의 참여와 팀워크를 통해 높은 생산성과 높은 사기를 모두 확보하고자 노력하며, 쌍방적이고 개방적 의사소통을 활용한다.

관리격자 모형은 위 유형 중에서 팀형을 이상적인 리더유형이라 하였다. 그러나 이러한 유형이 어떠한 상황에서나 항상 효과적일 수 있을지에 대해서는 명확한 설명을 하지 못하였다.

4) 행동이론의 한계와 시사점

리더십 연구에 있어서 행동이론의 접근은 매우 획기적인 것이었다. 이와 관련된 연구들은 리더의 행동을 토대로 '업무 중심적 리더'와 '인간관계 중심적 리더'로 구분하였는데, 이러한 구분은 향후 리더십과 관련된 여러 교육연구 분야에서 기본적인 틀로 활용되게 되었다. 그렇지만 이러한 연구결과들을 효과적인 리더 행동에 대한 보편적인 이론으로 해석하지는 말아야 한다. 즉, 같은 리더 행동이 어느 상황에서나 최선의 행동이라고 이야기할 수는 없다(Hoy & Miskel, 2013)는 것이다.

이와 관련하여 Blake와 Mouton은 리더의 행동이 효과적이기 위해서는 처해 있는 상황에 적절하게 조합해야 한다고 제안하기는 했지만, 상황과 그에 적합한 행동을 연계시키는 구체적 논의는 제시하지 않았다(Yukl, 2002). 즉, 리더가 사람과 과업, 두 가지 차원 모두에 높은 관심을 보인다고 하여도, 상황적 요인에 따라 효과가 달라질 수 있다는 것이다.

결과적으로 리더의 특정 행동을 업무중심적 행동과 인간관계 중심적 행동으로 유형화하여 리더십 연구의 기반을 마련했다는 것은 큰 의미가 있다. 하지만 리더가 처한 상황이나 요인을 고려하지 않았던 리더십 행동에 관한 연구는 한계가 있으며, 리더의 과업중심적 행동과 관계중심적 행동 모두가 높은 경우가 가장 효과적일 것이라는 명제 또한 일반화되지 못하였다. 즉, 리더십 행동의 성과와 효과를 보다 향상시키기 위해서는 리더에게만 맞추어져 있던 연구의 초점을 구성원 특성, 조직 특성 등 다양한 상황을 파악하려는 노력과 함께 상황에 따라 각기 다른 행동 유형과 관심을 적절히 조합 · 적용하고, 조화시키는 것이 중요하다고 할 수 있다.

4. 상황이론

상황이론의 기본 전제는 어느 상황에서나 공통적으로 적용될 수 있는 리더십 유형은 없다(신중식 외, 2003)는 것이다. 리더는 서로 다른 구성원, 외부환경 등 다양한 조직 속에서 여러 과업을 수행하기 때문에, 리더가 수행하는 과업의 성격이나 조직, 구성원의 특성 등에 따라 행동이 달라져야 한다. 이것이 상황이론(contingency theory)이다. 상황이론은 1980년대에 들어서 가장 영향력 있는 리더십 이론이 되었다. 상황이론은 리더의 특성, 행동, 효과성 그리고 상황의 특징에 대한 내용을 모두 포함하고 있다. 즉, 상황이론은 리더 특성 및 행동과 효과성 사이의 관계를 조절하는 상황요인을 구체화하는 시도라 할 수 있다(Hoy & Miskel, 2013). 이 절에서는 상황이론 관점의 대표적인 네 가지 리더십 모형을 살펴보고 각 리더십 모형이 갖는 시사점과 한계를 검토하였다.

1) Fiedler의 상황 적응적 리더십 모형

Fiedler는 '리더의 유형'과 '리더가 상황을 통제하고 영향을 주는 정도'에 의해 다른 효과를 보일 수 있다고 하면서(Fiedler, 1967), 가장 선호하지 않는 동료점수(Least Preferred Coworker: LPC)를 고안하여 리더십 유형을 측정하였는데, 리더의 우호적, 협력적, 효율적 측면을 평가하도록 하였으며, LPC는 이를 통해 얻은 평가치를 합산한 점수이다.

LPC 점수에 따라 점수가 높은 리더는 관계지향적 유형으로, 반대로 LPC 점수가 낮은 리더는 과업지향적 리더로 구분하였다. 과업지향적 리더유형과 관계지향적 리더유형 중 항상 효과적인 유형이 있는 것은 아니며, 보다 효과적인 유형은 해당 리더가 처해 있는 상황에 따라 달라질 수 있다는 것이 상황 적응적 리더십 모형의 기본 전제이다.

상황 적응적 리더십 모형에서는 상황을 구성하는 중요한 요인으로서, 리더와 구성원 간의 관계, 과업구조, 지위에 따른 권력을 설정하였으며, 이러한 요인의 호의도, 즉 상황의 호의성(situational favorability)에 따라 리더십 유형과 효과성의 관계가 달라진다. 이러한 상황 구성 요인에 대해 좀더 살펴보자면, 첫째, 리더와 구성원의 관계는 리더가 구성원으로부터 지지와 충성을 받고 있고, 구성원들과의 관계가 우호적이고 협력적인 정도를 의미한다. 둘째, 과업구조는 과업 달성을 위한 표준적 운영절차, 완성품과 서비스에 대한 상세기술, 과업수행에 대한 평가 용이성 등을 의미한다. 셋째, 지위에서 오는 권력은 리더가 구성원을 평가하고 보상과 처벌을 하여 구성원 행동에 영향을 미칠 수 있는 권한을 가지고 있는 정도를 의미한다.

상황의 호의성은 이러한 세 가지 요인에 가중치를 부여하고, 점수를 합산하여 결정되는데, 리더-구성원 관계가 과업구조보다 중요하고, 과업구조는 직위 권력보다 중요하다. Fiedler는 이러한 세 가지 상황 요인을 조합하여 [그림 6-4]와 같은 여덟 가지의 조합을 제시하였다.

이처럼 상황 적응적 리더십 모형에 따르면, LPC점수가 낮은 과업지향적 리더는 상황이 매우 호의적이거나 또는 비호의적인 경우에 관계지향적 리더보다 효과적이라고

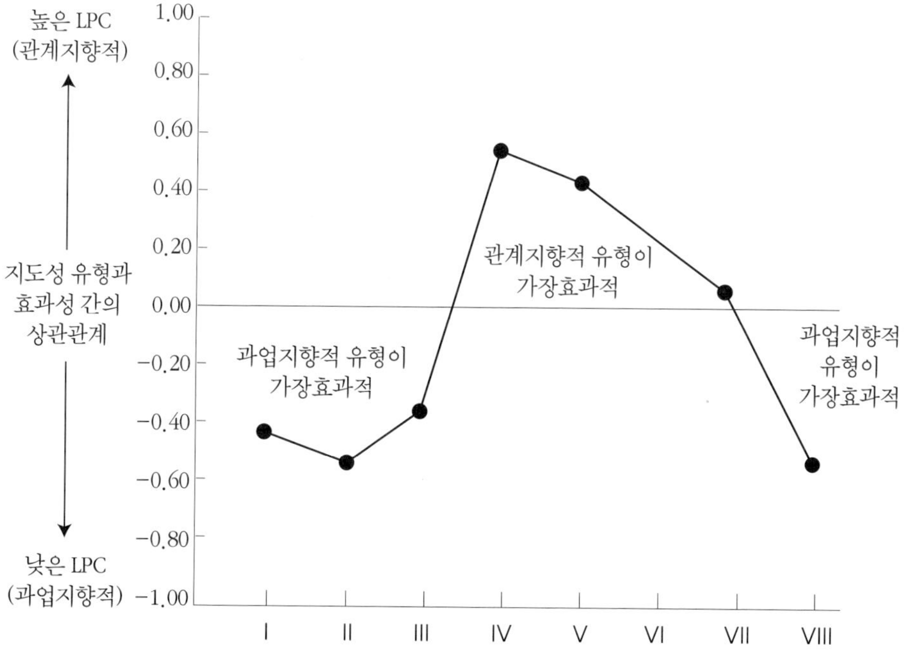

상황의 호의성	호의적			약간 호의적				비호의적
리더-구성원 관계	좋음				나쁨			
과업의 구조화	구조적		비구조적		구조적		비구조적	
지위 권력	강	약	강	약	강	약	강	약

그림 6-4 Fiedler의 상황의 호의성과 리더십 유형의 관계

할 수 있으며, LPC 점수가 높은 관계지향적 리더는 약간 호의적인 중간 단계의 상황에서 과업지향적 리더보다 효과적인 유형이라고 할 수 있다. 여기서 리더십의 효과란 제한적 의미로서 해당 조직이 주어진 과업을 얼마나 성취하느냐의 정도를 의미한다.

2) House의 행로–목표이론

House의 행로–목표이론(path-goal theory)은 기대이론의 측면에서 리더가 구성원들의 만족과 노력에 어떻게 영향을 미칠 수 있는지를 설명하고자 하였는데, 이에 대해 House는 리더의 동기부여 기능은 업무목표 달성을 위해 구성원들이 개인의 이익을 증대시킬 수 있는 경로를 명료화함으로써 구성원들의 리더에 대한 만족에 영향을 미친다고 하였다(House, 1996).

행로–목표이론은 구성원들이 자신의 직무를 잘 수행할 수 있다고 믿는다면 동기화될 것이고, 그들의 노력에 따라 바라는 결과를 얻을 수 있을 것이며, 업무에 대한 보상이 가치가 있을 것이라는 핵심 가정을 갖는다(Hoy & Miskel, 2013). 즉, 리더가 과업환경과 구성원의 능력을 보완, 결함을 보충하는 활동을 한다면, 구성원의 만족도와 조직효과성이 증가할 수 있다는 것이다. 행로–목표이론은 [그림 6–5]처럼 리더의 행동, 상황적 요인, 구성원의 지각, 효과성으로 구성되어 있다.

먼저 리더의 행동은 크게 다섯 가지 유형으로 구분될 수 있는데, 이를 정리하면 다음과 같이 나타낼 수 있다(Hoy & Miskel, 2013).

첫째, 명료화 행동(path-goal clarifying behavior)이다. 이는 구성원의 욕구를 과업수

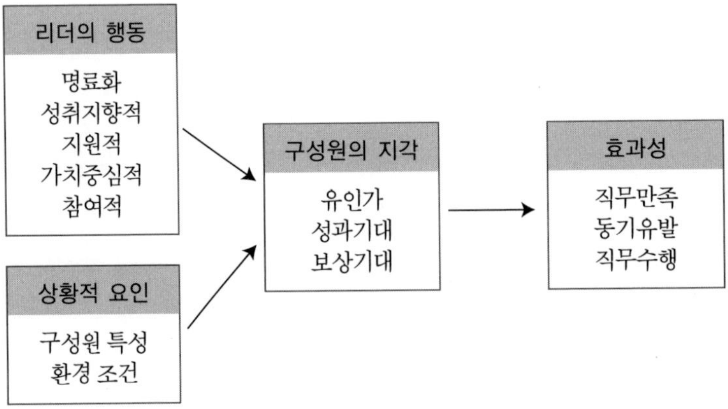

그림 6–5 행로–목표 이론의 구조

행에 보다 효과적으로 적용될 수 있게 하는 행동으로, 수행 목적, 과업이행 수단, 성과의 기준, 타인의 기대, 상과 벌 등을 의미한다.

둘째, 성취지향적 행동(achievement-oriented leader behavior)이다. 이러한 행동은 탁월한 업무수행을 권장하고, 도전적 목표를 상정하며, 발전을 추구하고, 보다 높은 업무수행 기준을 갖도록 자신감을 심어 주는 행동을 의미한다.

셋째, 지원적 행동(supportive leader behavior)이다. 이는 부하의 복지에 관심을 갖고, 친근하며, 지원적 직무환경을 형성하고, 구성원의 욕구와 선호 등을 고려하는 행동을 의미한다.

넷째, 가치중심적 행동(value-based leader behavior)이다. 이는 구성원이 중요하게 인식하는 가치에 호소하고, 구성원들의 자아효능감과 일관성을 증진시키며, 하위자의 가치를 리더가 가지고 있는 사명에 기여하도록 만드는 행동을 이야기한다.

다섯째, 참여적 행동(shared leader behavior)이다. 이는 공식적 리더가 본인의 행동을 구성원들과 함께 공유하고, 의견, 아이디어를 수렴하기 위한 노력과 행동을 의미한다.

다음으로 이 이론에서 제시하는 상황적 요인은 다음과 같이 정리될 수 있다(신중식 외, 2003).

첫째, 구성원의 특성이다. 이는 통제의 소재와 과업수행 능력에 대한 지각을 들 수 있다. 통제 소재에 대한 지각은 구성원 중 본인에게 일어나는 사건이 자신의 행동에 의해 일어나게 된다고 믿는 사람은 내부지향인(internals)이고, 자신에게 발생한 사건이 운, 우연적 상황 등에 의해 일어났다고 믿는 사람은 외부지향인(externals)인데, 외부지향인은 지시적 리더 행동에 보다 호의적인 반응을 보이지만, 내부지향인은 참여적 리더 행동을 호의적으로 받아들인다는 것이다. 다음으로 과업수행 능력에 대한 지각은 구성원들이 본인의 과업에 대해 어느 정도의 능력이 있는지 지각하는지에 관한 것을 의미하는데, 지각수준이 높을수록 지시적 리더 행동을 수용하지 않게 된다.

둘째, 환경 조건이다. 이는 구성원들의 욕구충족과 효율적 과업수행에 중요한 요인으로 작용한다. 부과된 과업, 공식적 권위체제, 일차적 작업집단(primary work group)이 포함된다.

행로-목표이론에 의하면, 리더 행동이 구성원의 만족과 노력에 미치는 효과는 과업 특성과 구성원 특성을 포함하는 상황적 측면에 따라 달라진다. 그리고 이러한 상황적 측면은 구성원의 동기를 증가시키기 위해서 리더가 행동해야 하는 방식을 결정한다.

3) Reddin의 3차원 리더십 모형

Reddin은 3차원 리더십 모형(3-Dimensional Theory of Leadership style)을 개발하여 과업지향성과 관계지향성에 효과성을 추가하여 3차원을 제시하였다. 리더십 유형을 낮은 과업과 낮은 관계성의 조합 유형인 분리형, 낮은 과업과 높은 관계성의 인화형, 높은 과업과 낮은 관계성의 집중형, 높은 과업과 높은 관계성의 통합형으로 규정하면서, 이러한 네 가지 유형의 리더십이 처한 상황에 따라 효과적일 수도 있고, 비효과

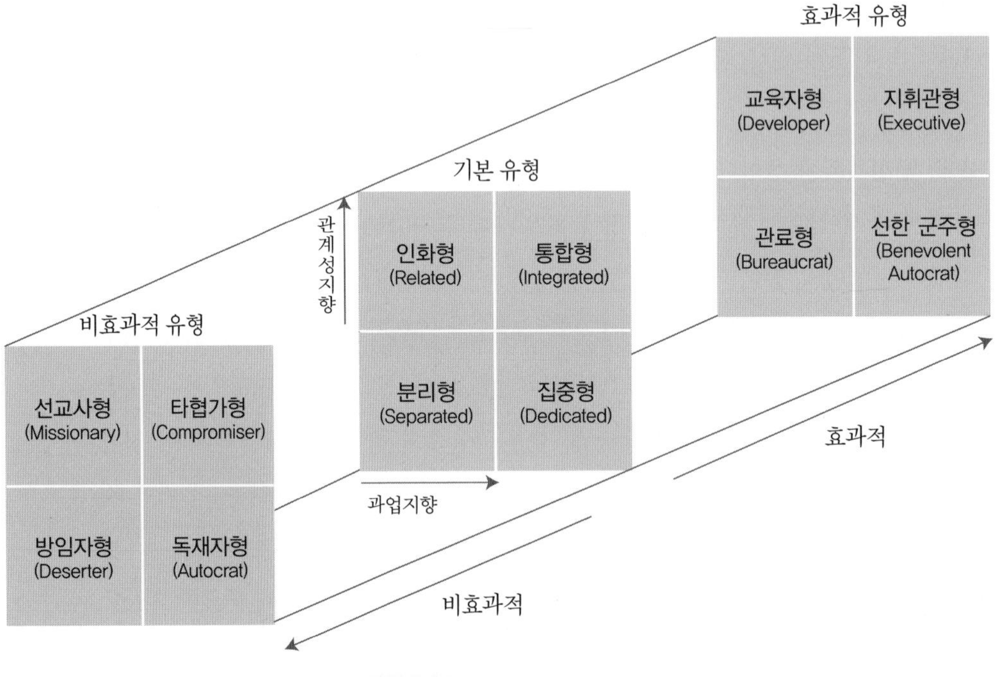

그림 6-6 3차원 리더십 모형

적일 수도 있다고 하였다(진동섭 외, 2007).

Reddin은 과업수행 기술, 조직 철학, 상급자, 동료, 부하직원과 같은 상황적 요소에 따라 리더십의 효과가 달라진다고 하였는데, 이러한 리더십 유형은 효과성 차원의 연속선상에 놓이게 된다. 연속선상의 한쪽 끝에는 4개의 효과적인 리더십 유형이 위치하고, 반대쪽 끝에는 4개의 비효과적인 리더십 유형이 위치한다.

[그림 6-6]과 같이 이 모형은 리더의 행동이 과업에 관심을 두느냐, 혹은 인간에 관심을 두느냐라는 두 차원의 조합으로 이루어진 기본적 리더 유형(인화형, 통합형, 분리형, 집중형)이 상황적 요소에 적절히 부합하느냐에 따라서 효과적 유형이나 비효과적인 유형으로 변화하게 된다. 이러한 효과적 리더 유형과 비효과적 리더 유형은 〈표 6-4〉와 같이 설명될 수 있다(윤정일 외, 2015).

〈표 6-4〉 효과적 리더십 관련 특성 및 기술

리더유형	효과적 유형	비효과적 유형
통합형	지휘관형	타협가형
	동기부여, 높은 표준을 설정, 개인차에 관심을 두고, 팀 접근 방법을 선호함	부당한 압력에도 지나치게 영향을 받는 의사결정자, 제약과 문제에 대해 쉽게 굴복함
분리형	관료형	방임자형
	공명정대하고, 규칙 및 규정을 성실히 수행함	무관심하면서 때로는 남의 일에 간섭하고, 본인에게 주어진 책임을 포기함
집중형	선한군주형	독재자형
	할 일을 알고, 적개심을 비유발하며, 효율적, 역동적, 적극적으로 업무를 추진함	무감각하고, 고압적이고 완고하며, 타인을 불신하며, 현안 문제에만 관심을 가짐
인화형	교육자형	선교사형
	타인을 신뢰하는 온화한 인간이며, 타인의 개인적 발전에 관심을 가짐	기본적으로 조화에 관심을 두지만, 조직이 표류해도 선의만을 강조함

4) Hersey와 Blanchard의 상황적 리더십 이론

Hersey와 Blanchard는 구성원의 성숙도를 상황적 요인으로 설정하여, 구성원의 성숙도에 리더 행동 유형이 적합하게 매치될 때 리더십의 효과가 높아질 수 있다고 하였다. 여기서 구성원의 성숙도는 직무수행 역량이 반영된 직무에 대한 성숙도(job maturity)와 어떠한 일을 하고자 하는 동기와 의지수준이 반영된 심리적 성숙도(psychological maturity)로 구분된다(Hersey & Blanchard, 1988).

리더의 행동 유형은 과업 중심 행동과 관계 지향 행동을 의미하는데, 상황적 리더십 이론은 구성원의 성숙도와 리더의 행동 간 관계에 대응하는 지도성 이론으로, 리더의 과업 행동과 관계 행동, 조직 구성원들의 성숙 수준 간의 상호작용으로 효과적인 지도

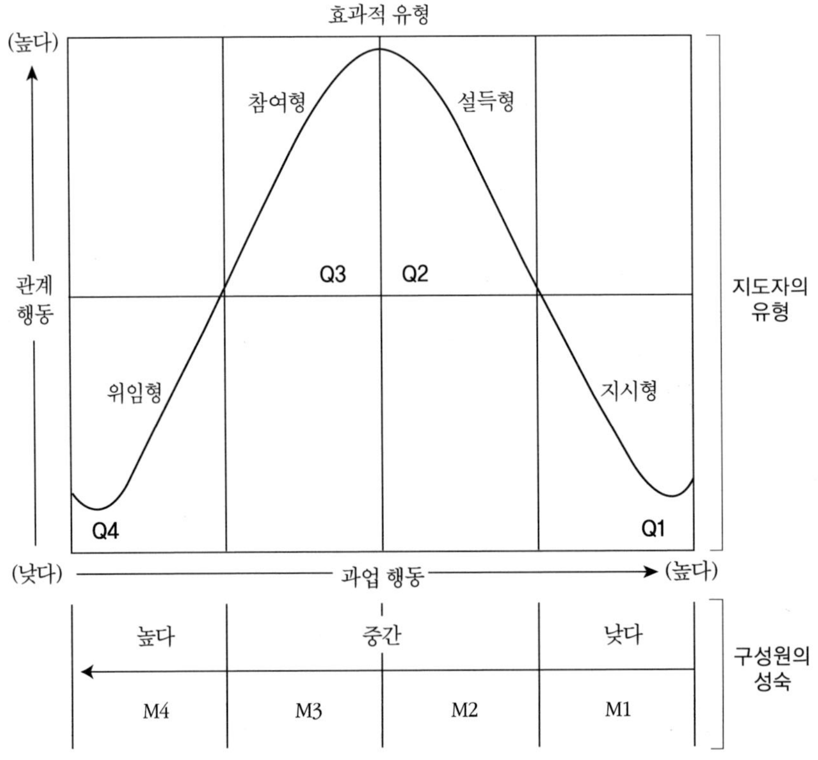

그림 6-7 상황적 리더십 모형

성 유형을 설명한다.

그들은 [그림 6-7]과 같이 리더십 이론을 개념화하였는데, 구성원의 성숙도에 따라 보다 효과적인 리더 유형을 지시형, 설득형, 참여형, 위임형의 네 가지 유형으로 구분하여 제시하였다. 이 이론에 의하면, 구성원의 성숙도가 낮을 때(M1: 역량 낮음, 동기 높음)에는 높은 과업과 낮은 관계성 행동을 보이는 지시형 리더가 적합하고, 성숙도가 중간일 때(M2: 역량 낮음, 동기 높음)에는 높은 과업과 높은 관계성 행동을 보이는 설득형 리더가 적합하다. 또한, 성숙도가 중간일 또 다른 경우(M3: 역량 높음, 동기 낮음)에는 낮은 과업과 높은 관계성 행동을 보이는 참여형 리더가 보다 효과적이고, 구성원의 성숙도가 높은 경우(M4: 역량 높음, 동기 높음)에는 낮은 과업과 낮은 관계성 행동을 보이는 위임형 리더가 적합하다고 말한다.

Hersey와 Blanchard에 의하면, 부하의 성숙도 수준은 높아질 수도, 퇴행할 수도 있기 때문에 리더 행동 또한 변화해야 한다고 하였다. 예를 들어, 구성원들의 성숙도가 보다 성숙하게 변화하면, 리더십 유형도 그에 적합하게 변화해 나갈 필요가 있다는 것이다.

5) 상황이론의 한계와 시사점

지금까지 살펴본 연구물들은 실질적이면서도 중요한 통찰력을 제공해 주고, 리더십 연구에 있어서 여러 시사점을 주고 있지만 한계가 있는 것도 사실이다.

먼저, 'Fiddler의 상황 적응적 리더십 모형은 어떠한 상황에 있어서 어떤 리더 유형이 적합한가?'라는 질문에 답하고자 하는 최초의 시도였으며, 이러한 시도는 후대의 리더십 연구의 방향에 매우 큰 영향을 미쳤다. 그러나 이 이론은 LPC가 무엇을 측정하는지에 대한 해석이 임의적이고, 시간이 지남에 따라 LPC 점수가 원래 가정과 큰 차이를 가져올 수 있다는 데서 여러 비판을 받았다(Hoy & Miskel, 2013). 또한 LPC 점수가 조직의 효과에 어떻게 영향을 미치는지에 대해 명확한 설명을 하지 못하며, 비교적 수가 많은 중간점수 리더에 대한 고려가 부족하였고, 리더 행동 변수가 없기 때문에, 리더십을 개선하는 지침이나 대안으로 삼기에도 어려움이 있다(Yukl, 2002).

House의 행로-목표이론은 잠재적 상황 요인들을 파악할 수 있는 개념 틀을 제공하여 리더십 연구에 중요한 기여(Yukl, 2002)를 하였으며, 구성원을 유도하는 동기요인을 강조함으로써 리더의 행동과 구성원 특성이 적절히 조화를 이룰 필요가 있다는 것을 밝혔다는 데 큰 의미가 있다. 그러나 이 이론은 아직 실증되지 못했으며, 리더와 구성원 간의 지각, 인식 차이가 고려되지 못했다(신중식 외, 2003). 또한, 리더십 행동 유형 간 또는 여러 상황 요인과의 상호작용을 고려하지 않았다.

Reddin의 3차원 리더십 모형은 상황에 대한 접근성에 따라 리더 유형의 효과가 달라질 수 있다는 점을 밝혀 상황 요인에 대한 중요성을 고무시켰다는 데 큰 의의가 있다. 그러나 3차원 리더십 모형은 행동에 부합하는 적절한 상황에 대한 설명이 부족하며, 구성원들의 개인차를 고려하지 못했고, 상황과 리더 유형의 적합성에 대한 판단 기준이 명확하지 못하다는 한계가 있다(진동섭 외, 2007). 또한, 조직의 효과성을 극대화하기 위한 구체적 상황과 특수한 행동 유형을 결합시키는 문제는 대단히 복잡한데, 효과성을 극대화하기 위하여 상황에 부합하는 리더십 유형을 결정하는 것을 리더의 인식에만 의존하고 있기 때문에 아직 검증되지 않은 측면이 많다(윤정일 외, 2015).

Hersey와 Blanchard의 상황적 리더십 이론은 리더는 구성원의 특성에 따라 달리 대응해야 하고, 상황이 변화하면, 리더 행동도 함께 변화해야 한다는 것(Yukl, 2002), 즉, 상황의 변화에 맞추어 리더가 변화해야 할 필요성이 있다는 것을 밝혀 주었다. 그러나 리더의 행동이 구성원의 성과나 조직효과에 영향을 미치는 과정을 명확하게 설명하지 못하며, 리더 행동을 결정짓는 다른 상황 요인들을 고려하지 못했다는 점 등에서 한계가 있다고 할 수 있다.

이처럼 리더십 상황이론에 관한 연구들도 한계점을 가지고 있다. 그러나 항상 효과적일 수 있는 리더의 특성과 특정 행동에 초점이 맞추어져 있던 기존의 논의를 넘어서 상황의 중요성을 환기하고, 이를 통해 리더십을 설명하면서 효과를 밝히려는 노력에는 큰 의의가 있다. 즉, 리더는 조직상황을 파악하고 적합한 행동을 하여 리더십 효과를 높일 수 있다는 것이다.

하지만 이러한 상황이론 역시 특성이론, 행동이론과 마찬가지로, 리더가 구성원들에게 일정한 업무성과와 순종을 요구하고, 그 대가를 제공하는 거래적-교환적 리더십의 형태이다. 이러한 거래적-교환적 리더십의 형태는 구성원들의 잠재력을 계발하거나 자발적으로 기대 이상의 직무를 할 수 있도록 지원하는 리더십이라고는 할 수 없다는 점에서 큰 한계를 갖는다(주삼환 외, 2009).

5. 최근의 교육리더십 이론

1) 변혁적 리더십

변혁적 리더십(transformational leadership)은 사람들이 이상적 지도자의 특성으로 마음속에 그리고 있는 리더십이라 할 수 있는데, 구성원들이 기대 이상의 직무수행을 할 수 있도록 조직을 변혁해 나가는 리더십이다(Hoy & Miskel, 2013). 즉, 변혁적 리더십의 리더는 단순히 상황을 파악하고, 이에 부합되는 특성을 지니고 행동하는 것이 아니라 상황 자체를 변혁하고 개선해 간다.

Bass는 변혁적 리더십에 대해서 리더는 구성원들과 수행의 대가로 어떤 보상을 거래-교환하는 리더십을 넘어 구성원으로 하여금 스스로의 잠재력을 일깨울 수 있도록 동기부여하고, 보다 큰 책임을 가지고 조직을 변혁하고 높은 성취를 이룰 수 있도록 유도한다고 하였다(주삼환 외, 2009).

변혁적 리더십은 '4개의 I'로 불리는 네 가지의 주요 요소(Bass, 1996)를 포함하는데, 첫째, 구성원들로부터 신뢰와 존경을 받고, 변화를 수용할 수 있는 토대를 마련하는 이상적 영향력(idealized influence), 조직의 문제점들이 해결될 수 있다고 믿도록 구성원의 기대를 변화시키는 영감적 동기유발(inspirational motivation), 구성원들이 창의적으로 문제에 접근할 수 있도록 하는 지적 자극(intellectual stimulation), 성취나 성장욕구가 강한 개인들에게 특별한 관심을 기울이는 개별적 배려(individualized consideration)로 구성되어 있다.

결과적으로 변혁적 리더는 변화의 필요성을 정의하고, 새로운 비전을 창출하며, 그 비전에 헌신을 불러오고, 장기적인 목적에 집중한다. 무엇보다도 구성원들이 이해관계를 초월한 보다 고차원적인 목적을 추구하도록 격려하며, 조직의 보다 큰 발전을 위해 노력한다. 그리고 궁극적으로 구성원 모두가 리더가 될 수 있도록 하여 조직을 변혁시킬 수 있다(Hoy & Miskel, 2013).

변혁적 리더십은 총체적 위기로까지 일컬어지는 현 학교교육을 변혁해야 한다는 측면에 있어서 학교장에게 적절하고 필요한 지도성으로 간주되고 있다(노종희 외, 2009). 즉, 변혁적 리더십은 오늘날 우리 학교교육의 질을 높이고 학교교육이 부딪힌 난관을 해결하는 데 있어 매우 적절한 지도성으로 간주되고 있으며, 기존의 거래적 지도성의 제한을 극복한다는 점에서 큰 의의가 있다.

2) 참여적 리더십

기존의 조직은 리더 또는 소수의 의견만을 중심으로 주요 의사결정을 해 왔다. 그러나 최근 들어 구성원들에게 권한과 책임을 위임(empowerment)하여 의사결정에 참여시키고, 리더와 구성원들이 함께 결정할 수 있도록, 구성원의 권한과 리더십을 강조하는 것이 보다 긍정적이라는 관점의 '참여적 리더십(Participative Leadership)'이 대두되었다. 참여적 리더십과 유사한 이론들로 민주적 리더십, 분산적 리더십 등이 있는데, 중심 내용은 큰 차이가 없다.

Yukl은 참여적 리더십을 통해 다음과 같은 네 가지 잠재적 이익을 얻을 수 있다고 하였다(Yukl, 2002).

- 참여자들이 리더에게 부족한 정보와 지식을 가지고 있고, 직면 문제의 해결을 위해 적극적으로 협력할 경우, 의사소통과 의사결정의 질을 향상시킬 수 있다.
- 결정을 내리는 데 상당한 영향력과 권한을 부여받은 구성원은 주인의식을 갖게 되

고, 결정을 본인의 것으로 수용하며, 결정을 성공적으로 실행하려는 동기를 부여 받게 된다.

- 최종결정전, 개인의견과 선호를 표명할 기회가 있으면, 참여자는 최종결정에 미친 영향과는 무관하게, 절차적 공정성을 인식하고, 결정에 대해 더 크게 만족한다.
- 복잡한 결정을 내리는 데 기여한 참여자는 단지 한 가지 측면에 기여한 참여자보다 더 많은 것을 배우게 되며, 참여자에게 자신감과 기술향상 동기를 부여한다.

이처럼 참여적 리더십은 팀이나 조직 특성을 중심으로 리더십을 바라본다. 참여적 리더십은 너무 이상적인 모형이 될 수 있다. 현재의 학교구조 속에서 완벽한 권한위임은 이루어지기 어려우며, 참여에 따르는 잠재적 이익은 모든 참여자에게 동일하지 않기 때문이다. 이에 따라 개인적 리더십과 참여적 리더십 중 하나만을 선택하여 다른 것을 부정하기보다는, 조직을 이끄는 데 서로 상보적인 역할을 담당하는 시각을 제공(Hoy & Miskel, 2013)하는 것으로 받아들여야 할 것이다.

3) 도덕적 리더십

Sergiovanni는 학교구조보다는 학교의 문화에 초점을 맞추고, 보다 우수한 학교문화를 형성하기 위한 문화적 리더십(Cultural Leadership)이 필요하다고 하였다. 이후, 문화적 리더십에 대한 논의를 확대하여 학교에서의 리더십을 도덕적 리더십(Moral Leadership)으로 개념화하고, 이를 통해 구성원의 동기유발을 위한 학교의 가치형성과 도덕적 선의를 강조하였다(Sergiovanni, 1992).

Sergiovanni에 의하면, 학교는 도덕적 측면의 선의(good-will)와 성공(sucess)이라는 두 가지 축을 토대로 [그림 6-8]과 같이 네 가지 유형으로 구분된다고 규정하였다.

1유형 도덕적인 학교는 교직원들이 선의에 의해 동기가 유발되지만 목표성취에 있어서 성공적이지 못하다. 하지만 선의에 기초한 교장리더십을 교직원들이 이해하게 되면서 성공 가능성이 높아진다. 반대로 4유형 정략적인 학교는 과업목표 성취에서는

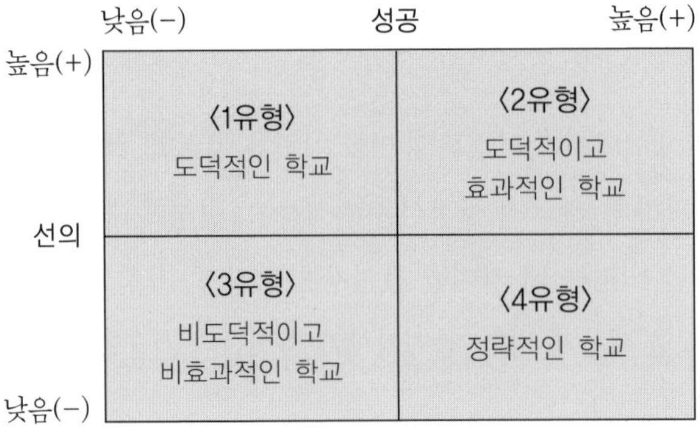

그림 6-8 도덕적 리더십의 선의와 성공에 따른 네 가지 학교 유형

단기적으로 성공적이지만, 이후 성공확률은 낮아진다. 즉, 리더는 성공보다는 선의를 중시하는 조직 형성을 위한 리더십을 추구해야 한다. 특히 학교는 바람직한 가치를 전수하는 곳이기 때문에 더욱 그렇다.

Sergiovanni는 이러한 선의를 중시하는 유형의 학교를 만들 수 있는 전략 중 하나로 공동체성을 강조한다. 학교조직은 전통적으로 여러 부서로 조직되어 명령-통제 중심으로 운영되어 왔지만, 최근에는 이러한 선형적 조직의 대안으로서 공동체성에 대한 개념에 주목하고 있다. 그 이유는 공동체가 주는 구성원의 자발적 동기부여와 헌신성을 담보할 수 있기 때문이다(Sergiovanni, 1992). 거래나 교환을 통한 보상이 강조되었던 전통적인 리더십들과는 달리, 인간은 공동체 문화 속에서 도덕적으로 가치 있는 일을 하는 데 더욱 큰 동기유발을 이룰 수 있다고 도덕적 리더십은 설명한다. 즉, 도덕적 리더십 바탕의 공동체 문화가 형성되면, 구성원들을 통제, 관리, 지시해야 하는 상황도 줄어들게 되어 보다 건설적 측면에 시간과 노력을 투자할 수 있게 된다. 결국 선의를 강조하는 도덕적 리더십은 교육적 본질에 가장 근접한 개념으로 이해될 수 있다.

요약

- 리더십에 대한 연구들은 리더와 리더십에 대한 주요 관점의 변화에 따라 특성이론, 행동이론, 상황이론 등을 거쳐 최근의 리더십 이론까지 지속적으로 발전해 오고 있다. 초기의 리더십 관련 연구들은 리더만이 가지고 있는 선천적 특성을 파악하고자 노력하였다. 그러나 수많은 특성 연구가 수행되었지만, 리더만의 특성을 일반화하지 못하였으며, 개별적 특성이 리더십의 효과성에 미치는 영향을 밝히는 데 있어서도 어려움을 겪게 되었다.
- 특성에 관심을 갖던 리더십 관련 연구들은 리더의 효과적인 행동이 무엇인지를 밝히는 데 초점이 옮겨지게 되었고, 행동이론이 리더십 연구의 주를 이루게 되었다. 이와 관련된 연구들은 대체로 리더의 행동에 대해서 업무중심적 리더와 인간관계 중심적 리더로 구분하여 제시하였고, 이러한 구분은 현재까지도 리더십 연구 분야의 기반으로 활용되고 있다. 그렇지만 리더가 처한 상황이나 요인들을 고려하지 않았던 리더십 행동에 관한 연구는 결국 한계에 부딪혔으며, 어느 상황에서나 반드시 효과적일 수 있는 리더 행동을 일반화시키지 못하였다.
- 리더의 상황을 명확히 파악하고, 이에 적합한 리더십 행동을 통해 리더십의 효과를 높이기 위한 상황이론이 대두하기 시작하였다. 상황이론은 리더의 행위가 어떠한가보다는 상황에 초점을 맞추었다는 점, 리더 개인이 아닌 외부 상황 요인을 강조하였다는 점, 상황의 변화에 맞추어 리더가 변화해야 할 필요성이 있다는 것을 밝혀 주었다는 데 큰 의의가 있다. 그러나 이 시대의 상황이론은 리더의 행동이 조직의 성과나 효과 등과의 연계성을 명확하게 설명하지 못하였고, 리더십과 관련된 상황 요인이 셀 수 없을 만큼 다양하다는 점을 고려하지 못했다.
- 특성이론, 행동이론, 상황이론의 가장 큰 한계는 리더와 구성원들의 관계를 수직적 관계로 인식하고, 구성원들의 순종과 일정한 성과를 요구하여 그 대가를 제공하는 거래적-교환적 리더십의 형태였다는 것이다. 즉, 구성원들의 잠재력을 계발하고, 자발성을 토대로 기대 이상의 직무를 할 수 있도록 돕고 지원하는 데 한계가 있을 수밖에 없었다. 이에 따라 변혁적 리더십, 참여적 리더십, 도덕적 리더십 등과 같이 최근에 주목받는 이론은 대부분 리더의 역할만큼이나 구성원의 역할을 강조하고 있으며, 조직 내에 수평적-참여적 구조와 민주적 문화를 형성하여 구성원들의 자발성을 확대하고, 구성원 스스로의 잠재력과 역량을 키울 수 있도록 지원하며, 조직을 혁신해 가는 리더십에 대한 논의가 중심이 되고 있다.

찬반 토론

교장 경력이 3년차인 박 교장은 학업성취도평가, 학교평가, 교원능력개발평가 등 학교 및 교장의 책무성을 묻는 다양한 평가를 준비하면서 많은 어려움을 겪고 있다. 교장의 입장에서 그 어느 평가도 소홀히 할 수 없는데, 교사들은 평가 준비에 소극적일 뿐만 아니라 각종 평가정책에 대해 부정적인 생각을 갖고 있기도 하다. 학교의 모든 구성원이 힘을 모아 준비를 해도 어려운 것이 평가 준비인데, 교사들의 의견이 분분하고 교사들 사이마저 갈라져 있어 교장의 입장에서 더욱더 어려운 상황에 직면해 있다.

이러한 상황에서 박 교장은 문제를 해결하고 각종 평가에 잘 대비하기 위하여 전략을 마련 중에 있다. 교사들이 맡아야 할 과업을 보다 분명히 하고 명확하게 과업을 지시하고 과업성취 결과를 점검해 가는 과업중심 리더십을 발휘할 것인지, 아니면 과업보다는 구성원들 간의 관계를 돈독하게 하여 과업을 수행해 나가는 인화중심 리더십을 발휘할 것인지에 대해 고민하고 있다. 박 교장은 어떤 리더십을 발휘하는 것이 좋을까?

찬성의견	반대의견
1. 학교는 국가가 정한 교육목표를 성취하기 위하여 교육과정을 운영하는 등 분명한 목표를 가지고 있다. 따라서 단위학교 책임을 맡은 교장은 학교가 맡은 과업을 제대로 성취하는지에 대해 최우선의 관심을 두어야 하며 과업중심 리더십을 발휘하는 것이 필요하다.	1. 학교는 아동을 중심으로 하는 독특한 조직체이며 공동체이다. 따라서 학교를 운영함에 있어 정서나 심리적인 측면은 매우 중요하고 인간적인 측면이 중심이 되어야 한다. 따라서 교장의 리더십도 인화중심 리더십이 발휘될 필요가 있다.
2. 개인주의문화가 강한 학교 풍토에서 교사들은 대체로 본인의 학급 이외에 대해서는 관심이 적은 편이다. 그런데 학교에서는 교사들이 자신의 학급 업무 이외에도 담당해야 할 일이 많다. 이러한 일들을 수행하기 위해서는 교장이 교사들에게 분명하게 과업을 제시해 주고 그 과업을 완수하도록 리더십을 발휘해야 한다.	2. 교사들은 대체로 자신을 전문가로 보고 있으며 자신의 교육활동에 대해서도 전문가 의식을 가지고 있다. 따라서 교사들은 지시나 통제에 대해서 부정적인 편이다. 교사들에게는 과업을 제시하고 성취를 독려하기보다는 믿고 신뢰하는 접근이 더 필요하다.

3. 학교 및 교원들에게 책무성을 묻는 정책들은 앞으로 더 확대될 것으로 예상된다. 즉, 학교 및 교원들의 과업에 대한 분명한 책임을 묻게 된다는 것이다. 이러한 흐름에 대비하고 학교가 국가나 사회의 요구에 부응하기 위해서는 학교 과업에 대한 분명한 인식과 수행이 있어야 하는데, 이를 위해서도 교장의 과업중심 리더십은 필요하다.	3. 학교 책무성 요구의 주요 대상은 학업성취도이다. 학교는 학업성취도 향상을 위해서도 노력해야 하지만, 학생들의 인성함양 또한 학교의 중요한 역할이다. 따라서 학교에서 학업성취도를 비롯한 과업만 강조하면 인성함양이라는 중요한 한 축을 소홀히 할 수 있다. 학생들의 인성함양은 교장 및 교사들의 인성으로부터 큰 영향을 받기 때문에 교장의 인화중심 리더십은 학교 운영의 중요한 기반이 되어야 한다.

생각해 볼 문제

1. 과거에 비해 최근 들어 교장 및 교사들의 리더십에 대해 그 중요성이 더욱 부각이 되고 강조되고 있다. 이와 같이 교장 및 교사들의 리더십이 강조되는 배경에 대해 논의해 보자.
2. 리더십 특성이론은 기본적으로 리더에게는 리더십 특성 및 특질이 있다는 것을 전제하고 있다. 이 이론의 입장에서 교장 및 교사에게 필요한 리더십 특성, 특질은 무엇인지에 대해 논의해 보자.
3. 리더십 행동이론은 리더의 행동에 주목하면서 특히 리더의 과업중심 행동과 인화중심 행동에 관심을 두고 있다. 교장 및 교사에게는 어떤 리더십 행동 성향이 필요한지에 대해, 그리고 교장 및 교사가 이 두 가지 리더십 행동 특성을 조화롭게 발휘할 수 있는 방안에 대해 논의해 보자.
4. 리더십 상황이론은 리더십을 발휘하는 데 있어 상황적인 요인을 강조한다. 오늘날 우리나라 학교 현장에서 교사들이 처한 상황을 살펴보고, 이러한 상황에서 교장 및 교사가 어떻게 리더십을 발휘해야 하는지에 대해 논의해 보자.
5. 전통적 리더십 관점 이외에 최근에는 다양한 리더십 이론 및 방향이 제시되고 있다. 미래의 학교 및 교육 상황을 예측해 보고, 미래의 교원들에게 필요한 리더십에 대해 논의해 보자.

참고문헌

노종희, 정영수, 백정하, 양승실, 이상주(2009). 교육지도성 이론과 실제. 서울: 학지사.

신중식, 노종희, 김혜숙, 김홍주, 명제창, 박세훈, 송광용, 이일용(2003). 교육지도성 및 인간관계론. 서울: 도서출판 하우.

윤정일, 송기창, 조동섭, 김병주(2015). 교육행정학원론(6판). 서울: 학지사.

주삼환, 천세영, 김택균, 신붕섭, 이석열, 김용남, 이미라, 이선호, 정일화, 김미정, 조성만(2009). 교육행정 및 교육경영(4판). 서울: 학지사.

진동섭, 이윤식, 김재웅(2007). 교육행정 및 학교경영의 이해. 경기: 교육과학사.

Bass, B. M. (1985). Leadership: Good, Better, Best. *Organizational Dynamics, 8*(3).

Bass, B. M.(1996). *A New Paradigm of Leadership: An Inquiry into Transformational Leadership.* Alexandria, VA: Army Research Institute for the Behavioral and Social Science.

Blake, R. R., & Mouton, J. S. (1985). *The Managerial GridIII.* Houston: Gulf Publishing Company.

Fiedler, F. E. (1967). *A Theory of Leadership Effectiveness.* New York: McGraw-Hill.

Halpin, A. W. (1956). *The Leadership Behavior of School Superintendent.* Columbus. Ohio: College of Education, The Ohio State University.

Hersey, P., & Blanchard, K. H. (1988). *Management of Organizational Behavior* (5th ed.). Englewood Cliffs, NJ: Prentice-Hall.

House, R. J. (1996). Path-Goal Theory of Leadership: Lessons. Legacy and Reformulated Theory. *Leadership Quarterly, 3*(2).

Hoy, W. K., & Miskel, C. G. (2013). *Educational Administration: Theory, Research, and Practice* (9th ed.). NY: McGraw-Hill Education.

Katz, R. L. (1974). Skill of an Effective Administrator. *Harvard Business Review, 52,* 90-102.

Likert, R. (1961). *New Patterns of Management.* New York: McGraw-Hill.

Sergiovanni, T. J. (1992). *Moral Leadership: Getting to the Heart of School Improvement.* San fransisco: Jossey-Bass Publishers.

Stogdill, R. M. (1974). *Handbook of Leadership: A Survey of Theory and Research.* NY: Free Press.

Yukl, G. (1989). *Leadership in Organizations* (2nd ed.). Englewood Cliffs, NJ: Prentice-Hall.

Yukl, G. (2002). *Leadership in Organizations* (7th ed.). New Jersey: Pearson Prentice-Hall.

제 7 장

교육법

1. 교육법의 개념 이해
2. 교육법의 체계와 내용
3. 법 적용의 우선 원칙
4. 교육 관련 주요 법령
5. 교원의 권리와 의무

사례

김 교사는 협력수업으로 참여해야 할 월간 4회 수업 중 평균 2~3회 수업에 참여하지 않았고, 예술강사 지원사업 업무를 담당하는 자로, 업무지침을 숙지하고 업무 및 수업을 담당했어야 함에도 지침의 내용을 무의미한 것으로 판단하여 교사의 기본 책무인 수업에 대한 의식이 부족함을 보이고, 수업 미참여 등 복무 명령을 이행하지 않아 복종의 의무를 위반하였다. 뿐만 아니라 평가에서도 2학년 1반 학생들 34명 중 22명에 대한 평가만 이루어지고, 나머지 전체 학년에 대한 평가는 이루어지지 않았다. 또한 김 교사는 규정과 지침을 위반하여 실기강사가 중도에 해촉되는 원인을 제공하고, 이에 따라 국악 실기 수업이 제대로 운영되지 못했으며, 실기강사 지원이 끊기는 일이 발생하여 음악 실기 수업이 제대로 이루어지지 못하게 되어 학교뿐만 아니라 학생들의 학습권을 침해하였다. 이러한 징계 사유가 인정되고, 징계위원회의 진술에서도 개전의 정이 보이지 않아 김 교사는 결국 파면 처분되었다.

1. 교육법의 개념 이해

교육법은 교육정책 및 교육행정과 밀접한 관련을 갖고 있다. 교육법과 교육제도를 이해하기 위해서는 먼저 교육정책과 교육제도, 교육행정의 차이를 구분하고 그 관계를 이해해야 한다. 여기서는 이 세 개념 간에 어떤 차이가 있는지 살펴본다.

정책(政策, policy)이란 말을 그대로 풀이하면 다스리는 책략이다. 즉, 한 국가의 통치를 위한 기본전략을 의미한다. 교육정책(educational policy)이란 교육에 관한 국가의 기본방침을 말한다. 교육에 관해서 국가가 어떤 사업을 펼치거나 교육을 운영함에 있어 실현시키고자 하는 기본 이념이나 방향, 원칙이 바로 교육정책이다. 따라서 교육정책은 그것이 제시되는 형식 면에서 추상적이며, 내용 면에서는 이상적이다. 손에 잡히지 않는 선언적 성격을 갖고 있기도 하다. 교육정책의 대표적인 예는 '수요자 중심의 교육'이다. '수요자 중심의 교육'이 부각된 것은 1995년 5 · 31교육개혁 방안에서이다. 그 전까지는 교육이 교원, 즉 공급자 중심의 교육이었다는 반성에서 앞으로는 수요자 중심의 교육을 해야 한다는 방향을 제시한 것이다. 이처럼 교육정책은 한 국가의 교육이 나아가야 할 방향타 역할을 한다.

이러한 교육정책이 현실에서 구체적으로 손에 잡히는 강제력을 갖기 위해서 필요한 것이 제도이다. 그러한 강제력을 갖도록 하는 장치가 바로 법이다. 따라서 교육제도(educational system)란 교육정책을 법제화(法制化)한 것이다. 교육정책을 법으로 만들어 교육정책을 손에 잡히게끔 만든 것이 바로 교육제도이다. 교육정책은 법으로 만들어져 교육제도가 될 때 비로소 강제성을 띠는 공권력을 갖게 된다. 따라서 교육제도는 법전을 통해 직접 눈으로 확인할 수도 있다. 교육정책이 목표지점이라면 교육제도는 그 길로 가는 도중에 사람들을 통제하는 신호등과 같다. 교육제도의 대표적인 예는 학제이다. 학제는 국민들이 몇 세에 어떤 학교를 들어가서 얼마 동안 교육을 받아야 하는지에 대해 규율하고 있는 교육제도이다.

교육제도가 아무리 잘 만들어져도 그것을 집행하는 사람들이 제대로 집행하지 못한다면 무용지물이 될 수 있고, 자칫 잘못하면 처벌을 받을 수도 있다. 이렇게 교육제도를 실제로 집행하고 운용하는 행위가 바로 교육행정(educational administration)이다. 교육정책이 목표지점이고, 교육제도가 신호등이라면, 교육행정이란 사람이 그 목표지점을 향해 신호등을 봐 가면서 자동차를 운전하는 행위라 할 수 있다. 교육행정의 대표적인 예는 법령에 따라 학교를 운영하거나 학생을 교육하는 행위이다.

교육정책은 방향성을 갖고, 교육제도는 강제성을 가지며, 교육행정은 현실성을 갖고 있다. 교육정책은 다소 추상적인 방향을 제시할 뿐이라서 구체적인 수단을 보여 주지는 않는다. 교육행정은 궁극적으로 교육정책을 실현하기 위한 행위이지만 복잡하고 가변적인 현실에서 구체적으로 사람들이 움직이는 행위이다 보니 자칫 교육정책과 거리가 먼 행위를 하게 될 수도 있다. 이때 교육정책과 교육행정의 중간 위치에서 그 둘을 연결하는 것이 바로 교육제도이고 그것을 가시화한 것이 바로 법이다. 따라서 교육제도를 제대로 이해하기 위해서는 교육법을 이해하여야 한다.

특히 경영과 달리 행정은 법 테두리 내에서 이루어지는 행위이다. 학교행정은 교육법의 집행행위라 할 수 있다. 최근에는 학교경영이라는 용어도 쓰면서 민간경영기법이나 마인드를 가져와야 한다는 주장도 있지만 여전히 법령규정을 위반하고 학교를 운영해도 되는 것은 아니다. 법원칙을 무시하고 자의적으로 학교를 운영하면 감사를 받을 수도 있고 자칫 처벌을 받을 수도 있어 유의해야 한다.

2. 교육법의 체계와 내용

교육법은 교육에 관한 법을 가리키는 통칭이다. 1998년 이전에는 단일법으로서 「교육법」(이하 '구 교육법'이라 한다)이라는 법이 있었지만 1998년에 전면적으로 교육법을 개편하면서 현재는 「교육기본법」과 「초·중등교육법」, 「고등교육법」, 「평생교육법」의 4법 체제로 바뀌어 시행되고 있다. 물론 그 외에도 교육에 관한 법은 많다. 이러한 교육에 관한 법을 집행하는 정부부처는 교육부이다.

그러나 교육에 관한 법이 교육행위에 대해 직접적으로 관련되는 법만은 아니다. 예컨대 「공무원보수규정」은 일반 공무원의 보수에 대해 규정하고 있지만 공무원인 국·공립학교의 교원의 보수에 대해서도 규정하고 있기 때문에 교육과 무관한 법이 아니다. 교원징계도 마찬가지다. 기본적 사항은 공무원징계에 관한 법을 적용받는다. 따라서 교육에 관련된 법체계가 어떻게 갖추어져 있는지 살펴볼 필요가 있다.

교육에 관련된 법체계를 이해하기 위해서는 법원(法源)이라는 말을 먼저 이해해야 한다. 사회에서 흔히 법원이라고 하면 법적 분쟁에 대해 판결을 내리는 곳(법원, 法院)을 가리키지만 여기서 말하는 법원이란 무엇이 법인가에 대하여 판단할 때 그 근거로 하는 것, 즉 법의 근거를 말하는 것이다. 먼저 교육법의 분류방식을 살펴보고 교육법원의 내용을 구체적으로 살펴보자.

1) 교육법의 분류

교육법은 그 존재형식에 따라 성문법과 불문법으로, 규율범위에 따라 국내법과 국제법으로, 관계대상에 따라 공법과 사법으로 나뉜다.

(1) 성문법과 불문법

성문법은 제정법이라고도 한다. 즉, 성문법은 문자로 기술되고 문장의 형식을 갖추어 일정한 절차에 따라 제정된 법들을 가리킨다(강인수 외, 1995). 헌법과 법률, 조약, 명령, 자치법규가 성문법이다. 이에 반해 불문법은 비제정법으로 문자나 문장의 형식으로 확정되어 있지 않은 법이다. 관습법, 판례법, 조리가 불문법이다. 관습법이 답변형식의 문서 등으로, 판례법은 판결문을 통해 문장의 형식으로 되어 있기 때문에 성문법으로 오해할 수 있지만 그것들은 확정적인 법적 구속력을 갖고 있지 않다. 즉, 사안마다 판단이 달라질 수 있는 것으로서 성문법처럼 일률적으로 행위에 대해 규율하고 있지 않기 때문에 불문법이라 한다.

우리나라의 법은 기본적으로 성문법의 체계를 근간으로 법집행이 이루어지고 있다. 그렇다고 해서 불문법이 없는 것은 아니다. 성문법에 근거를 두고 법집행을 하되 성문법에 근거가 없거나 그 해석에 대한 다툼이 있을 경우에 불문법적 판단에 의존하지 않을 수 없는 것이다. 마찬가지로 영미법 계통의 나라를 불문법 국가라 하여 법적 판단을 재판결과에만 의존하는 것으로 생각할 수 있지만 실제로는 헌법이나 규정 등 다양한 형식의 성문법적 요소를 갖고 있다. 다만 그러한 법들이 기본적이고 원칙적인 규정만 하고 있을 뿐 대부분의 법적 판단이 법정의 재판에 의해 이루어지기 때문에 불문법 국가라 하는 것이다.

(2) 국내법과 국제법

법의 규율 · 적용범위에 따라 국내법과 국제법으로 나눌 수 있다. 국내법은 외국에서는 적용되지 않는 법이고 국제법은 국가 간 인정된 법으로서 해당 국가들에서 적용된다. 국제법의 예로는 유네스코 헌장과 세계무역기구(WTO) 협정 등이 있다. 국제법은 일반적으로 국가 간의 협정이 국회에서 법률로 통과되어 사실상 국내 법률과 동일한 효력을 갖게 된다.

〈판례〉 학교급식재료에 국내 농산물을 우선적으로 쓰게 하면 안 되나요?

2003년에 전라북도 의회가 초 · 중 · 고등학교에서 실시하는 학교급식을 위해 전라북도 내에서 생산되는 우수 농수축산물과 이를 재료로 사용하는 가공식품(이하 '우수농산물'이라고 한다)을 우선적으로 사용하도록 하고 그러한 우수농산물을 사용하는 자를 선별하여 식재료나 식재료 구입비의 일부를 지원하며 지원을 받은 학교는 지원금을 반드시 우수농산물을 구입하는 데 사용하도록 하는 것을 내용으로 하는 조례안을 통과시키자 교육감이 재의요구를 했는데 받아들여지지 않자 대법원에 제소하였고 대법원에서는 내국민대우원칙을 규정한 '1994년 관세 및 무역에 관한 일반협정(General Agreement on Tariffs and Trade, 1994)'에 위반되어 해당 조례는 효력이 없다고 판시하였다. 이후에 대부분의 지방의회에서는 '도내 농산물'이 아니라 '친환경농산물'로 급식재료를 이용한다고 조례를 제·개정하였다. 이처럼 국제법은 국내법(법률)과 동일한 효력을 가지기 때문에 자치법규보다는 국제법이 우선한다.

〈참고〉 교육감은 지방의회의 조례가 상위법에 어긋나면 재의(再議)를 요구할 수 있는 권한(재의요구권)이 있다. 이때 지방의회가 다시 상위법에 어긋나는 재의를 하여 조례를 통과시킬 경우 교육감은 대법원에 바로 소를 제기할 수 있는 권한(제소권)이 있다.

(3) 공법과 사법

공법은 국가와 개인 간의 관계에 대한 법이고 사법은 개인(사인) 간에 관계되는 법을 말한다. 달리 표현하면 공법은 불균등한 권력관계의 법이고 사법은 대등관계의 법으로 구분하기도 한다. 또한 공법은 공익에 관계된 법이고 사법은 사익에 관계된 법으로 구분하기도 한다. 국가나 지방자치단체가 제정한 법은 공법이라 할 수 있고, 사립학교의 교직원 인사관계나 재산에 관한 사항은 민법에 따르므로 사법이라 할 수 있다. 그러나 공교육제도가 보편화된 오늘날에는 그 경계가 불분명한 경우가 많다(강인수 외, 1995).

2) 교육의 법원

교육법원은 크게 보면 성문법과 불문법으로 나눌 수 있는데 성문법은 다시 헌법과 법률, 명령, 자치법규로 나눌 수 있다. 그리고 불문법은 다시 관습법과 판례법, 조리로 나눌 수 있다. 각 법원의 예를 들어 설명하겠다.

(1) 헌법

헌법은 교육에 관한 최상위규범으로서 국회의 의결을 거쳐 국민투표에 의해서 제·개정된다. 교육에 대하여 직접 규정한 헌법 조항은 제31조이다. 이를 '교육헌법'이라고도 하며 6개항으로 이루어져 있다. 교육헌법은 하위의 모든 교육법 조항들을 규율하는 최상위규범으로서 매우 중요하다.

대한민국「헌법」제31조

① 모든 국민은 능력에 따라 균등하게 교육을 받을 권리를 가진다.
② 모든 국민은 그 보호하는 자녀에게 적어도 초등교육과 법률이 정하는 교육을 받게 할 의무를 진다.
③ 의무교육은 무상으로 한다.
④ 교육의 자주성 · 전문성 · 정치적 중립성 및 대학의 자율성은 법률이 정하는 바에 의하여 보장된다.
⑤ 국가는 평생교육을 진흥하여야 한다.
⑥ 학교교육 및 평생교육을 포함한 교육제도와 그 운영, 교육재정 및 교원의 지위에 관한 기본적인 사항은 법률로 정한다.

제1항은 '교육평등조항'이라 할 수 있다. 여기서 중요한 것은 '능력에 따라 균등하게' 교육받을 권리를 갖는다는 것이다. 교육기회를 평등하게 누릴 수 있게 해야 하는데 그 능력에 따라 교육받게 해야 함을 천명하고 있다. 이는 '평등의 원칙'과 '차등의 원칙'을 모두 포함하고 있다고 할 수 있다. 언뜻 보면 모순된 것 같지만 '같은 것은 같게, 다른 것은 다르게 대우한다'는 원칙을 표현한 것으로서 '교육의 적절성'을 실현하기 위한 것이라 할 수 있다. 무작정 똑같이 교육기회를 나눠 주는 것은 조건의 차이에 따른 또다른 차별을 낳을 수 있기 때문에 학습자의 상황이나 조건에 맞는 기회를 부여하는 것이 교육적으로 바람직하다 할 수 있기 때문이다.

제2항은 '의무교육조항'이라 할 수 있다. 여기서 '법률이 정하는 교육'이라 함은 초등교육 이후의 교육도 의무교육에 포함시킬 수 있음을 예정하고 만든 것이다. 즉, 현재로는 중학교 교육을 의미한다. 최근에 고등학교까지 의무교육으로 할 것인지에 대한 논의가 일고 있는데 이 조항에 근거해서 고등학교도 의무교육화할 수 있는데 그 결정

은 국회의 법률에 의해서 가능하다. 또한 이 조항에서 유의할 것은 의무교육의 주체가 '학부모'라는 것이다. 우리는 흔히 의무교육이라 하면 '모든 국민은 의무교육을 받아야 한다.'라고 생각하는데 이 조항에 따르면 '모든 국민은 그 자녀가 의무교육을 받도록 해야 한다.'는 것이다. 이에 따라 취학연령에 도달했는데 자녀를 초등학교나 중학교에 취학시키지 않으면 과태료 100만원 이하의 처분(「초 · 중등교육법」 제68조)을 받게 법률로 규정한 것이다.

제3항은 '무상교육조항'이라 할 수 있다. 의무교육은 무상으로 한다고 했는데 이때 무상의 범위가 어디까지인지가 논란이 되고 있다. 무상의 범위를 수업료로 한정한다는 설도 있지만, 통학료 등 취학에 필요한 모든 비용을 포함한다는 설도 있다. 이 문제는 현실적으로 국가나 지방자치단체의 재정여건이 허용하는 범위에서 최대한 취학에 필요한 모든 비용을 부담하는 방향에서 해결될 수 있다.

〈판례〉 의무교육 무상의 범위

헌법재판소는 "의무교육 무상의 범위는 학교교육에 필요한 모든 부분을 완전 무상으로 제공하는 것이 바람직한 방향이라고 하겠으나, 교육을 받을 권리와 같은 사회적 기본권을 실현하는 데는 국가의 재정상황 역시 도외시할 수 없으므로, 원칙적으로 헌법상 교육의 기회균등을 실현하기 위해 필수불가결한 비용, 즉 모든 학생이 의무교육을 받음에 있어서 경제적인 차별 없이 수학하는 데 반드시 필요한 비용에 한한다고 할 것이다. 따라서 의무교육에 있어서 무상의 범위에는 의무교육이 실질적이고 균등하게 이루어지기 위한 본질적 항목으로, 수업료나 입학금의 면제, 학교와 교사 등 인적 · 물적 시설 및 그 시설을 유지하기 위한 인건비와 시설유지비, 신규시설투자비 등의 재원 부담으로부터의 면제가 포함된다 할 것이며, 그 외에도 의무교육을 받는 과정에 수반하는 비용으로서 의무교육의 실질적인 균등보장을 위해 필수불가결한 비용은 무상의 범위에 포함된다. 한편, 의무교육에 있어서 본질적이고 필수불가결한 비용 이외의 비용을 무상의 범위에 포함시킬 것인지는 국가의 재정상황과 국민의 소득수준, 학부모들의 경제적 수준 및 사회적 합의 등을 고려하여 입법자가 입법정책적으로 해결해야 할 문제이다(헌재 2012. 4. 24. 2010헌바164, 공보 187, 787, 789)."라고 하였다.

제4항은 '교육의 자주성 · 전문성 · 정치적 중립성 및 대학의 자율성' 조항이다. 교육의 자주성, 전문성, 정치적 중립성, 대학의 자율성을 법률이 정하는 바에 의하여 보장한다고 하였는데 이것은 뒤집어 보면 법률에 정하는 바에 의해 제한된다고 해석할 수도 있는 규정이다. 교육의 자주성은 「지방교육자치에 관한 법률」 등에 의해 보장된다고 볼 수 있다. 교육의 전문성은 「초 · 중등교육법」상의 교원자격제도 등에 의해 보장된다고 할 수 있다. 교육의 정치적 중립성은 「지방교육자치에 관한 법률」에서 교육감의 정당가입 기간을 제한하는 등의 규정에 의해 보장되고 있다고 할 수 있다. 대학의 자율성은 「고등교육법」 등에 의해 보장되고 있다고 할 수 있다. 결국 하위의 입법내용에 따라 헌법상의 원칙들이 제한적으로 실현되고 있다고 할 수 있다.

제5항은 '평생교육 진흥' 조항으로서 평생교육 진흥을 위한 국가의 의무를 규정하고 있다. 이에 따라 「평생교육법」을 제정하여 평생교육의 진흥에 대한 국가 및 지방자치단체의 책임과 평생교육제도와 그 운영에 관한 기본적인 사항을 규정하고 있다.

제6항은 '교육제도법정주의' 조항으로서 학교교육 및 평생교육을 포함한 교육제도와 그 운영, 교육재정 및 교원의 지위에 관한 기본적인 사항을 법률로 정한다고 하였는데 이에 따라 「초 · 중등교육법」, 「평생교육법」, 「지방교육재정교부금법」, 「교원의 지위 향상 및 교육활동 보호를 위한 특별법」 등이 제정되었다.

이렇듯이 헌법 제31조의 조항들은 하위의 법률 등을 제정함에 있어 그 근거법이 되고 있다. 법률 등 하위법은 헌법정신에 위배되는 입법이 되어서는 안 된다. 그러나 현실에서는 헌법정신에 위배되는 입법이 이루어지는 사례가 있어 위헌법률심판제청 등이 발생하기도 한다. 따라서 입법과정에서는 해당 법률 조항이 헌법정신에 위배되는지를 검토하여야 한다. 교육법에 있어서도 해당 조항들이 헌법정신에 위배되는 것은 아닌지 늘 돌아볼 필요가 있다. 특히 고등교육행정에 있어 대학의 자율성이 심각하게 훼손되고 있음은 아쉬운 부분이다. 법률에도 근거가 미약한 임의적 · 간접적 규제를 통해 대학을 통제하는 행위는 실질적으로 대학의 자율성을 훼손하는 결과를 가져온다.

(2) 법률

법률은 입법부인 국회에서 정하는 법이다. 법률의 명칭은 '~법'이거나 '~에 관한 법률'이다. 대표적인 교육법률로는 교육에 관한 기본적 사항을 규정하고 있는 「교육기본법」과 「초 · 중등교육법」, 「고등교육법」, 「평생교육법」, 「교육공무원법」, 「사립학교법」, 「지방교육자치에 관한 법률」 등이 있다.

법률 제 · 개정은 의원입법과 정부입법으로 나뉜다. 의원입법은 국회의원이 발의하여 입법하는 것을 말하고, 정부입법은 행정부인 교육부 등이 발의하여 입법하는 것을 말한다. 즉, 국회의원이 개인이나 여러 국회의원의 연서로 발의하여 법률이 제 · 개정되기도 하지만 행정부가 제 · 개정안을 국회에 제출하여 통과되는 경우도 있다.

헌법에서도 교육제도는 법률로 정한다고 한 것처럼 교육제도는 사실상 이러한 법률에 의해 실질적으로 형성된다. 따라서 교육제도를 구체적으로 알아보려면 법률부터 찾아보아야 한다. 우리가 흔히 '법령'이라고 하는 것도 좁은 의미로는 법률과 명령을 의미하고, 넓게 보면 법률 이하의 모든 법을 말하는데 하위법들은 기본적으로 법률에 근거를 두고 생성된 법들이다.

법률 중에는 국제법상 준수해야 할 협정사항을 법률로 제정하여 시행하는 것들이 있다. 즉, 국가 간 협정사항을 국회에서 법률로 만들어 국내에서 발효되도록 하는 것인데 이 절차가 바로 비준절차이다. 국제법의 대표적인 예가 WTO협정이다. 세계무역기구에서 국가 간 자유무역을 활성화하기 위해 외국상품거래를 제한하는 국내법을 만들지 못하도록 하고 있는데 이러한 국제법상의 규정이 국내에서 통용되도록 하기 위해서는 우리나라에서도 법률을 제정해야 하는 것이다. 예컨대, 급식재료로 외국상품을 쓰지 못하게 하는 것은 WTO협정 위반사항으로 제소될 수 있다.

제안(제출)
- 국회의원 10인 이상
- 정부

- 제안권자(국회의원), 제출(정부)
- 국회의원: 10인 이상의 찬성
- 국회의 위원회도 그 소관에 속하는 사항에 관하여 법률안 제안
- 정부: 국무회의 심의를 거쳐 대통령이 서명하고, 국무총리 관계 국무위원이 부서하여 제출

↓

회부
- 국회의장

- 국회의장은 법률안이 발의 또는 제출되면 이를 인쇄하여 의원에게 배부하고 본회의에 보고한 후(폐회, 휴회 등으로 보고할 수 없을 때에는 생략), 소관 위원회에 회부하여 심사하게 함

↓

위원회 심사
- 상임위원회

- 위원회는 회부된 법률안에 대하여 위원회 상정 → 제안자 취지설명 → 전문위원 검토보고 → 대체토론 → 소위원회심사보고 → 축조심사 → 찬반토론 → 의결(표결)의 순서로 심사

↓

법제사법위원회 체계 자구심사
- 법제사법위원회

- 위원회의 심사를 마친 법률안은 법제사법위원회에 회부되어 체계 · 자구심사를 거치게 됨

↓

전원위원회 심사

- 위원회의 심사를 거치거나 위원회가 제안하는 의안 중 정부조직에 관한 법률안, 조세 또는 국민에게 부담을 주는 법률안 등 주요 의안에 대해서는 당해 안건의 본회의 상정 전이나 상정 후 재적의원 4분의 1 이상의 요구가 있으면 의원 전원으로 구성되는 전원위원회의 심사를 거침

↓

본회의 심의 · 의결

- 체계 · 자구심사를 거친 법률안은 본회의에 상정되어 심사보고, 질의 · 토론을 거쳐 재적의원 과반수의 출석과 출석의원 과반수의 찬성으로 의결됨

↓

정부이송

- 국회에서 의결된 법률안은 정부에 이송되어 15일 이내에 대통령이 공포함

↓

대통령의 거부권 행사

- 법률안에 이의가 있을 때에는 대통령은 정부이송 후 15일 이내에 이의서를 붙여 국회로 환부하고, 그 재의를 요구할 수 있음
- 재의 요구된 법률안에 대하여 국회가 재적의원 과반수의 출석과 출석의원 3분의 2이상의 찬성으로 전과 같은 의결을 하면 그 법률안은 법률로서 확정됨
- 정부이송 후 15일 이내에 대통령이 공포하지 않거나 재의요구를 하지 않는 경우 그 법률안은 법률로서 확정됨

↓

공포

- 대통령은 법률안이 정부에 이송된 지 15일 이내에 공포하여야 함
- 법률로 확정되거나, 확정법률의 정부이송 후 5일 이내에 대통령이 이를 공포하지 않을 경우 국회의장이 공포함
- 법률은 특별한 규정이 없으면 공포한 날로부터 20일을 경과함으로써 효력을 발생함

그림 7-1 법률 제 · 개정 절차

(3) 명령

명령은 행정부에서 만든 법이다. 즉, 행정부 수반인 대통령이 만든 법은 대통령령, 총리가 만든 법은 총리령, 장관이 만든 법은 부령이라 한다. 예컨대, 교육부장관이 만든 법은 교육부령이라 한다. 대통령령의 명칭은 '~시행령' '~규정' 등이며, 부령의 명칭은 '~시행규칙' 등이다. 교육에 관한 대통령령의 대표적인 예는 「초·중등교육법 시행령」으로서 법률인 「초·중등교육법」에서 위임한 사항이나 그 시행에 필요한 사항을 규정하고 있다. 부령으로는 「초·중등교육법 시행규칙」이 있는데 이 규칙은 「초·중등교육법」 및 같은 법 시행령에서 위임된 사항과 그 시행에 필요한 사항을 규정하고 있다.

(4) 자치법규

자치법규란 지방자치단체가 만드는 법을 말한다. 지방자치단체는 의결기구와 집행기구로 나뉜다. 의결기구란 광역자치단체인 시·도(특별시, 광역시, 특별자치시, 도, 특별자치도) 의회와 기초자치단체인 시·군·구 의회를 말한다. 집행기구란 자치단체장을 말하는데 광역자치단체장인 시장·도지사와 기초자치단체장인 시장·군수·구청장을 말한다. 아울러 교육특별자치단체장이라 할 수 있는 시·도교육감도 집행기구이다. 이때 지방의회가 만드는 법을 조례라 하며, 자치단체장이 만드는 법을 규칙이라 한다. 특히 교육감이 만드는 법을 교육규칙이라 한다. 교육감은 집행기구이지만 두 가지의 입법권을 갖고 있는데, 하나는 조례안작성권이고 다른 하나가 바로 이 교육규칙제정권이다.

교육조례의 대표적인 예는 「학교설치조례」이다. 학교설치조례는 지방자치단체가 학교를 세우기 위해 만든 법이다. 이때 지방자치단체라 함은 광역자치단체를 의미한다. 실제로 기초자치단체에서 학교설치조례를 제정한 경우는 볼 수 없다. 광역자치단체에서만 공립학교를 설치할 수 있다는 것이다. 이것은 「초·중등교육법」의 관련규정을 보면 알 수 있다. 즉, 「초·중등교육법」 제3조(국립·공립·사립학교의 구분)를 보면 제2호에서 "2. 공립학교: 지방자치단체가 설립·경영하는 학교(설립주체에 따라 시립학교 · 도립학교로 구분할 수 있다)"라고 되어 있는데 이때 시립학교와 도립학교로 구분한다고 하였기 때문에 광역자치단체인 시 · 도에서만 학교를 세울 수 있는 것으로 해석되는 것이다. 다만, 예외적으로 「지역특화발전특구에 대한 규제특례법」상의 교육특구로 지정된 지방자치단체에서는 학교(시립학교, 군립학교, 구립학교)를 세울 수 있도록 허용하고 있다.

교육규칙의 예로 대안교육기관에 학생을 위탁하는 것에 관한 규칙이 있다. 경기도의 사례를 보면 「경기도 대안교육기관의 지정 및 학생위탁 등에 관한 규칙」을 경기도 교육감이 2003년에 제정하여 시행하고 있다. 이 규칙은 일반학교(원적교)에서 적응하지 못하는 학생들에게 대안교육을 할 수 있도록 하기 위해 대안교육기관에 학생을 위탁하는 근거로서 만든 법이다.

(5) 관습법

불문법의 하나로서 그 관습이 사회상규에 어긋나지 않고 법적 확신이 있어야 하는데 그것은 결국 법원의 판결에 의해 확인된다. 제정법이 발달하면서 관습법은 지위가 약화되고 있지만 민법영역 등 제정법규가 없는 문제에 대해서는 관습법이 법적 판단의 중요한 기준이 되고 있다.

관습법의 예는 행정선례와 유권해석이다. 행정선례는 새로운 사건이나 문제가 발생했을 때 이를 판단하는 기준으로서 유사한 사례에 대해 행정관청에서 처리했던 선례를 말한다. 유권해석은 관련된 권한을 갖고 있는 행정관청이 내리는 해석으로서 그 존재형식은 질의에 대한 답변이다. 대표적인 예가 천재소년 송유근의 사례이다. 만 6세의 송유근 학생이 초등학교 6학년으로 입학하는 것은 교육적으로 바람직하지 않다는 이유를 들어 입학을 취소해야 한다는 교육부의 유권해석이 그것이다. 그러나 이후에 송유근은 법원 판결로 초등학교 입학과 졸업을 인정받게 되었다.

〈판례〉 천재소년의 6학년 입학! 가능한가?

송유근은 1997년 11월 27일생으로 초등학교에 취학해야 할 당시 이미 초등학교 교육과정을 뛰어넘는 학업성취도를 보이고 있었기 때문에 부모가 영재교육을 시키기 위해 취학유예를 시켰다가 다시 입학을 원하자 2004년 11월 18일에 초등학교장이 송유근을 면접하여 뛰어난 영재성을 보이자, 「초 · 중등교육법 시행령」 제29조에 근거하여 1, 2차 평가를 실시한 다음 교과목이수인정평가위원회 및 교무회의를 거쳐 같은 달 22일에 6학년으로 입학시켰다. 그러나 그 후 교육인적자원부장관 및 경기도교육감이 "만 6세아를 초등학교 6학년으로 입학시키는 것은 바람직하지 않을뿐더러 법적 근거도 없다."는 의견을 제시하자, 2005년 2월 5일 초등학교장이 입학을 취소하는 처분을 하였고 이에 송 군의 부모는 의정부지방법원에 입학취소처분무효확인소송을 제기했다. 법원에서는 "재능이 비범해 이미 초등학생으로서 습득할 지식의 단계를 넘어섰고 관련 교육 담당자들이 필요한 평가를 거쳐 6학년으로 입학허가를 한 학생에 대해 상당기간 경과 후 입학허가를 취소한 것은 본인의 뛰어난 학습재능을 발휘할 기회를 일정기간 박탈하고 또 의무교육제도의 취지에도 반하는 결과를 가져오는 것으로 이를 취소해야 할 공익상의 필요가 있다 해도 원고에게 불이익을 강요하는 것을 정당화하기에는 크게 미흡해 위법하다."는 의견으로 입학취소처분무효를 확인하였다.

(6) 판례법

앞의 송유근 판례에서 볼 수 있듯이 관습법은 판결에 의해 확정되는 속성을 갖고 있다. 달리 말하면 행정선례나 유권해석은 법적 구속력을 갖고 있지 않다. 말 그대로 선례이고 해석일 뿐이다. 판례도 마찬가지로 제정법이 아니기 때문에 모든 사건이나 문제에 대해 일률적인 잣대로 판단하지 못한다. 심지어 시대나 사회에 따라 동종의 사안에 대해서도 판결이 달라지기도 한다.

한편으로는 선판례가 후판례를 구속한다는 원칙이 있다. 판결은 판사의 재량이지만 선판례를 무시하고 자의적으로 판단하지는 않는다. 법적 판단의 일관성이 무너지기 때문이다. 동종의 사건이라도 구체적 상황에 따라서는 판결이 달라질 수도 있다. 이러한 다수의 판결이 축적되면 교육법적 판단을 하는 원칙과 기준이 형성되기도 하므로 판례는 매우 중요한 의미를 갖는다.

(7) 조리

조리(條理)는 사물의 본질적 이치를 가리키는 말로서 성문법이나 다른 불문법이 존재하지 않는 경우에 동원되는 법원이다. 조리는 경험칙, 사회통념, 사회상규, 상식, 가치관 등 사회 일반인들이 전반적으로 공유하는 의식이라 할 수 있다. 법원의 판결에서도 이러한 '사회상규'라든가 '사회통념상 인정된다'라는 말이 자주 등장한다. 대표적인 예가 체벌에 관한 판례에 등장하는 사회통념이다. 1978년 판결로서 동종의 사건이 오늘날 발생한다면 판결은 달라질 것이다.

〈판례〉 학생을 사망케 한 교사의 체벌은 사회상규상 인정된다?

고등학교 체육교사가 18세의 3학년 학생이 방공훈련에 불참하였다는 이유로 주먹으로 학생의 뺨을 1회 구타하여 급성뇌압상승으로 학생이 뒤로 넘어지면서 두개골이 지면에 부딪쳐 평소 두개골의 두께가 0.5mm밖에 안 되는 이상발육자인 학생의 우측 측두골이 골절되면서 지주막하출혈 및 뇌좌상을 일으켜 사망함으로써 검찰에 의해 기소된 사례이다.

제1심인 서울형사지방법원은 교사에게 폭행치사죄를 인정하고 징역 1년 6월에 집행유예 3년을 선고하였으나 항소심에서 서울고등법원은 피고인은 학생의 체질이 허약하다는 사실은 알고 있었으나 두뇌에 위와 같은 이상이 있었던 사실을 알고 있었다고 인정할 만한 증거가 없고, 형법 제15조 제2항에 의하면, '결과로 인하여 형이 중한 죄에 있어서 그 결과의 발생을 예견할 수 없었을 때에는 중한 죄로 벌하지 아니한다.'라고 규정하고 있는 바, 우리의 일반경험상으로도 전혀 예견할 수 없었던 결과가 발생한 경우로 보아 폭행치사죄는 성립하지 않으며, 또한 담임교사의 자격으로 방공훈련에 참여하지 않은 잘못을 징계 내지 훈계하는 감호교육의 한 방편으로서 그 정도의 것이라면 사회관념상 비난의 대상이 될 만큼 사회상규를 벗어난 것이라 볼 수 없고, 담임교사로서의 정당행위로밖에 볼 수 없어 처벌대상이 되지 아니한다고 하여 원심을 파기하고 무죄를 선고하였다(서울고법 78.6.23. (폭행치사) 원심파기(무죄) 형15조2항).

3. 법 적용의 우선 원칙

법을 적용함에 있어서는 네 가지 원칙을 준수해야 한다. 첫째, 성문법 우선의 원칙이다. 제정법으로서 성문법이 존재한다면 우선적으로 성문법을 따라야 한다. 예컨대 행정선례보다는 성문법으로서의 법령이 우선한다.

둘째, 상위법 우선의 원칙이다. 상위법이 하위법보다 우선한다. 예컨대, 행정부의 명령이 국회에서 제정한 법률과 충돌한다면 우선적으로 법률을 따라야 한다. 앞서 말한 바와 같이 법률이 헌법정신에 위배된다고 헌법재판소에서 판결하는 경우 국회는 법률을 개정해야 한다. 이와 관련해서는 실제로 논쟁이 벌어지기도 한다. 대표적인 사례가 학생인권조례와 관련된 논쟁이다. 정부에서는 2011년에 「초 · 중등교육법 시행령」 제31조(학생의 징계 등)를 개정하면서 "⑧ 학교의 장은 법 제18조제1항 본문에 따라 지도를 할 때에는 학칙으로 정하는 바에 따라 훈육 · 훈계 등의 방법으로 하되, 도구, 신체 등을 이용하여 학생의 신체에 고통을 가하는 방법을 사용해서는 아니 된다."고 하고 여기에서 금지하는 체벌은 학생의 신체에 직접적 접촉이 이루어지는 직접체벌이라고 해석하였다. 그런데 서울시의회와 경기도의회에서 제정한 학생인권조례에서는 학교에서의 체벌을 전면적으로 금지하는 것으로 규정했다. 이 때문에 상위법인 대통령령에서 학교장에게 부여한 학생지도권을 하위법인 조례가 침해하는 것이 아닌가 하는 문제가 논쟁거리로 등장했다. 한편으로 보면 하위법이 상위법에서 정한 학교장의 권한을 침해하는 것으로 볼 수도 있으나 또 한편으로는 학생의 인권을 보호하는 취지에서 간접체벌까지 금하는 것이라는 주장을 할 수도 있다.

셋째, 신법 우선의 원칙이다. 새로 제정된 법이 이전에 만들어진 법(구법)보다 우선한다는 것이다. 달리 말하면 후법이 선법보다 우선한다. 신법 우선의 원칙은 등위의 두 법이 충돌하는 경우에 해당한다. 예컨대, 범위와 종류가 같은 계약이 두 건 있는 경우 나중에 생성된 계약이 우선한다는 원칙과 같은 것이다. 따라서 이러한 충돌은 거의 발생하지 않는다. 신법이 제정되는 경우 구법을 폐지하고 신법이 만들어짐을 밝히기 때문이다.

넷째, 특별법 우선의 원칙이다. 이 원칙은 교육법과 밀접한 관련을 갖고 있다. 왜냐하면 교육자치나 교원신분, 교육재정과 관련하여 그에 관한 법은 일반법보다 우선하기 때문이다. 예컨대, 노동조합에 관한 일반적 사항을 규율하는 「노동조합 및 노동관계조정법」(약칭 '노동조합법')과 「교원의 노동조합 설립 및 운영 등에 관한 법률」(약칭 '교원노조법')이 상충한다면 노동조합법보다는 교원노조법이 우선한다는 것이다. 실제로 노동조합법에서 공무원노조를 합법화하기 이전에 이미 교원노조법에서는 공무원인 국·공립학교의 교원이 노동조합에 가입할 수 있도록 허용하고 있었다. 이러한 특별법에는 대부분 그것이 어떤 일반법에 대한 특별법(특례)인지를 밝히고 있다.

4. 교육 관련 주요 법령

교육에 관한 기본적 사항을 규율하고 있는 「교육기본법」에서는 교육이념으로 홍익인간을 천명하고, 학습권과 교육평등, 교육의 자주성, 교육의 중립성, 교육재정, 의무교육, 학교교육, 사회교육, 학교설립, 교육당사자의 권리와 책임, 교육의 진흥 등에 관한 기본적 책임과 원칙을 제시하고 있다.

초·중등교육 단계에서 이러한 기본원칙을 실현하기 위한 법이 「초·중등교육법」이다. 이 법에서는 학교의 종류, 국·공·사립학교의 구분, 학교설립, 학교병설, 지도·감독, 장학지도, 학교규칙, 학생·기관·학교평가, 수업료, 학교시설이용, 의무교육, 학생과 교직원, 학교, 교육비 지원 등에 대해 규정하고 있다. 「초·중등교육법 시행령」에서는 의무교육과 학생 및 교직원, 학교, 학력 및 자격 인정, 교육비 지원과 관련하여 위 법에서 위임한 사항을 규정하고 있다.

「평생교육법」에서는 평생교육진흥기본계획, 국가평생교육진흥원, 평생교육사, 평생교육기관, 문해교육, 평생학습 결과의 관리 · 인정에 관한 제도를 규정하고 있다.

〈표 7-1〉 교육 관련 주요 법령

영역	법률	명령
교원	• 교원의 노동조합 설립 및 운영 등에 관한 법률 • 교육공무원법 • 교원의 지위 향상 및 교육활동 · 보호를 위한 특별법	• 교원 등의 연수에 관한 규정 • 교원소청에 관한 규정 • 교원 예우에 관한 규정 • 교원자격검정령 • 교육공무원임용령 • 교육공무원징계령 • 교육공무원 징계양정 등에 관한 규칙 • 교육공무원 승진규정 • 교원지위향상을 위한 교섭 · 협의에 관한 규정
학교 설립 및 운영	• 초 · 중등교육법 • 고등교육법 • 사립학교법 • 유아교육법 • 장애인 등에 대한 특수교육법	• 고등학교 이하 각급 학교 설립 · 운영 규정 • 대안학교의 설립 · 운영에 관한 규정 • 연구학교에 관한 규칙
지방교육 및 재정	• 지방교육자치에 관한 법률 • 지방교육재정교부금법 • 교육세법	• 지방자치단체의 교육경비 보조에 관한 규정 • 지방교육행정기관 및 공립의 각급 학교에 두는 국가공무원의 정원에 관한 규정
교육 기타	• 평생교육법 • 학교폭력예방 및 대책에 관한 법률 • 공교육 정상화 촉진 및 선행 교육 규제에 관한 특별법 • 영재교육진흥법 • 인성교육진흥법 • 진로교육법	• 교육과정심의회 규정 • 교육부와 그 소속기관 직제

「평생교육법 시행령」에서는 이와 관련하여 구체적인 시행사항을 규정하고 있다.

5. 교원의 권리와 의무

교원에게는 법적 권리와 의무가 동시에 주어진다. 교원의 권리는 교원이 안정적으로 교육활동을 전개할 수 있도록 하기 위한 법적 장치로서 보장되는 것이다. 한편으로 교원에게 주어진 의무를 이행하지 않을 경우에는 징계를 당할 수 있으므로 유의해야 한다.

1) 교원의 권리

교원에게 교원으로서 주어진 권리는 자연권이 아니라 직무상의 권한(직권)이다. 즉, 궁극적으로 학습자의 학습권을 실현시키기 위한 수단적 권리라 할 수 있다. 특히 교수권이라 할 수 있는 교육권이 그러하다. 교원의 교육할 권리로서 교육과정 편성권이나 교재선택권, 교육활동권, 교육방법 결정권, 평가권, 학생지도 및 징계권 모두 학생의 학습권을 실현시키기 위한 도구적 권리이다.

일반적으로 이러한 권리를 '교사'가 갖고 있다고 생각하지만 최종적으로는 '교장'에게 그 권한이 주어져 있다. 즉, 교육과정도 교사가 임의로 결정할 수 없으며 학교운영위원회를 거쳐 학교장이 최종적으로 결정하도록 되어 있다. 교재선택도 마찬가지이고 교육방법 결정권도 마찬가지로 교육방법이 적절하지 않다고 판단할 경우에는 교장이 교사에게 수정하도록 명령할 수 있다. 평가권도 교사가 평가문항을 출제하지만 최종적으로 시험을 시행할 때는 교장의 승낙을 받도록 제한된다. 학생지도 및 징계도 법률상 교장에게 그 권한이 주어져 있는 것이고 일상적인 학생지도는 교사에게 위임한 것이라 보는 것이다.

신분상의 권리나 재산상의 권리는 교원에게만 있는 것은 아니고 공무원에게 주어지

〈표 7-2〉 교원의 권리 영역과 내용

영역	내용
교육할 권리(교수권)	• 교육과정 편성권 • 교재선택권 • 교육활동권 • 교육방법 결정권 • 평가권 • 학생지도 및 징계권
신분상의 권리	• 의사에 반한 신분조치를 당하지 않을 권리 • 직무집행권 • 처분사유설명서 교부권 및 후임자 보충발령 유예 • 재심청구 및 행정쟁송권 • 여교원의 동등신분 보장권 • 교원의 단체 결성과 교섭협의권 및 노동조합결성권 • 권고사직을 당하지 않을 권리 • 불체포특권
재산상의 권리	• 보수청구권 • 연금청구권 • 실비변상청구권

는 권리이다. 다만, 이 중에서 '불체포특권'은 교원에게만 특별히 보장되어 있는 권리이다. 즉, 현행범을 제외하고는 교장의 허가 없이 교원은 학교 안에서 체포당하지 않을 권리를 갖고 있다. 국회의원에게 주어지는 불체포특권이 교원에게도 있다는 것이다. 교원을 예우하기 위한 법적 장치인 것이다. 물론 현실에서는 교권이 침해되는 경우를 많이 볼 수 있어 아쉬움을 금할 수 없다.

2) 교원의 의무

교원의 의무는 적극적 의무와 소극적 의무로 구분된다. 적극적 의무란 해야 하는 의무이고 소극적 의무란 하지 말아야 하는 행위를 규정한 의무이다. 이러한 의무는 「국가공무원법」과 「국가공무원복무규정」 등에서 규정하고 있다.

(1) 적극적 의무

적극적 의무로는 품위유지의 의무, 성실의 의무, 복종의 의무, 친절공정의 의무, 비밀엄수의 의무, 청렴의 의무, 종교중립의 의무를 들 수 있다. ① 품위유지의 의무란 공무원은 직무의 내외를 불문하고 품위가 손상되는 행위를 하여서는 아니 된다는 것이다. 주로 성 관련 문란한 행위를 했을 때 문제가 된다. ② 성실의 의무를 위반하는 사례로는 수업 중 자습을 시켜 놓고 다른 일을 보거나 과거에 출제했던 문항을 다시 출제하는 경우 등이다. ③ 복종의 의무와 관련해서 교장의 구두상의 명령도 명령이므로 따라야 함을 유의해야 한다. 다만 그 명령이 직무와 무관한 사적 지시이거나 학습권을 침해하거나 위법인 경우에는 따르지 않을 수 있다. ④ 친절공정의 의무와 관련하여 교사들은 특정 학생을 편애하는 행동을 하지 않도록 유의해야 한다. ⑤ 비밀엄수의 의무는 직무상 알게 된 비밀, 예컨대, 학생상담 내용 등을 누설해서는 안 된다는 것으로서 이 의무는 퇴직 후에도 적용된다. ⑥ 청렴의 의무로서 공무원은 직무와 관련하여 직접적이든 간접적이든 사례 · 증여 또는 향응을 주거나 받을 수 없다. 또한 직무상의 관계가 있든 없든 그 소속 상관에게 증여하거나 소속 공무원으로부터 증여를 받아서는 아니 된다. ⑦ 종교중립의 의무는 2009년 「국가공무원법」에 새로 법제화된 의무로서 공무원은 종교에 따른 차별 없이 직무를 수행해야 한다는 것이다. 특정 종교를 선교할 목적으로 학생들에게 특정 종교집단에서 행하는 행위를 하도록 유도하는 행위를 해서는 안 된다.

(2) 소극적 의무

소극적 의무로는 직장이탈 금지, 영리업무 및 겸직 금지, 정치운동 금지, 집단행위 금지, 영예제한의 의무를 들 수 있다. 이러한 의무를 위반하였을 때 징계를 받게 된다. 직장이탈 금지의무는 소속 상관의 허가 또는 정당한 사유가 없으면 직장을 이탈할 수 없다는 것이다. 영리업무 금지의 취지는 교원이 직무상의 능률의 저해, 공무에 대한 부당한 영향, 국가의 이익과 상반되는 이익의 취득 또는 정부에 대한 불명예스러운 영향을 초래할 우려가 있는 경우에는 이에 종사할 수 없다는 것이다. 그러나 겸직은 기관장의 허가를 얻으면 가능하다. 예컨대, 교육청의 정책자문위원으로 활동해 달라는 공문이 오면 교장의 허가를 얻어 활동할 수 있다. 정치운동 금지는 정당의 결성에 관여하거나 가입할 수 없다는 것이다. 또한 선거에서 특정 정당 또는 특정인을 지지 또는 반대하는 행위를 해서는 안 된다는 것이다. 집단행위 금지는 노동운동이나 그 밖에 공무 외의 일을 위한 집단행위를 해서는 안 된다는 것이다. 영예제한이란 외국 정부로부터 영예나 증여를 받을 때 대통령의 허가를 받아야 한다는 것으로서 국가의 명예를 훼손하는 경우를 방지하기 위한 것이다.

요약

- 교육정책은 교육에 관한 국가의 기본방침이고, 교육제도는 교육정책을 법제화한 것이고, 교육행정은 교육제도를 집행하는 행위이다. 교육제도를 이해하기 위해서는 교육법을 이해해야 한다.
- 교육법은 교육에 관한 법을 가리키는 통칭이다. 그러나 공무원 일반과 관련된 법들도 교직원 신분이나 복무와 관련되는 경우가 있다.
- 교육에 관한 최상위규범은 「헌법」 제31조 6개항이다. 이 조항에서는 평등교육, 의무교육, 무상교육, 교육의 자주성 · 전문성 · 정치적 중립성 · 대학의 자율성 보장, 평생교육 진흥, 교육제도법률주의를 규정하고 있다.
- 교육법원으로는 헌법과 법률, 명령, 자치법규, 관습법, 판례법, 조리가 있다.
- 법 적용의 우선원칙으로 성문법 우선의 원칙, 상위법 우선의 원칙, 신법 우선의 원칙, 특별법 우선의 원칙이 적용된다.

찬반 토론

교육부에서는 대통령령인 「초 · 중등교육법 시행령」에서 학교장이 학교규칙으로 학생지도에 관한 사항을 정하도록 하면서 간접체벌도 허용하고 있는 것으로 해석하는데 몇몇 지방의회는 조례로 간접체벌까지 전면적으로 금지하고 있다. 지방의회가 간접체벌까지 금지하는 조례를 제정하는 것은 가능한가?

찬성의견	반대의견
1. 지방자치단체가 간접체벌까지도 전면금지하는 것은 인권을 적극적으로 보호하기 위한 조치일 뿐 학교장의 권한을 침해하는 것이 아니다.	1. 조례보다 상위법인 대통령령에서 학생지도에 관한 포괄적 권한을 학교장에게 부여했는데 하위법인 조례가 학교장의 권한을 제한하는 것은 위법이다.
2. 학교에서의 체벌을 금지 권고한 유엔아동권리위원회의 한국 정부에 대한 권고(2003)를 볼 때 간접체벌도 금지하는 것은 정당한 입법이다.	2. 아동권리위원회[1]는 체벌이란 "물리적 힘을 이용한 벌(any punishment in which physical force is used)"[2]이라고 정의하고 있다. 체벌자가 물리적 힘을 이용하지 아니하고 아동에게 벌을 주는 경우는 체벌로 보지 않는다. 따라서 시행령에서 금하는 체벌은 직접체벌이다.
3. 시행령에서도 도구나 신체 '등'을 이용하여 신체적 고통을 주는 체벌을 금하고 있다. 따라서 신체적 접촉이 없는 간접체벌도 신체적 고통을 수반하므로 이에 해당한다. 따라서 학교장도 간접체벌을 허용할 수 없다.	3. 간접체벌까지 금하는 취지였다면 '도구나 신체 등을 이용'하든지 안 하든지 상관 없이 신체적 고통을 주는 모든 체벌을 금한다고 했을 것이다. 간접체벌은 훈육방법의 일환으로 봐야 한다.

1) 아동권리위원회(Committee on the Rights of the Child)는 UN 회원국들에 의해 채택 · 비준된 아동권리협약(Convention on the Rights of the Child, 1989. 11. 20. 채택, 1990.9.2. 발효)의 이행 확보를 감시하는 기구로서 동 협약 43조에 의해 설립된 독립적인 전문기구이다. 2013년 8월 현재 동 협약은 UN 회원국 중 2개국(미국, 소말리아)을 제외한 193개국에 의해서 비준되었다. 대한민국은 1991년 11월 20일 동 협약을 비준하였다(장민영, 2014).

2) See Committee on the Rights of the Child, General Comment No. 8: The Right of the Child to Protection from Corporal Punishment and other Cruel and Degrading Forms of Punishment, CRC/C/GC/8 para. 11 (March 2, 2007); Committee on the Rights of the Child, General Comment No. 13: The Right of the Child to Freedom from All Forms of Violence, CRC/C/GC/13 para. 24 (April 18, 2011), (Emphasis is added).(장민영, 2014).

생각해 볼 문제

1. 2014년 9월 자사고 지정 취소 입장으로 서울시교육감이 교육부장관에게 협의신청하였으나 장관이 반려하면서 자사고 지정 또는 지정 취소에 관한 법적 권한 다툼이 발생했다. 종전의 문용린 교육감 재임 당시에는 자사고 지정 유지 판정이 나왔었는데 조희연 교육감 부임 후 실시한 평가에서 자사고 지정 취소라는 결과가 나왔고 이러한 입장을 교육부장관과 협의하고자 했으나 장관이 협의신청을 반려하면서 문제가 제기되었다. 교육부는 교육청의 평가절차에 대해 문제 삼고 잘 운영되는 자사고는 유지·발전시킨다는 게 교육부의 기본방침이라고 밝히면서 「초·중등교육법 시행령」상의 '협의'는 동의로 해석할 수 있다고 주장하였다. 이에 대해 전국시도교육감협의회는 긴급기자회견을 갖고 "교육부가 교육자치를 훼손하고 있다. 교육감의 권한을 보장하라."는 성명을 발표하기도 했다. 시행령상의 '협의'에 대한 해석 문제가 논란이 되자 교육부는 시행령 개정을 추진하여 '협의'를 '동의'로 바꿨다. 종전까지 자사고 지정 및 지정 취소에 관한 권한은 교육감의 권한이었으나 현재는 교육부장관이 사실상 최종 결정하도록 되었다. 특별한 학교 지정에 대한 권한은 누가 가져야 하는지 논의해 보자.
2. 검정고시제도 등에서 볼 수 있는 것처럼 실질적으로 의무교육을 받지 않고도 학력을 인정받을 수 있는 경로가 많이 있다. 홈스쿨링의 학력 인정에 대한 논의도 진행되고 있다. 현재 의무교육은 의무취학의 형식을 띠고 있다. 의무교육을 타당성과 실효성 측면에서 재검토하고 어떻게 의무교육제도를 운영해 갈 것인지에 대해 토론해 보자.

참고문헌

강인수(1989). 교육법 연구. 서울: 문음사.

강인수, 박재윤, 안규철, 안기성, 정태수, 표시열(1995). 교육법론. 한국교육행정학회.

강인수, 조석훈, 김성기(2013). 학생의 권리와 책임을 제고하기 위한 학생인권조례 개정 방안. 서울시교육청 정책연구보고서.

김범주(2001), 신교육법. 서울: 지정.

김성기(2006). 초 · 중등교육법 연구의 성과와 과제. 교육법학연구, 18(2), 29-47.

김성기, 이덕난, 황준성(2014). 고교무상교육의 사립학교 적용시 법적 쟁점 연구. 교육법학연구, 26(3).

대한교육법학회(2007). 교육법학연구동향. 한국학술정보.

장민영(2014). 학생 인권 측면에서 학생 지도의 문제점 검토: 체벌과 의견청문권을 중심으로. 대한교육법학회 비교교육법포럼 발표자료.

정현승(2005). 의무교육의 무상성. 교육법학연구, 7(1).

조동섭, 김성기, 김왕준(2016). 가르침의 윤리학. 서울: 박영스토리.

조석훈, 김용(2007). 학교와 교육법. 경기: 교육과학사.

제 8 장

교육인사행정

1. 교육인사행정의 이해
2. 교원의 양성과 임용
3. 교원 능력계발 및 사기

사례

이 교사는 신임 교사이다. 사범대학을 다니면서 교생실습을 경험해 보았지만 막상 교사가 되고 나니 교실에서 학생들을 가르치는 일이 무척 부담스럽다. 매일 계속되는 수업을 어떻게 진행해야 할지 걱정스러운 상황에서 신임 교사 연수 때 들었던 수석교사제도를 생각해 낸 이 교사는 수석교사인 최 교사를 찾아가 도움을 요청하였다.

최 교사는 이 교사의 어려움을 상세히 듣고 어떻게 해결할지 논의해 주었다. 우선 본인의 수업을 참관할 수 있도록 하였다. 또한 이 교사의 수업을 참관한 후 수업 준비 단계, 진행 단계, 그리고 마무리 단계에 대해 이 교사와 함께 무엇이 문제이고, 어떻게 개선해야 할지에 대해 수차례 논의해 주었다. 끝으로, 개선 방식이 제대로 적용되는지에 대해서도 점검해 주었다.

이러한 과정을 겪으면서 이 교사는 수석교사제도에 대해 궁금해졌다. 수석교사는 어떻게 될 수 있는지에 대해 조사해 보고 자신을 도와주었던 최 교사에게도 문의하였다. 이 교사는 언젠가 본인이 수석교사가 되어 신임교사를 도울 수 있기를 기대해 보았다.

교육행정조직에는 임용, 승진 및 전직 · 전보 등 다양한 형태의 인사행정이 이루어지고 있다. 이 장에서는 교원 인사행정을 중심으로 교육인사행정에 대해 살펴본다.

1. 교육인사행정의 이해

1) 교육인사행정의 정의와 관점

(1) 교육인사행정의 정의와 영역

인사행정은 유능한 인적자원을 확보 · 배치하고 그들의 계속적인 능력계발을 도모하며 높은 사기와 긍지를 지니고 직무에 최선을 다할 수 있도록 제반 여건을 조성하는 과정이다(윤정일 외, 2015). 따라서 교육인사행정은 교원이 교육에 전념할 수 있도록 도와주고 제반 행정활동을 수행할 수 있는 유능한 교육전문직과 일반직을 확보하고 그들의 자질을 향상시키며 근무의욕을 높여주는 일련의 행정지원활동이라고 정의할 수 있다(서정화 외, 2011). 교육인사행정에는 교육직원의 신분과 자격, 수요와 공급, 선발과 임명, 전보와 승진, 복무와 부담, 보수와 후생, 신분보장 및 징계, 퇴직제도, 인간관계, 사기, 교육과 훈련, 근무평정, 교직단체, 윤리강령 등에 대한 활동들이 포함된다(김종철, 이종재, 1995).

(2) 교육인사행정에 대한 관점

인사행정에 대한 관점은 크게 엽관주의와 실적주의, 절충주의로 나뉜다. 우선, 엽관주의(spoils system)는 공직에 사람을 임용할 때, 기준을 임용권자와의 혈연, 지역, 학연, 정당관계 등 임용권자와 임용대상자 간의 귀속적 관계에 두는 것을 의미한다. 즉, 엽관주의는 공직을 전리품(spoils)으로 보아 선거에서 승리한 집권당이 그 추종자들에게 충성과 공헌도에 대한 보상으로 관직을 부여하는 것을 의미한다(서정화 외, 2011). 엽관주의는 정당제도를 유지하는 데 기여하고 충성스러운 공직자를 확보 · 통솔함으로써 국가정책을 효과적으로 침투시킬 수 있는 장점이 있으나 행정의 계속성을 손상시킬 수 있고, 업무능률을 저하시키며 유능한 인력을 영입하는 데 제약을 가져올 수 있으며 부패 등의 폐해를 야기할 수 있다(윤정일 외, 2015).

실적주의(merit system)는 개인의 능력, 자격, 실적 등에 기초하여 임용대상자에게 차별 없이 동등한 기회를 부여하고 공개경쟁 과정에 따라 적격자를 선발하는 것을 의미한다. 주요 특징은 첫째, 인사행정의 기준이 개인의 능력과 실적이고 특히 공무원 임용에서 공개경쟁시험을 원칙으로 한다. 둘째, 모든 국민은 공직에 취임함에 있어서 인종 · 종교 · 학벌 · 지역 등에 관계없이 균등한 기회를 부여받는다. 셋째, 공무원은 정치적 중립성이 요구되는 동시에 신분이 보장된다는 점이다(안해균, 1985). 정도의 차이는 있지만 실적주의가 현대 민주사회의 기본 인사행정관이라고 할 수 있다(윤정일 외, 2015). 실적주의는 객관적인 능력, 실적 등에 기초하기 때문에 공정성과 기회균등 실현이 가능하고 공무원의 정치적 중립성과 신분을 보장할 수 있다는 점에서 장점이 있다. 그러나 외부인력 영입에 대해 방어적일 수 있다는 단점이 있다.

끝으로 절충주의(eclecticism)는 엽관주의와 실적주의를 절충한 것으로 실적주의를 기본으로 하되 엽관주의적 요소를 조화시킴으로써 두 관점에 대한 상호보완을 강조한 것이다. 전문적인 능력이 있는 사람이 공직을 담당하는 것이 타당하다는 인식과 함께 공무원의 직업화 경향의 발달로 엽관주의는 퇴색되어 왔다. 그러나 현대 민주주의의 정당정치체제 내에서는 고위 정책결정자에 의한 행정통제가 필요한 측면 등과 관련하여 엽관주의도 필요하다는 인식이 있다. 따라서 엽관주의와 실적주의를 절충한 교육인사행정에 대한 관점이 고려될 수 있다.

2) 교직에 대한 이해

(1) 교육직원의 분류

교육과 관련된 직원을 교육직원 또는 교직원이라고 부른다. 교육직원은 각급학교 교육활동에 종사하는 교원, 교육활동을 지원하는 직원, 교육행정기관 및 교육연구 및 연수기관에 근무하고 있는 사람들을 포함한다. 교육직원은 국공립계통 교육직원과 사립계통 교육직원으로 나눌 수 있다. 국공립계통 교육직원은 국공립학교, 교육행정기

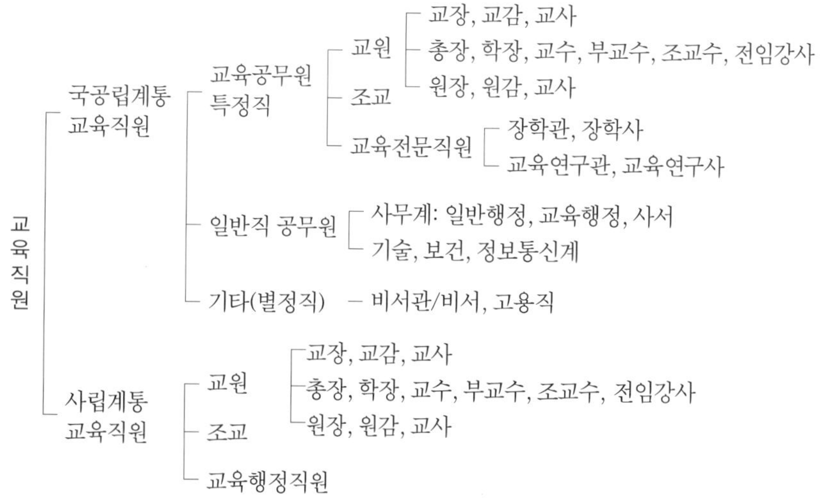

그림 8-1 **교육직원의 분류**

관(교육부, 시 · 도교육청, 교육지원청), 교육연구 및 연수기관에서 교육 · 연구 · 연수활동 또는 교육행정활동에 종사하는 직원을 포함한다. 사립계통 교육직원은 사립교육기관에 근무하는 직원을 포함한다(진동섭 외, 2011). 이처럼 교육직원은 매우 넓은 범위로 파악할 수 있지만 이 장에서는 교원에 초점을 둔다.

(2) 교직관

교직을 바라보는 관점은 성직자관, 노동자관, 전문직관 등으로 구분된다(남정걸, 2009).

성직자관은 교사를 신부, 목사, 승려와 같은 성직자로 보고 교직을 성직과 같이 특별한 사명감이나 소명의식을 요구하는 직업이라고 보는 관점이다. 이 관점에서는 교사의 권위가 중요하고 교사에게는 엄숙한 몸가짐과 태도, 사랑과 헌신, 희생과 봉사정신이 요구된다. '스승의 그림자는 밟지도 않는다' '군사부일체(君師父一體)' 등의 표현이 교직의 성직자관과 맥을 같이한다.

노동자관은 교원도 학교라는 직장에 고용되어 정신적 · 육체적 노동을 제공한 대가로 보수를 받는다는 점에서 노동자로 볼 수 있다는 관점이다. 국공립학교는 국가나 지방자치단체가, 사립학교는 사인이나 학교법인이 사용자이자 고용주이고 교원은 피고용인인 노동자로서 양자의 관계는 계약관계가 성립된다고 본다. 또한 학교는 교육서비스기관이고 교원이 제공하는 서비스를 고객이자 소비자인 학생이 공급받는다는 관점이다. 이 관점에서는 교원도 노동자이기 때문에 법에서 보장되어 있는 노동자로서의 제반 권리를 누릴 수 있어야 한다고 주장한다. 이에 따라 1999년에 「교원의 노동조합 설립 및 운영에 관한 법률」이 통과되면서 교원노동조합이 합법화되었다.

전문직관은 교직을 고도의 지식과 기술을 가지고 국가가 공인한 자격증을 소유한 전문가가 행하는 활동을 위주로 하는 직업으로 간주한다. 이들은 전문가이기 때문에 업무수행상의 자율성과 더불어 고도의 윤리성이 요구된다. Lieberman이 제시한 전문직의 요소는 다음과 같고 교직은 대부분 이들 요소를 만족시키므로 전문직으로 볼 수 있다(Lieberman, 1956: 남정걸, 2009 재인용).

- 독자적이고 분명하며 본질적인 사회적 봉사
- 봉사를 수행함에 있어서 지적 기술의 강조
- 장기간의 전문적 양성교육
- 개인 실무자로서나 전체 직업집단으로서나 광범위한 자율권
- 전문적 자율권의 범위 내에서 내린 판단이나 행동에 대한 책임의 수용
- 경제적 이익보다는 자기가 행한 봉사의 중요성
- 실무자들의 광범한 자치조직

(3) 교사의 역할

역할은 어떤 사회적 단위에서 그 집단구성원에게 기대되는 일련의 행동양식이다. 교사의 역할은 보통 학교에서 차지하는 지위를 통해 각 개인에게 부여되고 학교교육계획서 또는 업무분장 등에 공식적으로 기술되어 있다(이윤식 외, 2008).

학교에서 교사의 역할은 학생을 교육하는 것이다. 학생을 교육하는 교사의 역할은 크게 학급경영활동, 교과교육활동, 교과 외 교육활동으로 구분된다. 첫째, 학급경영은 학급경영계획의 수립, 학급 내 학생조직의 구성, 학생관리, 학급사무관리, 학급환경관리 등을 포함한다. 대부분의 교육활동은 학급 단위로 이루어지므로 학급경영은 매우 중요하다. 성공적인 학급경영을 위해서는 학급경영 이론과 기법을 알고 적용할 수 있어야 하고 학생 및 학생문화를 이해할 수 있어야 하며 학생을 바람직하게 이끌 수 있는 심리적 · 심체적 자질도 필요하다(이윤식 외, 2008). 둘째, 교과교육활동은 교사가 학교에서 교육과정을 실천하는 핵심적인 활동으로 교과지식과 수업기술을 토대로 교과를 가르치는 활동을 의미한다. 셋째, 교과 외 교육활동에는 특별활동, 재량활동, 봉사활동, 수련활동 및 체험학습활동, 생활지도, 진로지도 또는 취업지도, 상담, 인성지도, 성교육, 학생자치회활동 지도 등이 포함된다(신상명 외, 2014). 최근에는 인성교육에 대한 중요성이 강조되면서 교사의 교과와 교육활동에 대한 역할이 강조되고 있다.

(4) 교사의 자질

일반적으로 자질은 선천적으로 타고난 인성의 특성은 물론 교육과 훈련을 통하여 후천적으로 습득된 능력이나 성질을 포함하여 사람이 가지는 지적 · 정의적 · 운동적 특성과 능력 등을 총칭한다(김종철, 1985: 김이경 외, 2005 재인용). 김혜숙 외(2001)는 교사의 자질을 타고난 개인적 특성을 바탕으로 교사가 되기 위한 교육과 훈련을 통하여 지니게 된 교직에 적합한 능력(competence)과 태도(attitude)로 규정하고 있다. 교원의 자질은 적 · 인성적 자질과 전문적 자질로 구분될 수 있다. 적 · 인성적 자질에는 교사로서의 소명의식, 가치관, 적성 등이 포함되고, 전문적 자질에는 교직 수행에 필요한 역량 등이 포함된다고 볼 수 있다. 이러한 교사 자질의 개념을 종합해 보면, 교사의 자질은 교사의 능력과 태도, 소양 등을 포함하는 것으로 볼 수 있다. 또한 교사의 자질과 능력은 지속적으로 유지 · 성장 · 발전되어야 하는 것으로 저절로 습득되거나 한 번 습득되었다고 하여 계속 유지되지는 않는다(김혜숙 외, 2001: 김이경 외, 2005 재인용). 이는 교사의 역할 자체가 사회, 환경, 기술 변화에 따라 계속적으로 변화되고 있고, 그에 따라 요구되는 교사의 직무수행 능력도 달라지기 때문이다. 지식사회, 정보화 사회 등 미래 사회에서 요구되는 교사의 자질은 OECD 보고서(1998, 2001)에 제시된 바 있는데, 다음과 같다(김이경 외, 2005 재인용).

- 전문적 능력(professional competence): 훌륭한 교사가 갖추고 있는 전통적인 특성으로 교과내용과 가르치는 방법에 대한 전문적 지식을 말한다. 교사의 전문적 능력은 지식과 이해의 중요한 원천으로 직전교육보다는 계속적인 교육을 통해 갱신되어야 한다.
- 교수법상의 노하우(pedagogical know-how): 평생학습 맥락에서 교사는 정보의 기억, 시험성적 등에 중점을 두기보다 학습동기화, 창의성, 협동을 포함한 고도의 기술을 전수하는 능력을 가져야 한다.
- 기술의 이해(understanding of technology): 교사 전문성의 새로운 핵심 특성으로 정보통신기술 등 새로운 기술의 교수법상 잠재력을 이해하고 각 프로그램을 학생들이 별개로 이용하도록 방치하기보다는 이를 교수전략으로 통합하는 능력이 필요하다.
- 조직에서의 능력과 협력(organizational competence and collaboration): 교사의 전문성은 개별적 능력으로 이해되어서는 안 되며, 학습조직의 일부로서 기능하도록 개인별 능력을 통합해야 한다. 교사 상호 간의 학습의지와 학습능력이 가장 중요하다.
- 융통성(flexibility): 교사 전문성에 대한 전통적 개념과 가장 직접적으로 갈등을 보일 수 있는 속성으로, 교사에게 요구되는 전문적 능력은 계속적으로 변화될 수 있음을 수용하여야 한다. 교사의 전문성은 변화에 저항하는 변명으로 이해되어서는 안 된다.
- 이동성(mobility): 교사로서의 능력을 풍부하게 할 수 있도록 다른 직업경험을 할 수 있도록 교직이동을 유연하게 할 필요가 있다.

• 개방성(openness): 개방성은 교사들이 학습해야 하는 기술로서, 교사가 학부모 또는 다른 성인과 교사의 전문적 역할을 보완하는 방향으로 협동하는 속성으로, 가장 도전적 과제 중 하나이다.

2. 교원의 양성과 임용

1) 교원자격제도

(1) 교원자격의 의미

자격은 어떤 직무를 수행하는 데 필요한 특정한 능력 및 자질을 제도적으로 규정한 것이다. 일반적으로 전문직은 일정한 자격의 취득을 필수요건으로 규정하는데 전문직으로서의 교직도 자격증을 요구한다. 이는 교직의 전문성을 보장하고 사회적 공신력을 높이기 위한 제도적 장치이다. 우리나라에서는 현재 교원의 법정 자격제도를 채택하고 있고 교사의 자격을 취득하면 그 효력은 종신토록 지속된다. 교원자격제도를 채택하고 있는 것은 학생의 이익을 보호하고, 국가 사회의 안정성을 보장하고, 교사 자신의 신분과 사회적 지위를 보장하기 위해 필요한 것이다(진동섭 외, 2011).

(2) 교원자격의 기준

교원자격의 기준은 「초·중등교육법」 제21조와 「유아교육법」 제22조에 상세히 규정되어 있다. 교장(원장)의 자격기준은 크게 교감(원감)자격증을 가지고 3년 이상의 교육경력과 소정의 재교육을 받은 자, 학식·덕망이 높은 자로서 대통령령이 정하는 기준에 해당한다고 교육부장관의 인정을 받은 자로 되어 있다. 교감(원감)의 자격기준은 대체로 정교사(1급)자격증을 가지고 3년 이상의 교육경력과 소정의 재교육을 받은 자로 규정되어 있다. 수석교사는 교사 자격증을 소지한 사람으로서 15년 이상의 교육경력을 가지고 교수·연구에 우수한 자질과 능력을 가진 사람 중에서 대통령령으로 정하

〈표 8-1〉 유치원 · 초 · 중등교사의 자격기준(정교사)

자격 / 급별	정교사(2급)	정교사(1급)
중등학교	1. 사범대학 졸업자 2. 교육대학원 또는 교육부장관이 지정하는 대학원 교육과에서 석사학위를 받은 자 3. 임시 교원양성기관을 수료한 자 4. 대학에 설치하는 교육과 졸업자 5. 대학 · 산업대학 졸업자로서 재학 중 소정의 교직과 학점을 취득한 자 6. 중등학교 준교사자격증을 가진 자로서 2년 이상의 교육경력을 가지고 소정의 재교육을 받은 자 7. 초등학교의 준교사 이상의 자격증을 가지고 대학을 졸업한 자 8. 교육대학 · 전문대학의 조교수 · 전임강사로서 2년 이상의 교육경력이 있는 자	1. 중등학교의 정교사(2급)자격증을 가지고 교육대학원 또는 교육부장관이 지정하는 대학원 교육과에서 석사학위를 받은 자로서 1년 이상의 교육경력이 있는 자 2. 중등학교 정교사자격증을 가지지 아니하고 교육대학원 또는 교육부장관이 지정하는 대학원 교육과에서 석사학위를 받은 후 교육부장관으로부터 중등학교 정교사(2급)자격증을 수여받은 자로서 3년 이상의 교육경력이 있는 자 3. 중등학교의 정교사(2급)자격증을 가진 자로서 3년 이상의 교육경력을 가지고 소정의 재교육을 받은 자 4. 교육대학 · 전문대학의 교수 · 부교수로서 3년 이상의 교육경력이 있는 자
초등학교	1. 교육대학 졸업자 2. 사범대학 졸업자로서 초등교육과정을 전공한 자 3. 교육대학원 또는 교육부장관이 지정하는 대학원의 교육과에서 초등교육과정을 전공하고 석사학위를 받은 자 4. 초등학교 준교사자격증을 가진 자로서 2년 이상의 교육경력을 가지고 소정의 재교육을 받은 자 5. 중등학교 교사자격증을 가진 자로서 필요한 보수교육을 받은 자 6. 전문대학 졸업자 또는 이와 동등 이상의 학력이 있다고 인정되는 자를 입소자격으로 하는 임시 교원양성기관을 수료한 자 7. 초등학교 준교사자격증을 가진 자로서 교육경력이 2년 이상이고 방송통신대학 초등교육과를 졸업한 자	1. 초등학교 정교사(2급)자격증을 가진 자로서 3년 이상의 교육경력을 가지고 소정의 재교육을 받은 자 2. 초등학교 정교사(2급)자격증을 가진 자로서 교육경력이 3년 이상이고, 방송통신대학 초등교육과를 졸업한 자 3. 초등학교 정교사(2급)자격증을 가지고 교육대학원 또는 교육부장관이 지정하는 대학원의 교육과에서 초등교육과정을 전공하여 석사학위를 받은 자로서 1년 이상의 교육경력이 있는 자

유치원	1. 대학에 설치하는 유아교육과 졸업자 2. 대학(전문대학 및 이와 동등 이상의 각종 학교와 「평생교육법」 제31조 4항에 따른 전문대학학력인정 평생교육시설을 포함한다) 졸업자로서 재학 중 소정의 보육과 교직학점을 취득한 자 3. 교육대학원 또는 교육부장관이 지정하는 대학원의 교육과에서 유치원 교육과정을 전공하고 석사학위를 받은 자 4. 유치원 준교사자격증을 가진 자로서 2년 이상의 교육경력을 가지고 소정의 재교육을 받은 자	1. 유치원 정교사(2급)자격증을 가진 자로서 3년 이상의 교육경력을 가지고 소정의 재교육을 받은 자 2. 유치원 정교사(2급)자격증을 가지고 교육대학원 또는 교육부장관이 지정하는 대학원의 교육과에서 유치원 교육과정을 전공하여 석사학위를 받은 자로서 1년 이상의 교육경력이 있는 자

〈표 8-2〉 전문상담 · 사서 · 실기 · 보건 · 영양교사의 자격기준

자격급별		자격기준
전문상담교사	1급	1. 2급 이상의 교사자격증(「유아교육법」에 따른 2급 이상의 교사 자격증을 포함한다)을 가진 자로서 3년 이상의 교육경력이 있는 사람이 교육부장관이 지정하는 교육대학원 또는 대학원에서 일정한 전문상담교사 양성과정을 마친 자 2. 전문상담교사(2급) 자격증을 가진 자로서 3년 이상의 전문상담교사 경력을 가지고 자격연수를 받은 자
	2급	1. 대학 · 산업대학의 상담 · 심리 관련 학과를 졸업한 자로서 재학 중 일정한 교직학점을 취득한 자 2. 교육대학원 또는 교육부장관이 지정하는 대학원의 상담 · 심리교육과에서 전문상담 교육과정을 마치고 석사학위를 받은 자 3. 2급 이상의 교사자격증(「유아교육법」에 따른 2급 이상의 교사자격증을 포함한다)을 가진 자로서 교육부장관이 지정하는 교육대학원 또는 대학원에서 일정한 전문상담교사 양성과정을 마친 자

사서 교사	1급	1. 사서교사(2급) 자격증을 가진 자로서 3년 이상의 사서교사 경력을 가지고 자격연수를 받은 자 2. 사서교사(2급) 자격증을 가지고 교육대학원 또는 교육부장관이 지정하는 대학원의 교육과에서 사서교육과정을 전공하고 석사학위를 받은 자로서 1년 이상의 사서교사 경력이 있는 자
	2급	1. 대학·산업대학을 졸업한 자로서 재학 중 문헌정보학 또는 도서관학을 전공하고 일정한 교직과정을 마친 자 2. 준교사 이상의 자격증을 가진 자로서 일정한 사서교사 양성 강습을 받은 자 3. 교육대학원 또는 교육부장관이 지정하는 대학원의 교육과에서 사서교육과정을 전공하고 석사학위를 받은 자 4. 사범대학을 졸업한 자로서 재학 중 문헌정보학 또는 도서관학을 전공한 자
실기교사		1. 전문대학(전문대학에 준하는 각종학교를 포함한다)을 졸업한 자로서 재학 중 대통령령으로 정하는 실과계의 기능을 마친 사람, 또는 고등기술학교의 전공과를 졸업한 사람 또는 「평생교육법」 제31조 제4항에 따른 전문대학학력인정 평생교육시설의 교사자격 관련과를 졸업한 자 2. 대학(대학에 준하는 각종학교를 포함한다), 전문대학을 졸업한 자로서 재학 중 예능, 체육, 그 밖에 대통령령으로 정하는 기능을 마친 자 3. 실업계 고등학교 또는 3년제 고등기술학교를 졸업한 자로서 실기교사의 자격검정에 합격한 자 4. 실업과, 예능과 또는 보건과에 관한 지식과 기능을 가진 자로서 실기교사의 자격검정에 합격한 자
보건 교사	1급	보건교사(2급) 자격증을 가진 자로서 3년 이상의 보건교사 경력을 가지고 자격연수를 받은 자
	2급	1. 대학·산업대학의 간호학과를 졸업한 자로서 재학 중 일정한 교직학점을 취득하고 간호사 면허증을 가진 자 2. 전문대학의 간호과를 졸업한 자로서 재학 중 일정한 교직학점을 취득하고 간호사 면허증을 가진 자
영양 교사	1급	영양교사(2급) 자격증을 가진 자로서 3년 이상의 영양교사의 경력을 가지고 자격연수를 받은 자
	2급	1. 대학·산업대학의 식품학 또는 영양학 관련 학과를 졸업한 자로서 재학 중 일정한 교직학점을 취득하고 영양사 면허증을 가진 자 2. 영양사 면허증을 가지고 교육대학원 또는 교육부장관이 지정하는 대학원의 교육과에서 영양교육과정을 마치고 석사학위를 받은 자

〈표 8-3〉 초 · 중등학교 교장 · 교감 및 원장 · 원감의 자격기준

자격급별		자격기준
교장	중등학교	1. 중등학교의 교감자격증을 가지고 3년 이상의 교육경력과 소정의 재교육을 받은 자 2. 학식 · 덕망이 높은 자로서 대통령령이 정하는 기준에 해당한다고 교육부장관의 인정을 받은 자 3. 교육대학 · 전문대학의 학장으로 근무한 경력이 있는 자 4. 특수학교의 교장자격증을 가진 자 5. 공모 교장으로 선발된 후 교장의 직무수행에 필요한 교양과목, 교직과목 등 교육부령으로 정하는 연수과정을 이수한 사람
	초등학교	1. 초등학교의 교감자격증을 가지고 3년 이상의 교육경력과 소정의 재교육을 받은 자 2. 학식 · 덕망이 높은 자로서 대통령령이 정하는 기준에 해당한다고 교육부장관의 인정을 받은 자 3. 특수학교의 교장자격증을 가진 자 4. 공모 교장으로 선발된 후 교장의 직무수행에 필요한 교양과목, 교직과목 등 교육부령으로 정하는 연수과정을 이수한 사람
	특수학교	1. 특수학교의 교감자격증을 가지고 3년 이상의 교육경력이 있는 자로서 소정의 재교육을 받은 자 2. 초등학교 또는 중등학교의 교장자격증을 가지고 필요한 보수교육을 받은 자. 이 경우 특수학교의 교원자격증을 가졌거나 특수학교(특수학급을 포함한다)에서 교원으로 근무한 경력이 있는 때에는 보수교육을 면제한다. 3. 학식 · 덕망이 높은 자로서 대통령령이 정하는 기준에 해당한다고 교육부장관의 인정을 받은 자 4. 공모 교장으로 선발된 후 교장의 직무수행에 필요한 교양과목, 교직과목 등 교육부령으로 정하는 연수과정을 이수한 사람
원장	유치원	1. 유치원의 원감자격증을 가지고 3년 이상의 교육경력과 소정의 재교육을 받은 자 2. 학식 · 덕망이 높은 자로서 대통령령이 정하는 기준에 해당한다고 교육부장관의 인정을 받은 자
교감	중등학교	1. 중등 정교사(1급)자격증을 가지고 3년 이상의 교육경력과 소정의 재교육을 받은 자 2. 중등 정교사(2급)자격증을 가지고 6년 이상의 교육경력과 소정의 재교육을 받은 자 3. 교육대학의 교수 · 부교수로서 6년 이상의 교육경력이 있는 자 4. 특수학교의 교감자격증을 가진 자
	초등학교	1. 초등 정교사(1급)자격증을 가지고 3년 이상의 교육경력과 소정의 재교육을 받은 자 2. 초등 정교사(2급)자격증을 가지고 6년 이상의 교육경력과 소정의 재교육을 받은 자 3. 특수학교의 교감자격증을 가진 자
	특수학교	1. 특수학교 정교사(1급)자격증을 가지고 3년 이상의 교육경력이 있는 자로서 소정의 재교육을 받은 자 2. 초등학교 또는 중등학교의 교감자격증을 가지고 필요한 보수교육을 받은 자. 이 경우 특수학교 교원자격증을 가졌거나 특수학교(특수학급을 포함한다)에서 교원으로 근무한 경력이 있는 때에는 보수교육을 면제한다.

원감	유치원	1. 유치원 정교사(1급)자격증을 가지고 3년 이상의 교육경력과 소정의 재교육을 받은 자 2. 유치원 정교사(2급)자격증을 가지고 6년 이상의 교육경력과 소정의 재교육을 받은 자

는 바에 따라 교육부장관이 정하는 연수 이수 결과를 바탕으로 검정 · 수여하는 자격증을 받은 사람이어야 한다. 교사는 정교사(1급 · 2급), 준교사, 전문상담교사(1급 · 2급), 사서교사(1급 · 2급), 실기교사, 보건교사(1급 · 2급) 및 영양교사(1급 · 2급)로 구분되며, 교육부장관이 검정 · 수여하는 자격증을 받은 자이어야 한다. 정교사(1급)의 자격기준은 정교사(2급)자격증을 가진 자로서 3년 이상의 교육경력을 가지고 소정의 재교육을 받은 자를 원칙으로 하고 있다. 정교사(2급)의 자격은 다양한 유형의 교사양성기관을 졸업한 자에게 주어지고 있다. 또한 학교는 교육과정운영상 필요한 경우 정규 교원 외에 산학겸임교사, 명예교사 또는 강사 등을 두어 학생의 교육을 담당하게 할 수 있다.

(3) 교원자격검정

교사자격검정의 종별, 자격증 표시과목 등에 관한 사항은 「교원자격검정령」과 「교원자격검정령시행규칙」에 규정되어 있다. 「교원자격검정령」에 의하면, 교원자격검정은 무시험검정과 시험검정으로 구분되는데 무시험검정은 시험을 치루지 않고 법이 정한 자격기준의 요건에 부합하면 서류 심사에 의하여 교사자격증을 수여하는 방법이다. 현재 교사 자격 취득자의 대부분이 무시험검정을 통해 자격증을 수여받고 있다. 교사자격검정은 원칙적으로 교육부장관의 권한사항이나 「행정권한의 위임 및 위탁에 관한 규정」에 의거하여 국 · 사립학교의 장과 교육감에게 위임 · 위탁되어 있다. 무시험검정의 대상은 「초중등교육법」 [별표 1]에 의한 교장 · 교감 · 원장 및 원감의 자격검정과 [별표 2]에 의한 교사의 자격검정을 포함한다(진동섭 외, 2011).

시험검정은 주로 초 · 중등학교 준교사의 일부에 대해 실시하며, 교육부 실장을 위원장으로 하는 교육부 내의 교원자격 검정위원회가 주관하도록 규정되어 있다. 일부 신규교원의 자격증이 시험검정을 통해 발급된 바도 있으나 최근 교원양성기관 졸업자, 즉 무시험 검정에 의한 자격증 소지자의 미발령 적체현상 심화로 시험검정은 거의 자취를 감추었다(송기창 외, 2009).

2) 교원양성제도

(1) 교사양성 방식

전문직으로서의 교원은 직무를 수행함에 있어 고도의 전문적 지식과 기술이 요구되기 때문에 직전교육으로 질 높은 양성교육을 받는다. 교사를 양성하기 위한 방식은 크게 목적형과 개방형으로 구분된다. 목적형은 전문적인 교사 양성기관을 중심으로 제한적으로 교원을 양성하는 방식이고, 개방형은 교사양성을 위한 특정한 양성기관을 실치할 필요 없이 모든 대학에서 교사를 양성하도록 하는 방식이다. 목적형의 경우 획일성과 통제성, 편협성의 단점이 있으며, 개방형은 교직 윤리의식의 결여, 교육 일반에 대한 소극적 태도, 전문적 기술체계성의 경시 등의 단점이 있다(윤정일 외, 2015). 이러한 점을 고려하여 목적형과 개방형의 장점을 절충하고자 한 혼합형이 있다. 우리나라는 초등교원의 양성은 목적형을, 중등교원의 양성은 혼합형을 채택하고 있다.

(2) 교사양성 현황

초등교원은 국립의 교육대학과 한국교원대학교 초등교육과, 이화여자대학교 초등교육과에서 양성되고 있다. 중등교원양성기관은 사범대학 과정과 비사범대학 과정으로 구분되는데 사범대학 과정에는 사범대학과 일반대학 교육과가 있고, 비사범대학 과정에는 일반대학 교직과정과 교육대학원이 있다.

3) 교원임용제도

(1) 교원의 선발

교원의 선발은 교직에 가장 적합한 사람을 선택하는 활동이다. 교육활동이 제대로 이루어지고 교육의 수월성을 확보하기 위해서는 훌륭한 교원이 선발되어야 한다. 따라서 교원의 선발방식과 절차에는 엄격성이 요구된다. 교원의 선발은 이러한 엄격성을 확보하기 위한 수단으로 타당성, 신뢰성 및 객관성을 갖춘 선발시험과정을 준용하고 있다(신현석 외, 2015: 신상명 외, 2014 재인용).

선발시험의 타당성은 시험이 측정하려고 하는 내용을 제대로 측정하고 있느냐의 정도를 의미한다. 일정한 교직 직무수행 능력을 측정하려고 입안한 시험이 그러한 능력을 정확하게 측정하였으면 타당성이 있는 것이다. 특히 교원의 선발시험은 현재의 교직 수행능력만이 아니라 교직 임용 후의 교육활동과 그 성과를 측정할 수 있어야 하고, 나아가 잠재적 교직수행 능력의 발전가능성을 예측할 수 있어야 한다. 선발시험의 신뢰성은 선발시험이 능력측정도구로서 가지는 일관성, 즉 측정환경에 의해 영향을 받지 않는 정도를 의미한다. 즉, 동일한 응시자가 동일한 시험을 시간과 장소 등 조건환경을 달리하여 반복 시행한 다음 시험 결과가 어떻게 나타났는가 하는 것을 의미한다. 선발시험의 객관성은 시험성적을 채점하는 데에서 채점자 개인의 편견이나 응시자의 성별, 정치성향, 학연, 지연 등 시험 외적 요인에 좌우되지 않은 공정성을 의미한다. 선발시험은 타당성, 신뢰성, 객관성을 갖추기 위해 시험방법을 다양화하고 개선하기 위해 끊임없이 노력해야 한다. 교원 중 공립학교 선발시험은 교육감이 실시하고 시 · 도교육청별로 '교사 임용후보자 선정경쟁시험'을 실시하고 있다.

(2) 교원의 임용[1)]

임용이란 일반적으로 국가 또는 공공단체의 임용권자가 관련 규정에 따라 특정인을 신규채용 · 승진 · 임용 · 전보 · 겸임 · 파견 · 강임 · 휴직 · 직위해제 · 복직 · 면직 · 해임 및 파면을 시키는 행정행위를 말한다. 여기에는 그 신분관계를 설정하는 임명과 이미 신분을 취득한 자에게 일정한 직무를 부여하는 보직 행위가 포함된다. 교원의 임

1) 이 부분의 내용은 '서정화 외(2011). 교육인사행정론. 경기: 경기과학사, pp. 117-118, 124-127'의 내용을 인용하였다.

용도 마찬가지이다. 「교육공무원법」에 따르면, 교육공무원인 교원의 임용은 신규채용·승진·승급·전직·전보·겸임·파견·강임·휴직·직위해제·정직·복직·면직·해임 및 파면을 포함하는 행위로 정의되어 있다. 교원의 임용에 있어서는 교원으로서의 자격을 갖추고 임용을 원하는 모든 자에 대하여 그 능력에 따라 균등한 임용의 기회가 보장되어야 한다는 점을 규정하고 있다. 따라서 교원의 신규 채용은 채용의 두 가지 방법, 즉 자격 있는 모든 사람에게 지원 기회를 부여하고 경쟁시험을 통해 임용 후보자를 선발하는 공개경쟁 채용과 경쟁을 제한하는 별도의 선발절차를 거쳐 특정인을 채용하는 특별채용 중에서 공개경쟁 방식에 의해야 한다는 점을 규정하고 있는 것이다.

국가공무원인 교원의 신규 임용을 위해서는 국가는 교원 수급 계획을 수립하고 그에 따라 시·도교육청별로 필요한 인원을 배정·공고·모집하여 교원을 선발·임용하게 된다. 이에 따라 실질적인 신규 임용은 교원후보자를 교육청별로 모집하여 시험전형을 거쳐 적임자를 선발하는 과정으로 이루어진다.

현재 국공립학교 교원의 신규 임용은 교사임용후보자선정경쟁시험을 통해 이루어진다. 1991년 이전까지만 해도 교원의 신규 임용은 국공립 교육대학과 사범대학(사범계학과 포함) 졸업자를 우선적으로 임용하는 방식을 채택하여 왔다. 즉, 국공립의 교원양성기관 졸업자는 별도의 선발시험 없이 무시험으로 교사로 임용되고, 부족할 경우에만 사립 교원양성기관 졸업자와 교직과정 이수자 등을 경쟁시험을 통해 선발·임용하는 방식을 채택해 왔던 것이다. 그러나 이러한 국공립대학 졸업자 우선 임용제도는 1990년 10월 헌법상의 직업선택의 자유와 평등의 원칙에 위반된다는 헌법재판소의 위헌결정이 내려지자 1991년도부터 이를 폐지하고 공개경쟁시험을 통해 교원을 채용하는 제도로 전환하게 된 것이다. 현행 「교육공무원임용령」에 따르면, 교육공무원인 교원의 신규 임용은 공개 전형을 원칙으로 하되, 해당 교육감이 시행하도록 규정되어 있다. 교원의 임용과 관련하여 교육부장관은 임용권을 해당 교육감에게 위임하고 있기 때문이다. 국립학교의 경우에도 학교장이 그 전형을 당해 학교가 소재하는 교육감에게 위탁하여 실시할 수 있도록 하고 있다. 공개전형의 방법으로는 필기시험, 실기

시험, 면접시험 등의 시험 방법에 의하도록 되어 있다. 시험의 실시에 대한 사항은 「교육공무원임용후보자선정경쟁시험규칙」으로 규정하여 시행하도록 하고 있고, 전형에 응시할 수 있는 자격은 교사자격증을 취득했거나 취득할 예정인 사람이어야 한다.

사립학교 교원의 임용은 국공립학교와는 달리 국가시험에 의하지 않는다. 1974년부터 시행된 고교평준화 정책에 따라 교사들의 자질 향상과 평준화를 위해 순위고사를 실시하여 합격자 중에서 학교경영자가 교사를 임용할 수 있도록 하였으나, 사학의 자율성 훼손 등의 문제가 제기되어 1977년에는 다시 시 · 도별로 사립학교 교원 희망자 학력평가를 실시하여 합격자 중에서 교원을 자유롭게 임용하는 방식으로 전환되었다. 이어 1980년대 이후에는 사학의 자율성을 보다 신장시키기 위해 한국사학법인연합회가 주관하여 채용고사를 실시하고 그 합격자 중에서 임용하는 방식을 채택하였다. 그러나 그에 대해 사립학교에서 자율성 훼손 문제를 끊임없이 제기하여 연합회에서 실시하는 채용고사를 폐지하고 임용의 권한을 전적으로 학교 경영자에게 부여하는 방식으로 전환되어 오늘에 이르고 있다. 현재 사립학교 교원의 신규 임용방법은 추천이나 공개채용 방식 등을 채택하고 있다.

3. 교원 능력계발 및 사기

1) 교원 능력계발

(1) 교원연수

교원이 더욱 전문적인 자질과 능력을 구비하여 주어진 업무를 효율적으로 수행할 수 있도록 하기 위해서는 교원에 대한 계속적인 능력계발이 이루어져야 한다. 이하에서는 교원의 능력계발 방법 중 하나인 현직교육에 대해 살펴본다(윤정일 외, 2015).

그동안 교사교육은 양성교육을 중심으로 이루어져 왔다. 그러나 전문직으로서 교직에 종사하는 교원의 자질은 대학 4년 과정을 통해 완벽하게 길러질 수 있다고 보기는 어렵고, 교직생활의 전 과정에 걸친 계속적인 연수과정에서 점진적으로 개발 · 육성된다고 볼 수 있다. 현직교육의 중요성은 다음과 같이 설명된다. 첫째, 현직교육은 직전교육의 부족한 점을 보완한다는 점에서 중요하다. 현재 우리의 교원양성교육에 대해서는 많은 문제가 제기되고 있는데, 현직교육은 이를 보완하기 위한 것이다. 둘째, 현직교육은 새로운 지식과 기능, 태도를 습득한다는 측면에서 중요하다. 현대는 사회발전의 속도가 빠르고 이에 따라 새로운 지식과 기술이 폭발적으로 증가하고 있다. 교원은 이러한 급변하는 사회변화에 적응하고 첨단의 기술 · 정보를 습득하여 교육상황에 임해야 한다. 셋째, 교원에게는 교육전문가로서의 계속적인 정진이 요구된다. 교사는 풍부한 지식 및 교수기술과 함께 독창적인 방법을 활용하여 학생의 성장 · 발달을 돕는 능력을 가져야 한다. 이는 전문성 향상을 통한 자기발전과 교직의 공신력을 높이는 길이기도 하다.

「교원 등의 연수에 관한 규정」에 의하면, 유치원 교원, 초중등학교 교원, 특수학교 교원을 대상으로 하는 교원의 현직교육, 즉 연수는 직무연수와 자격연수, 특별연수로 구분된다. 우선 직무연수는 교육의 이론 · 방법 및 직무수행에 필요한 능력을 배양하

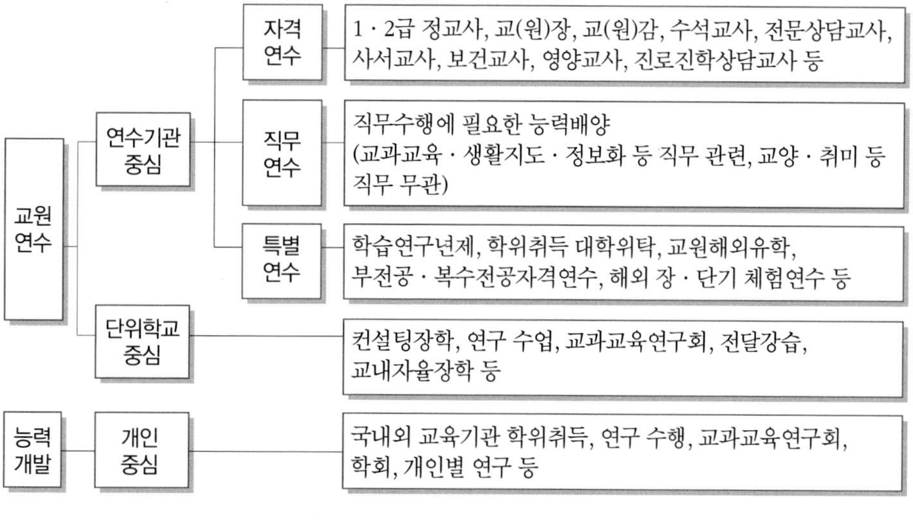

그림 8-2 교원연수의 구분

기 위하여 실시되고, 직무연수의 연수과정과 내용 및 기간은 당해 연수원장이 정한다. 둘째, 자격연수는 교원의 자격을 취득하기 위하여 실시된다. 2급 정교사 과정, 1급 정교사 과정, 1급 전문상담교사 과정, 1급 사서교사 과정, 1급 보건교사 과정, 1급 영양교사 과정, 원감 과정, 원장 과정, 교감 과정 및 교장 과정 등으로 구분된다. 끝으로 특별연수는 전문지식 습득을 위한 국내외 특별연수프로그램을 의미한다. 국내외의 교육기관 및 연수기관에서 일정한 기간 동안 실시되는 것이 보통이다. 현재 교원 현직교육기관, 즉 연수기관은 초등교육연수원, 중등교육연수원, 교육행정연수원, 종합교육연수원, 원격교원연수원과 각 시·도교육연수원 등이 있다.

(2) 교원능력개발평가

현행 교원평가제도는 교원업적평가(성과평가)와 교원능력개발평가(전문성평가)로 구분된다. 기존의 근무성적평정과 성과상여금평가가 교원업적평가로 통합되어 교원평가제도가 크게 2개의 평가로 정비되었다. 교원업적평가는 승진인사에 활용되고 교원업적평가 중 교사평가는 별도로 개인 성과급지급에 활용된다. 학교성과급제는 폐지되었다.

〈표 8-4〉 교원능력개발평가의 평가영역·요소·지표

구분	평가영역	평가요소	평가지표
일반 교사	학습지도	수업준비, 수업실행, 평가 및 활용 등	교수·학습전략 수립 등 12개 지표
	생활지도	개인생활지도, 사회생활지도 ※ 비교과교사의 경우, 담당직무를 평가영역('학생지원')으로 함	가정연계지도 등 6개 지표 ※ 특수·비교과교사는 별도
수석 교사	교수·연구 활동 지원	수업 지원, 연수·연구활동 지원 ※ 학습지도 및 생활지도 영역은 일반교사의 요소와 지표 동일	교수·학습전략 지원 등 6개 지표
교장·교감	학교경영	학교교육 계획, 교내장학, 교원인사, 시설관리 및 예산운용 ※ 교감은 시설관리 및 예산운용 지표 제외	학교경영목표관리 등 8개 지표

교원능력개발평가는 학교교원의 지속적인 능력 신장을 목적으로 교원의 교육활동에 대해 교사, 학생, 학부모의 만족도 등을 조사하는 것이다. 현행 교원능력개발평가 제도는 2005년부터 시범운영을 시행하고 2010년부터 시 · 도교육규칙에 의해 전국 모든 학교로 확대시행되었다. 「교원 등의 연수에 관한 규정」에 의하면 교육부장관과 교육감은 교원의 전문성 향상을 위하여 교원의 능력을 진단하는 교원능력개발평가를 매년 실시한다. 교원능력개발평가에는 동교교원 · 학생 · 학부모가 참여하고, 「초 · 중등교육법」 제2조의 학교에 근무하는 교원을 대상으로 실시한다. 평가는 교원의 학교경영 · 학습지도 · 생활지도에 대하여 정량적 방법으로 평가하고, 참여자의 익명성을 보장한다. 평가결과는 개인에게 통보하고, 연수대상자 선발 및 연수프로그램, 연수 지원 등 전문성 향상 자료로 활용한다. 평가를 위해 5~11인으로 평가관리위원회를 구성하여 시행계획 수립 및 연수 지원에 관한 사항을 심의한다. 평가의 공정성 · 신뢰성 · 타당성 확보를 위한 기본 사항은 장관이, 그 외의 구체적 시행방법은 교육감 및 학교장이 정하도록 하고 있다.

교원능력개발평가는 동료교원평가, 학생만족도조사, 학부모만족도조사로 구성된다. 동료교원평가는 교장 · 교감 중 1인 이상, 수석교사 또는 부장교사 1인 이상, 동료교원 등을 포함한 5인 이상의 위원회에서 평가한다. 학생만족도조사는 지도를 받거나 받았던 학생들을 대상으로 개별교원에 대해 실시하고, 학부모만족도조사는 지도를 받거나 받았던 학생의 학부모를 대상으로 개별교원에 대해 실시한다. 교장 · 담임교사 외 1인 이상(3인 필수)이며, 교감, 교과교사, 비교과교사에 대해서는 선택적 참여가 가능하다.

2) 교원 인사이동(승진 및 전직 · 전보) 및 징계

(1) 승진

승진은 동일 직렬 내에서의 직위 상승을 의미한다. 승진에 따라 상위직급에 임용되면 책임과 권한이 증가되고 임금 및 각종 근무여건이 개선된다. 교원의 경우 교사가 교감으로, 교감이 교장으로 임용되는 것을 예로 들 수 있다. 이러한 승진제도는 ① 구성원에게 보상수단 내지 욕구충족 수단을 제공하며, ② 인적 자원을 적절히 배치함으로써 조직의 목표를 효율적으로 달성할 수 있게 하며, ③ 조직 구성원이 직무수행을 위해 필요한 지식과 능력을 향상시키는 등 능력계발의 수단이 된다(오석홍, 2013).

교원은 다른 직종과는 달리 승진구조가 상대적으로 협소하고 승진 소요기간이 길다. 따라서 상대적으로 승진경쟁이 치열하고 승진을 포기하는 경우가 많다. 2급 정교사자격증을 가지고 교원으로 신규임용되어 3년이 지나면 1급 정교사 자격연수를 받을 수 있는 자격이 생긴다. 이때 1급 정교사 자격연수를 받고 1급 정교사가 된 이후 교감으로 승진하지 않게 되면 해당 교사는 30년이 넘는 기간 동안 승진을 경험하지 못한 셈이 된다. 교사가 승진할 수 있는 길은 크게 두 가지인데, 하나는 교원으로 계속 근무하면서 승진하는 것이고, 다른 하나는 장학사, 교육연구사 등 전문직으로 전직해서 근무하다가 승진하는 것이다. 후자의 경우는 상대적으로 승진 소요기간이 짧은 편이다.

「교육공무원법」 제13조에 의하면 교육공무원의 승진임용은 동종의 직무에 종사하는 바로 하위직에 있는 자 중에서 대통령령이 정하는 바에 의하여 경력평정, 재교육성적, 근무성적, 기타 능력의 실증에 의해 행한다고 규정하고 있다. 「교육공무원승진규정」에는 승진후보자 명부를 작성하기 위한 평정점으로 경력평정, 근무성적평정, 연수성적평정, 가산점평정의 네 가지가 포함된다.

(2) 전직과 전보

전직과 전보는 조직에서 직위의 위치를 변경시키는 인사이동을 통해 구성원의 직무만족과 능력계발을 유도하고 조직목적의 효율적 달성을 도모하는 것이다. 승진이 수직적 이동이라면 전직과 전보는 수평적 이동이라 할 수 있다.

전직은 종별과 자격을 달리하는 임용, 즉 직급은 동일하나 직렬이 달라지는 횡적 이동을 말한다. 예컨대, 교원이 장학사(관), 연구사(관) 등으로 이동하거나, 장학사(관), 연구사(관)가 교원으로 이동하는 경우, 초등학교 교원이 중등학교 교원으로 이동하거나 중등학교 교원이 초등학교 교원으로 이동하는 경우가 여기에 해당된다.

교육공무원의 전직은 교원의 학교급별 전직, 교원의 교육전문직공무원으로의 전직, 교육전문직공무원의 교원으로의 전직, 교육전문직공무원 간의 전직 등 네 가지로 구분된다. 첫째, 교원의 학교급별 전직은 시 · 도교육감이 교원수급상 필요한 경우에 교원이 희망하는 바에 따라 당해인이 소지하고 있는 교원자격증과 관련 있는 다른 학교급의 교원으로 이동하는 것이다. 초등학교 교원이 중등학교 교원자격증을 소지하거나 중등학교 교원이 초등학교 교원자격증을 소지하였을 때에는 본인이 희망하는 바에 따라 자격증과 관련이 있는 직위에 전직임용할 수 있다. 둘째, 교원의 교육전문직공무원으로의 전직임용 중 장학관 · 교육연구관으로의 전직임용에 관한 사항은 임용권자가 정하며, 장학사 · 교육연구사로의 전직임용은 교육기관 · 교육행정기관 또는 교육연구기관의 추천을 받아 공개전형을 거쳐 임용하되, 전형기준 · 전형방법 및 전형절차 등은 임용권자가 정한다. 교육부와 그 소속기관에 근무하는 장학사 · 교육연구사로의 전직임용은 정규교원으로서 실제 근무한 경력이 5년 이상이고 공개경쟁시험에 의함을 원칙으로 하고, 공개경쟁시험은 소속기관 또는 전문기관에 위임 · 위탁할 수 있다. 셋째, 교육전문직공무원이 교원으로 전직할 때는 교원에서 교육전문직공무원으로 전직할 당시의 직위로 전직하여야 하나, 교육전문직공무원으로 2년 이상 근속한 자는 임용권자가 정하는 기준에 따라 교장 또는 교감으로 전직할 수 있고, 교육경력 10년 이상이고 교육전문직공무원으로 10년 이상 근속한 자는 전직될 직위에 제한을 받지 아니한다. 끝으로 교육전문직공무원 간의 전직이란 장학관과 교육연구관 상호 간 또는 장학사와 교육연구사 상호 간에 전직임용하는 것을 말하며, 이들의 전직임용에 관한 사항은 임용권자가 정한다.

전보는 동일직위 및 자격 내에서 근무기관이나 부서를 달리하는 임용을 말한다. 예컨대, 교장, 교감, 교사가 승진없이 근무학교를 이동하거나 장학관, 장학사가 행정기관 간 이동하는 것이 여기에 해당된다. 전보제도는 조직의 입장에서 보면 부서 간의 인원 수, 필요의 변동이나 조직기능의 변화로 인한 자질요건의 변화에 대응하기 위하여 부서의 기능과 업무의 양에 따라 적절한 사람을 배치하여 조직의 목적 달성을 높이는 한편, 개인적인 측면에서 보면 직무에 대한 구성원 개인의 흥미 변동, 주거지나 동료와의 인간관계 변화 등을 배려함으로써 생활안정과 직무만족을 도모할 수 있다(송기창 외, 2009).

임용권자 또는 임용제청권자는 소속 교육공무원의 동일직위 또는 지역에서의 장기근무로 인한 침체를 방지하고 능률적인 직무수행을 기할 수 있도록 인사교류계획을 수립하여 이를 실시하여야 한다. 임용권자 또는 임용제청권자는 인사교류계획을 수립, 실시함에 있어서「도서 · 벽지 교육진흥법」제2조 규정에 의해 한 도서 · 벽지에 계속하여 3년 이상 근무한 자에 대하여는 본인의 희망을 참작하여 도서 · 벽지 이외의 지역으로 전보하여야 하며 전보희망자가 적은 지역에서 근무하는 교육공무원으로서 근무성적이 양호하고, 지역사회 발전을 위하여 계속 근무하게 할 필요가 있다고 인정되는 때에는 본인의 희망에 따라 장기근무를 하게 할 수 있다.

임용권자가 매년 전보계획을 수립하여 교원전보를 할 때는 교원의 생활근거지 근무 또는 희망근무지 배치를 최대한으로 보장하여 사기진작 및 생활안정을 도모하고 전보임용의 공정성을 확보하기 위하여 최대한 노력하여야 한다. 시 · 도교육감 또는 교육장이 교원전보계획을 수립할 때에는 관할지역 내의 국립학교 소속 교원을 포함하여야 한다. 이 경우 국립학교의 장은 시 · 도교육감 또는 교육장의 인사원칙에 따라야 하며, 국립학교에서 공립학교로 전보될 자는 국립학교의 장이 선정하고, 공립학교에서 국립학교로 전보될 자는 시 · 도교육감 또는 교육장으로부터 임용예정인원의 3배수 범위 내에서 추천을 받아 국립학교의 장이 선정한다. 임용권자는 전보를 함에 있어 거리 · 교통 등 지리적 요건과 문화시설의 보급 등을 고려하여 설정한 인사구역 및 인사구역별 근무기간 등을 정한 전보기준을 전보발령 6개월 이전에 공개하여야 한다.

교원의 학교 간 전보는 임용권자가 정하는 기간 동안 동일직위에 근속한 자를 대상으로 정기적으로 실시한다. 다만, 교육상 특히 필요하다고 인정하는 때에는 소속 학교의 장의 요청(단, 본인이 동의하는 경우에 한함)에 따라 임용권자가 정하는 기간 동안 전보를 유예할 수 있다. 교육부장관이 지정한 특성화고등학교(종합고등학교 포함)에 근무하는 교장 · 교감 및 전문교과 담당교사에 대하여는 근속기간에 제한을 두지 아니할 수 있으며, 당해 학교장의 추천에 의하여 전보할 수 있다. 임용권자는 교육상 전보가 불가피하다고 인정할 때에는 동일직위 근속기간이 정기전보기간 이내라 하더라도 전보할 수 있다.

직위해제 후 복직된 자, 감사결과 인사조치 지시된 자, 직무수행 능력이 부족하거나 근무성적이 극히 불량한 자 또는 근무태도가 심히 불성실한 자, 신체 · 정신상의 장애로 장기요양을 요하는 자 등이거나, 교원수급상 부득이한 경우 또는 본인이 희망하는 경우를 제외하고는 생활근거지가 아닌 비경합지구에 속하는 학교에 전보할 수 없다. 다만, 생활근거지가 경합지역에 속하는 자는 그러하지 아니하다. 특수목적고등학교의 교장 · 교감 중 1인은 당해 계열의 전공자를 배치함을 원칙으로 하며, 적격자가 없을 때에는 인사위원회에서 정한 기준에 따라 배치하여야 하고, 여자학교의 교장 · 교감 중 1인은 가급적 여 교원을 배치하여야 한다. 또한 전보권자는 동일한 시 · 도 내의 부부 교원, 노부모 · 특수교육대상자 부양 교원 등에 대한 전보 특례사항을 정할 수 있다.

(3) 징계

교원이 해당 지위에 부과된 의무를 위반한 경우 국 · 공립 교원은 국가 또는 지방자치단체가, 사학교원은 학교법인이 사용자로서의 지위에서 신분상 이익의 일부나 전부를 박탈하는 제재를 받게 된다.

「국가공무원법」 제78조, 「사립학교법」 제61조에 의하면, 교원의 징계사유는 관계법 및 법에 따른 명령 위반, 직무상의 의무 위반 또는 직무 태만, 교원으로서의 체면 또는 위신손상 행위 등이다. 징계 사유에 해당하는 자가 있을 경우 국공립학교는 학교장이, 사립학교는 임면권자가 교원징계위원회에 징계의결을 요구한다. 징계는 파면, 해임, 강등, 정직, 감봉, 견책으로 구분된다. 이 중 견책, 감봉은 경징계에 해당하고 정직, 강등, 해임, 파면은 중징계에 해당한다. 견책은 과오에 대해 훈계하고 회개하는 것을 말하고, 감봉은 1월 이상 3월 이하 기간 동안 보수의 1/3을 감하는 것을 의미한다. 정직은 신분은 유지하나 직무에 종사하지 못하는 것으로 1월 이상 3월 이하 기간 동안 보수 전액을 삭감한다. 강등은 동종의 직무 내에서 하위 직위에 임명하고, 신분은 유지

하나 3개월 동안 직무에 종사하지 못하며 그 기간 중 보수 전액을 삭감한다. 해임은 교원관계가 소멸되지만, 금품 및 향응수수, 공금의 횡령 및 유용에 의한 해임이 아닌 경우 퇴직급여 등의 지급은 받는다. 반면, 파면은 징계 중에서 가장 중한 것으로 신분관계의 소멸뿐만 아니라 퇴직급여 등도 제한받는다.

3) 교원 보수

(1) 보수

보수는 조직 구성원들이 근로활동을 통하여 조직의 목적 달성에 기여한 대가로 받는 금전적 보상을 의미한다. 「공무원보수규정」 제4조에 의하면 보수는 '봉급과 그 밖의 각종 수당을 합산한 금액'을 의미한다. 그 중 봉급은 '직무의 곤란성과 책임의 정도에 따라 직책별로 지급되는 기본급여 또는 직무의 곤란성과 책임의 정도 및 재직기간 등에 따라 계급별, 호봉별로 지급되는 기본급여'를 의미하고 수당은 '직무여건 및 생활여건 등에 따라 지급되는 부가급여'를 의미한다.

우리나라 교원의 보수체계는 교육공무원 보수체계로 운영된다. 교육공무원 보수체계는 1954년 이후 독자적인 교육공무원보수규정이 제정 · 운영되어 오다가 1982년 공무원보수규정 개정 시 이에 통합되어 현재에 이르고 있고 「공무원 보수규정」과 「공무원 수당 등에 관한 규정」에 근거하여 봉급과 수당으로 운영되고 있다. 교원보수의 기본급은 교원은 고도의 전문성을 갖는 직업이기 때문에 직위별로 직무와 능률이 다르다고 볼 수 없다는 관점에서 학력과 자격, 경력에 의한 보수지급을 원칙으로 하는 단일호봉제를 채택하고 있다. 이에 따라 동일 학력 · 자격 · 경력이면 동일호봉에 의한 동일보수를 지급받는다. 봉급은 보수의 대종을 이루는 것으로 호봉에 따라 지급하는 기본급이고 봉급 이외의 부가급여인 각종 수당은 상여수당, 가계보전수당, 특수지 근무수당, 특수근무수당, 초과근무수당 등이 있다. 이 중 정근수당, 장기근속수당, 가족수당, 자녀학비보조수당, 특수지 근무수당은 전 공무원이 공통으로 받는 것이고, 교원만이 받는 수당은 특수업무 수당인 교직수당 및 연구업무수당, 교재수당, 주임교사수당, 실과교원수당, 교원특별수당, 교원 등에 대한 보전수당, 교과지도수당, 교육연수기관 근무수당, 담임업무수당 등이 있다. 전체 교원을 대상으로 하는 공통수당인 정근수당, 관리업무수당, 정근수당가산금, 가족수당, 자녀학비보조수당, 육아휴직수당, 특수지근무수당, 시간외근무수당, 모범공무원수당 중 정근수당과 관리업무수당은 봉급비례수당이고 나머지 수당들은 월정액수당으로 구분된다.

교원의 보수는 근속연한에 따라 보상을 받는 연공급 위주의 임금체계로 되어 있고, 기본급보다는 각종 수당 위주로 이루어져 있고 2006년 관련 조항 개정 이후 기말수당과 각종 가산금이 기본급에 포함됨으로써 전체 보수에서 기본급이 차지하는 비율이 상당히 높아졌음에도 여전히 수당의 상대적 비율이 높아서 불안정한 구조를 이루고 있다.

(2) 성과급

교원성과급은 우수한 교원에 대한 보상을 통해 사기를 진작시키고 근무의욕을 고취시키는 등 교원을 동기부여하기 위한 목적으로 도입되었다. 성과급제도는 기대이론(expectancy theory)와 공정성이론(equity theory)에 근거하여 설명할 수 있다. 기대이론에 근거할 때 성과급은 유인가가 있는 성과 혹은 보상으로 작용할 수 있다. 또한 공정성이론에 근거하면 높은 투입에 따른 높은 산출을 보상받는 것, 즉 일한 만큼의 보상을 준다는 내용의 성과급제도는 교원의 동기유발기제로 이해 가능하다.

현행 교원의 성과급은 「공무원수당 등에 관한 규정」 제7조 2항의 '공무원 중 근무성적, 업무실적 등이 우수한 사람에게 예산의 범위 내에서 성과상여금을 지급한다.'는 규정에 근거하고 있다. 지급 기준일은 매년 12월 31일이고 고등학교 이하 각급학교의 교장(원장), 교감(원감), 교사, 그리고 교육부 및 시·도교육청 등에 근무하는 장학관, 교육연구관, 장학사, 교육연구사가 지급대상이다. 그러나 실제 근무한 기간이 2개월 미만인 자, 기간제교원 등은 지급대상에서 제외된다. 성과상여금 평가등급은 S(30%), A(40%), B(30%) 3등급으로 구분한다.

요약

- 교육인사행정은 교육목적을 달성하기 위하여 유능한 교원을 채용하여 적재적소에 배치하고 그들의 능력계발을 도모하며, 직무수행에 전념할 수 있도록 사기를 진작시키는 활동이다.
- 교원은 각급학교에서 학생을 가르치는 자로서 초 · 중등학교 및 유치원의 교(원)장 · 교(원)감, 교사와 대학의 교수, 부교수, 조교수, 조교를 포함하며 유치원 · 초 · 중등교원은 자격증을 취득해야 교원으로 임용될 수 있다.
- 교육인사행정은 신규임용, 현직교육, 승진, 전직 및 전보 등의 과정을 포함한다. 신규 임용된 교원은 교직 생활 과정에서 재교육을 통해 전문성을 강화하고 승진, 전직 및 전보 등의 인사행정을 경험할 수 있다. 승진은 수직적 인사이동이고 전직과 전보는 수평적 인사이동이다. 이 중 전직은 다른 직렬의 직급으로 이동하는 것을 의미하고 전보는 동일한 직렬의 직급으로 이동하는 것을 의미한다.
- 교원능력개발평가는 일차적으로 교원의 전문성 진단을 통해 지속적인 능력개발을 지원하는 것을 목적으로 한다. 궁극적으로는 교원의 능력개발 및 학교 구성원의 만족도 향상을 통해 학교 단위의 교육력 제고와 신뢰 증진 및 학생에게 질 높은 교육을 제공하는 것을 목적으로 한다.
- 교원의 보수는 공무원보수규정에 의거하여 봉급과 각종 수당을 포함하는데 봉급은 직무의 곤란성과 책임의 정도에 따라 직책별로 지급되는 기본급여를 의미하고 수당은 직무여건 및 생활여건 등에 따라 지급되는 부가급여를 의미한다.

찬반 토론

교원의 자질은 적 · 인성적 자질과 전문적 자질로 구분된다. 적 · 인성적 자질에는 교사로서의 소명의식, 가치관, 적성 등이 포함되고 전문적 자질에는 교직 수행에 필요한 역량 등이 포함된다. 그러나 현재의 교원양성과정 및 임용시험에서는 예비교원의 전문적 자질 검증에만 중점을 두고 있고 적 · 인성적 자질, 특히 인성적 자질에 대해서는 검증이 미흡하다는 주장이 대두되고 있는 현실이다.

교원양성과정 및 임용시험에서 예비교원의 인성을 검증해야 할 필요가 있는지 검증의 필요성에 대한 찬성과 반대 입장을 선택하여 논의를 전개하되 주장의 근거와 현실적 방안을 같이 고려하여 논의를 전개해 보자.

찬성의견	반대의견
1. 교원은 학생을 교육하는 사람으로서 그 어떤 직업보다 인성적 자질을 갖추어야 한다. 그러나 현행 교원양성제도 및 임용제도에서는 교사의 인성을 제대로 검증하지 못하고 있는 실정이다. 교원자격 무시험검정에서는 교직적·인성검사에서 2회 적격 판정을 받도록 하고 있으나 검사가 형식적인 측면이 크다. 따라서 예비교원의 인성적 자질을 제대로 검증할 필요가 있다.	1. 현재 교원자격 무시험검정에서는 교직적·인성검사 2회 적격 판정을 받아야 하고 시험검정에서는 교직적성 심층면접을 진행하고 있다. 교원의 적·인성에 대해서는 지금의 검증 과정으로도 충분하다.
2. 예비교원의 인성적 자질을 검증하고 함양하기 위한 방법으로는 첫째, 교직적·인성검사 결과를 교원양성교육과 연계해야 한다. 검사가 실질적으로 예비교사의 적·인성 함양을 위해 활용되도록 검사결과 자료를 토대로 개별 학생에게 피드백과 맞춤형 정보를 제공해야 한다. 또한 부적격 판정자에게는 지속적이고 체계적인 교육 프로그램이 제공되어야 한다. 둘째, 적·인성검사가 가지는 지필검사의 한계를 보완하기 위해 개별면담이나 집단토의, 지속적으로 봉사활동 등이 기록된 포트폴리오 등 다양한 교직적·인성 평가 방법을 개발 및 적용할 필요가 있다. 끝으로 현행 교사임용시험 제2차 시험의 교직적성 심층면접에서 면접 문항을 정교화하고 면접 시간을 확대하는 등 면접 방식을 개선해야 한다.	2. 인성에 대해서는 양성과정에서 제대로 검증하는 것이 현실적으로 어렵다. 예비교원으로서 교직에 대한 적·인성적 자질을 갖추었는지에 대해서는 양성단계에서 이루어지는 현재의 검증 방식으로도 충분하고 현직에서 진행되는 평가를 통해 실질적으로 검증하고 개선하기 위한 프로그램을 적용하는 것이 현실적으로 가능한 방법이다.

생각해 볼 문제

1. 교원성과급제도의 도입 취지에 대해 동기이론을 적용하여 설명해 보자.
2. 교사양성방식으로서의 개방형, 폐쇄형, 혼합형의 장·단점에 대해 논하고 합리적인 교사양성방식에 대해 논의해 보자.
3. 현행 교원 승진제도의 문제점 및 개선방안을 교원의 사기진작과 우수 관리자 확보 등과 연계하여 논의해 보자.
4. 교원능력개발평가제의 주요 문제점과 개선방안에 대해 논의해 보자.
5. 교원의 전문성을 계발하고 사기를 진작시킬 수 있는 방법에 대해 논의해 보자.

참고문헌

김갑성(2011). 수석교사제의 현황과 과제. 한국교육개발원.

김이경, 한만길, 박영숙, 홍영란, 백선희(2005). 교원의 직무수행 실태분석 및 기준개발 연구. 한국교육개발원.

김종철(1985). 교육행정학신강. 서울: 세영사.

김종철, 이종재(1995). 교육행정의 이론과 실제. 서울: 교육과학사.

김혜숙, 신상명, 한보명(2001). 교원의 질 관리를 통한 학교 개선 국제 공동 연구. 한국교육개발원.

남정걸(2009). 교육행정 및 교육경영. 서울: 교육과학사.

서정화, 박세훈, 박영숙, 전제상, 조동섭, 황준성(2011). 교육인사행정론. 경기: 교육과학사.

송기창, 김도기, 김민조, 김민희, 김병주, 김병찬, 김성기, 김용, 나민주, 남수경, 박상완, 박수정, 오범호, 윤홍주, 이정미, 이희숙, 정성수, 정수현, 정제영, 조동섭, 조석훈, 주현준, 홍창남(2009). 중등교직실무. 서울: 학지사.

신상명, 김민희, 김갑성, 주현준, 정제영, 이희숙, 정성수(2014). 교육과 행정(2판). 서울: 가람문화사.

신현석, 안선회, 김동석, 김보엽, 박균열, 박정주, 반상진, 변기용, 양성관, 엄준용, 이강, 이경호, 이일권, 이정진, 전상훈, 조홍순(2015). 학습사회의 교육행정 및 교육경영(2판). 서울: 학지사.

오석홍(2013). 인사행정론(제7판). 서울: 박영사.

윤정일, 송기창, 조동섭, 김병주(2015). 교육행정학원론(6판). 서울: 학지사.

이윤식, 김병찬, 김정휘, 박남기, 박영숙, 송광용, 이성은, 전제상, 정영수, 정일환, 조동섭, 진동섭, 최상근, 허병기(2008). 교직과 교사. 서울: 학지사.

진동섭, 이윤식, 김재웅(2011). 교육행정 및 학교경영의 이해. 경기: 교육과학사.

OECD(1998). Education policy analysis. ParisiOECD.

OECD(2001). Teachers for tomorrow schools. ParisiOECD.

제 9 장

교육재정

1. 교육재정의 의의
2. 교육재정의 체계
3. 학교회계

사례

교육행정을 공부하는 대학 신입생인 김 학생은 올해 치루는 총선에서 처음 투표권을 행사하게 되었다. 김 학생은 자신에게 주어진 권리를 제대로 행사하기 위해 어떤 후보가 어떤 공약을 내세우고 있는지, 그 공약들이 실현가능성이 있는지 그리고 우리 지역에 필요한 것인지를 신중하게 판단하려고 한다. 그리고 시 · 도교육감 선거 포스터를 보고 각 후보들의 공약들을 살펴보다가 몇 가지 의문점이 생기기 시작했다. 김 학생의 지역구에 후보로 나온 시 · 도교육감의 공약들은 다음과 같다.

후보자 A. 건강한 식생활 정착과 학부모 부담 경감을 위한 친환경 무상급식 사업 확대, 교육공무원 처우 개선 및 교직원 업무경감

후보자 B. 누리과정 교육비 확보를 통한 학부모 부담 경감, 자유학기제의 활성화 및 단계별 진로교육 강화, 교육재정 효율화 및 절감을 위한 교육공무원 조직 개편

선거 공약은 후보자들이 유권자들에게 제시하는 공적인 약속이기 때문에 공약의 실현 여부가 중요하다. 그리고 후보자의 당선 이후 정책방향이나 추진의지를 가늠할 수 있게 해 준다. 그런데 교육감들의 각 공약들이 천차만별이어서 유권자들은 혼란스러워 하고 있다.

김 학생이 혼란스러워 하는 것들은 다음과 같다. 먼저 교육감 후보자들이 내세우는 공약들이 우리 교육청만의 특색 있는 사업이어서 당선 이후 많은 노력을 들여야 하는지 여부이다. 몇 가지 공약은 예전에 교육부장관이 언론에 발표했던 것이 아닌가 하는 기억이 떠올랐다. 교육감이 특별히 노력하지 않아도 국가에서 재정을 지원하는 것이라면 특별히 공약이라 할 수 없지 않나 하는 생각이 들었다. 다음으로 다른 교육청과 구별되는 특색 있는 공약들이 있는데 과연 실현 가능한지가 궁금했다. 교육감이 매년 배분되는 교육재정을 공약 실현에 활용할 수 있을 만큼의 재정이 확보되는지, 혹시 특색사업을 위해 기존의 혜택이 사라지는 건 아닌지 하는 우려가 생겼다. 마지막으로 우리 지역이 다른 지역에 비해 교육여건이 좋아지는 게 적절한 것인지 하는 생각이 든다. 누구나 지역의 경제력과 상관없이 동등한 교육을 받는 것이 좋은지 아니면 더 좋은 교육환경을 찾아 옮겨 다니는 게 나은 건지 잘 모르겠다.

김 학생은 교육행정 현실에서 나타나는 국가와 지방정부, 지방정부 간의 관계에 대한 이해가 필요한 시점이다. 이러한 행정 주체들 간에는 어떤 위계가 있는지 그리고 그 관계는 무엇을 기준으로 어떻게 파악할 수 있는지에 대한 고민이 필요하다. 교육행정에서 교육재정의 흐름이 행정주체들 간의 관계를 어떻게 보여 주고 있으며 이러한 재정활동에 관련된 가치들은 어떤 것인지 함께 찾아보고 논의해 보도록 하자.

1. 교육재정의 의의

교육은 매우 큰 산업이다(Lunenburg & Ornstein, 2004). 교육이 하나의 산업인 이유는 많은 수의 학생이 교육을 받고 교직원 등의 고용규모가 막대하며 거대한 규모의 교육비가 투자되고 있기 때문이다. 한국의 경우 2015년을 기준으로 682만 명의 학생이 교육을 받고 교직원 및 학교회계직원 등 총 68.9만명을 고용하고 있으며, 교육비는 2014년 결산 기준 약 71.4조에 달하며 이는 GDP의 4.8%에 해당하는 규모이다(공은배, 2016). 특히 거대한 규모의 교육재정이 어떠한 가치에 의해 어떻게 배분 · 활용되고 있는지를 검토하고 이에 따라 교육정책을 수립하는 것이 필요하다.

1) 교육재정의 개념

국민경제를 운용하는 주체는 가계, 기업, 정부이며, 이 중 정부가 가계와 기업으로부터 거둔 조세수입 등을 기반으로 공공재 및 공공서비스를 제공하기 위해 지출활동을 하는 것을 재정이라 할 수 있다(국회예산정책처, 2010). 즉, 재정(public finance)은 정부부문의 경제활동을 총칭하는 개념으로 화폐로 표시될 수 있는 정부의 수입, 지출 활동을 의미한다. 그리고 교육재정(educational finance)은 교육활동을 지원하기 위하여 국가나 공공단체가 필요한 재원을 확보 · 배분 · 지출 · 평가하는 일련의 경제활동을 의미한다(윤정일, 2004). 이러한 정의에 따르면 교육재정의 주체는 국가 및 공공단체이고, 교육재정의 성격은 교육활동 지원이며, 교육재정의 영역은 재원의 확보 · 배분 · 지출 · 평가로 설정할 수 있다.

(1) 교육재정의 주체

교육재정의 주체는 중앙정부(교육부), 지방정부, 단위학교 등이다. 각 주체별로 고유

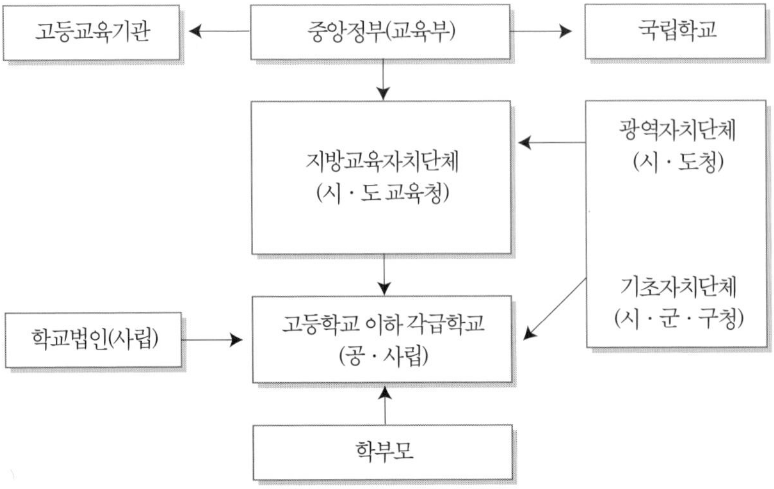

그림 9-1 교육재정의 주체와 돈의 흐름

한 재원과 기능을 갖고 있으며 이들은 수입 · 지출에 관한 예산, 예산의 집행과 회계, 결산과 감사에 이르는 포괄적인 활동을 하고 있다. 단계별로는 중앙정부(교육부), 지방자치단체(시 · 도청)와 지방교육자치단체(시 · 도교육청), 기초자치단체(시 · 군 · 구청), 국 · 공립학교 및 사립학교를 포함한다. 학교급별로는 유치원, 초등학교, 중학교, 고등학교, 특수학교 등 고등학교 이하 각급학교 및 고등교육기관을 포함한다.

(2) 교육재정의 영역

교육재정의 영역은 교육재정의 확보, 배분, 지출, 평가이다. 교육재정의 확보에는 충족성과 자구성, 배분에는 효율성과 공정성, 지출에는 자율성과 적정성, 평가에는 효과성과 책무성이 강조된다.

교육재정 확보의 충족성은 교육활동에 필요한 최소한의 필요 재원이 마련되어야 한다는 것이고 자구성은 교육재정 주체가 필요한 자원을 스스로 확보할 수 있도록 관련 제도적 장치가 마련되어야 한다는 것을 의미한다. 교육재정 배분의 효율성은 최소의 노력과 경비를 투입하여 최대의 효과를 이루는 것이고 공정성은 평등성보다 광의의 개념으로 재화, 서비스 또는 부담을 배분하는 데 있어 정의로움 또는 공평함을 의미하는 것으로 집단 간의 질적인 차이까지를 고려하는 개념이다. 교육재정 지출의 자율성은 중앙의 권한을 그 이하 지방정부 및 교육단체에 분산하는 것이고, 적정성은 의도한 교육적 결과를 산출하는 데 필요한 자원의 충분성과 적절함을 의미한다. 교육재정 평가의 효과성은 투입된 자원이 교육의 질적 향상을 가져오도록 해야 하는 것으로 재정의 투입 대비 교육성과나 만족도를 측정함으로써 진단할 수 있다. 책무성은 교육에 추가 자원이 투입되었을 때 그에 상응하는 산출이 나타나는 것을 의미한다.

(3) 교육재정의 분야

교육재정의 분야는 유아 및 초·중등교육, 고등교육, 평생·직업교육, 교육일반으로 나눌 수 있다. 유아 및 초·중등교육은 지방교육이라고도 하며 이는 고등학교 이하 각급학교에 관한 사무가 지방교육자치단체로 이양된 지방자치제 도입에 따른 것이다. 고등교육은 전문대학 및 대학교, 대학원 등 고등교육기관을 포함하며 관련 재정정책들은 대학교육 및 학술연구 역량 강화, 한국사 연구, 국가장학제도 등이 있다. 평생·직업교육은 R&D, 직업훈련, 평생교육 등을 포함하며 인적자원 정책, 평생직업교육, 국제교육, 정보활용 등의 재정정책이 있다. 교육일반은 교육부 및 소속기관의 인건비, 행정운영 경비 등이 포함된다.

각 분야별로 투자되는 재정규모가 가장 큰 것은 유아 및 초·중등교육이고 다음으로 고등교육, 평생직업교육, 교육일반 순이다. 2016년 예산을 기준으로 유아 및 초·중등교육은 43.1조 원으로 81.2%를 차지하고, 고등교육은 9.3조 원으로 17.5%, 평생직업교육은 0.6조 원으로 1.1%, 교육일반은 0.1조 원으로 0.2%의 비중을 차지하는 것으로 나타나고 있다.

2) 교육재정이 추구하는 가치

(1) 공평성

교육에서의 공평성(equity)은 교육에 대한 균등접근, 동등한 교육적 취급, 교육산출의 평등으로 구분할 수 있다.

첫째, 교육에 대한 균등접근(equal educational opportunity)은 학생들에게 최저수준의 교육자원을 제공하여 교육기회를 균등하게 보장할 수 있는 것을 가정한다. 학생이 속한 지역의 재정력에 따라 교육자원의 제공 여부가 좌우되어서는 안 되며 이는 모든 학생에게 적어도 최소한의 적절한 교육서비스가 동등하게 제공되어야 한다는 것을 강조한다. 수평적 공평성, 재정적 중립성 등의 개념으로 표현될 수 있으며, 이에 따라 기본교육비 교부제도(foundation program)와 기본교육비 보조(basic aid) 등의 정책이 나타났다.

둘째, 동등한 교육적 취급(equal educational treatment)은 학습자들이 각기 다른 특성과 능력을 가지고 있으므로 교육서비스는 개별학생의 독특한 상황에 적합하도록 제공되어야 함을 강조한다. 수직적 공평성의 개념으로 표현되며, 이에 따라 특수학생에 대한 특별지원과 보상교육(compensatory education)제도가 나타났다.

셋째, 교육산출의 평등(equality of educational outcome)은 교육기회의 평등을 보장하기 위해서는 교육성취가 동등해야 한다는 것을 의미한다. 학교는 자원의 필요수준과 상관없이 학생들이 동등한 최소한의 성취에 도달할 수 있도록 책임을 져야 한다는 것을 강조한다. 이는 효과성의 개념으로 표현되며, 교육의 성취, 즉 가시적인 교육의 결과를 무엇으로 할 것인지에 대한 합의가 어렵고 실제 적용하는 데 어려움이 있다.

(2) 효율성

교육재정의 가치에 관한 논의들은 교육의 기회균등(equal educational opportunity)이나 평등교육(egalitarian)에서 최근에는 수월성(excellence), 효율성(efficiency), 생산성(productivity)으로 변화하고 있다(Lunenburg & Ornstein, 2004). 균등한 교육기회 보장을 위해 정부가 취약계층에 대한 교육비를 보조해야 하는 것에서 학생의 학교 선택권을 보장하기 위한 학교체제의 다양화에 대한 논의가 이루어지고 있는 것이다.

효율성(efficiency)은 자원의 배분이 얼마나 효과적으로 이루어지는지에 관한 것으로 자원들이 낭비되지 않고 최선의 방법으로 활용된다는 것을 의미한다. 즉, 일정한 산출을 유지하면서 투입을 축소시켜 효과성을 제고하거나 동등한 수준의 투입으로 추가적인 생산을 얻어 달성될 수 있다.

교육에서의 효율성은 학교교육의 생산성 증대라는 책무성 개념과 함께 강조되고 있다. 그러나 실제 교육현장에서 효율성을 객관적으로 측정하거나 증진하기 어려운 점이 있다. 교육의 산출을 무엇으로 할 것인지에 대해 합의가 이루어지기 어렵고, 효율성의 강조는 교육평등과 상충될 수 있기 때문이다.

(3) 자율성

교육재정에서의 자율성은 교육과 관련된 권한을 광범위하게 분산하는 것으로 중앙집권적인 방식보다는 하위 단위에 대한 권한 위임을 통해 자율적인 의사결정을 보장하는 것을 의미한다. 중앙집권적인 방식은 통제와 획일성을 강조하기 때문에 그 대신 많은 교육구나 교육자치기구들을 설치하여 권한을 위임함으로써 권한의 축적을 방지하는 것이다.

그러나 자율성의 확대는 타협과 절충을 요구하게 되어 많은 시간이 낭비될 수 있으며, 대의정치를 활용함에 따라 책무성이 모호해질 수 있다. 따라서 자율성을 강조하게 되면 효율성을 저해할 수 있는 문제가 있다.

2. 교육재정의 체계

1) 중앙정부의 교육재정

중앙 정부의 교육재정은 교육부 소관 예산을 의미하며, 그 규모는 2016년 본예산을 기준으로 약 53조 원이다. 이는 중앙정부 총예산의 15%를 차지하는 규모이다(〈표 9-1〉 참조).

〈표 9-1〉 주요 분야별 재정배분(2016년) (단위: 조 원)

	본예산(A)	추경(B)
총지출	386.4	398.5
1. 보건 · 복지 · 고용	123.4	126.9
2. 교육(지방교육재정교부금)	53.2(41.2)	55.1(43.2)
3. 문화 · 체육 · 관광	6.6	6.9
4. 환경	6.9	7.0
5. R&D	19.1	19.1
6. 산업 · 중소 · 에너지	16.3	18.6
7. SOC	23.7	23.7
8. 농림 · 수산 · 식품	19.4	19.6
9. 국방	38.8	38.8
10. 외교통일	4.7	4.7
11. 공공질서 · 안전	17.5	17.5
12. 일반 · 지방행정	59.5	62.9

출처: 기획재정부(2017).

교육부 소관 예산은 일반회계, 특별회계, 기금으로 나누어진다. 일반회계에는 지방교육재정교부금을 포함한 유 · 초 · 중등교육, 고등교육, 평생 · 직업교육, 교육일반 등에 대한 지출이 포함된다. 지방교육재정교부금은 「지방교육재정교부금법」에 의해 내국세 20.27%, 「교육세법」에 의한 교육세(국세분)를 재원으로 한다. 지방교육재정교부금의 확보 및 배분에 관해서는 별도로 논의할 것이다. 특별회계는 지역발전특별회계, 혁신도시특별회계 등을 포함한다. 기금은 사립학교교직원연금기금, 사학진흥기금 등을 포함한다.

〈표 9-2〉 2016 회계연도 교육부 세입/세출 결산 (단위: 십억 원, %)

회계연도	세입(수입)			세출(지출)		
	일반회계	특별회계	기금	일반회계	특별회계	기금
2015년	274	28	10,714	50,005	894	10,714
2016년	188	1	10,938	53,518	841	10,938

교육부가 교육재정을 지출하는 분야는 크게 4개로 나눌 수 있는데, 이는 유아 및 초·중등교육, 고등교육, 평생·직업교육, 교육일반 등이다. 유아 및 초·중등교육은 지방정부가 운용하는 지방교육에 대한 재정지원, 고등교육은 전문대학, 대학교, 대학원 등에 대한 재정지원, 평생·직업교육은 R&D, 직업훈련, 평생교육에 대한 재정지원, 그리고 교육일반은 교육부 및 소속기관의 인건비 및 경비를 의미한다. 각 분야별 재정지출의 추이를 보면(〈표 9-3〉 참조), 유아 및 초·중등교육이 가장 규모도 크고 비중도 높지만 최근으로 올수록 줄어드는 추이를 보이며, 고등교육에 대한 재정지출은 증가하는 것으로 나타나고 있다.

〈표 9-3〉 분야별 교육예산 비중 및 추이 (단위: 억 원, %)

구분	전체교육예산	유아 및 초·중등교육	고등교육	평생·직업교육	교육일반
2010년	382,557(100.0)	325,467(85.1)	50,440(13.2)	5,378(1.4)	1,272(0.3)
2011년	412,338(100.0)	354,823(86.1)	49,769(12.1)	6,514(1.6)	1,232(0.3)
2012년	454,911(100.0)	385,549(84.8)	62,208(13.7)	5,948(1.3)	1,206(0.3)
2013년	490,810(100.0)	411,920(83.9)	72,316(14.7)	5,292(1.1)	1,282(0.3)
2014년	508,175(100.0)	414,670(81.6)	86,839(17.1)	5,641(1.1)	1,126(0.2)
2015년	529,187(100.0)	414,568(78.3)	107,449(20.3)	6,150(1.2)	1,020(0.2)
2016년	531,859(100.0)	430,588(81.0)	93,593(17.6)	6,577(1.2)	1,101(0.2)

출처: 기획재정부, 나라살림, 해당연도(2011~2017)

2) 지방정부의 교육재정

(1) 지방교육자치기관의 성격과 구성

지방교육자치는 1948년 미 군정시기의 지방자치법을 토대로 1961년 5·16까지 실시되었다가 이후 중단되었다. 이후 1991년부터 지방자치제의 시행과 더불어 지방교육자치가 부활하였고 일반행정과 교육행정이 이원화되어 운영되고 있다. 당초의 광역자치단체의 교육청은 일반자치단체와는 별개로 독립적인 심의·의결기관인 교육위원회와 집행기관인 교육감으로 구성되었다. 이후 2010년부터 교육위원회가 폐지되고 그 기능을 시 · 도의회의 상임위원회가 담당하게 되어 교육청은 집행기능만을 담당하게 되었다. 시 · 군 · 구 단위에 설치되어 있는 교육지원청은 자치기관이 아닌 시 · 도교육청의 하부행정기관으로 기능하고 있다.

시 · 도교육청은 단독 과세권이 없으며 중앙정부의 이전수입(지방교육재정교부금, 국고), 지방자치단체의 법정 및 비법정전입금 등의 이전수입에 대부분을 의존하고 있다.

(2) 지방정부 교육재정 구조

지방정부의 재정은 일반회계, 특별회계, 기금으로 구성되어 있으며, 특별회계 중 교육비특별회계가 지방정부 교육재정이며 지방교육자치단체가 이를 별도로 운영하고 있다.

지방정부 교육재정의 세입은 이전수입과 자체수입으로 구성되며 예산 편성시에는 중앙정부 이전수입, 지방자치단체 이전수입, 자체수입, 지방교육채 및 기타로 구분한다. 첫째, 중앙정부 이전수입은 지방교육재정교부금, 국고보조금이 있다. 둘째, 지방자치단체 이전수입은 ① 지방세법상 법정 이전비율이 명시된 법정이전수입, ② 지방정부가 지역교육의 발전을 위해 재량적으로 출연하는 비법정이전수입, ③ 민간이나 지방정부 간 이전하는 기타이전수입으로 구성된다. 셋째, 자체수입은 입학금 및 수업료, 사용료 및 수수료 수입, 자산수입, 이자수입, 기타수입 등이 있으며 넷째, 재정 상황에 따라 발행하는 지방교육채 및 기타비용이 있다. 이를 구조화하여 나타내면 [그림 9-2]와 같다.

시 · 도교육청의 예산규모는 2015년 결산을 기준으로 총 62조 3,605억 원이며, 이 중 중앙정부의 이전수입은 40조 888억 원(64.3%), 지방자치단체 이전수입은 10조 9,895억 원(17.6%), 기타 이전수입은 929억 원(0.2%), 자체수입은 1조 4,045억 원(2.2%), 지방교육채 및 기타는 9조 7,848억 원(15.7%)으로 나타났다. 중요한 특징은 중앙정부 및 지방자치단체 이전수입이 총 81.9%로 거의 대부분을 차지하는 것이다. 이는 교육재정의 확보에 있어 자구성이 매우 낮은 현실을 반영한다 할 수 있다. 지방정부의 교육재정 세입 규모는 〈표 9-4〉와 같다.

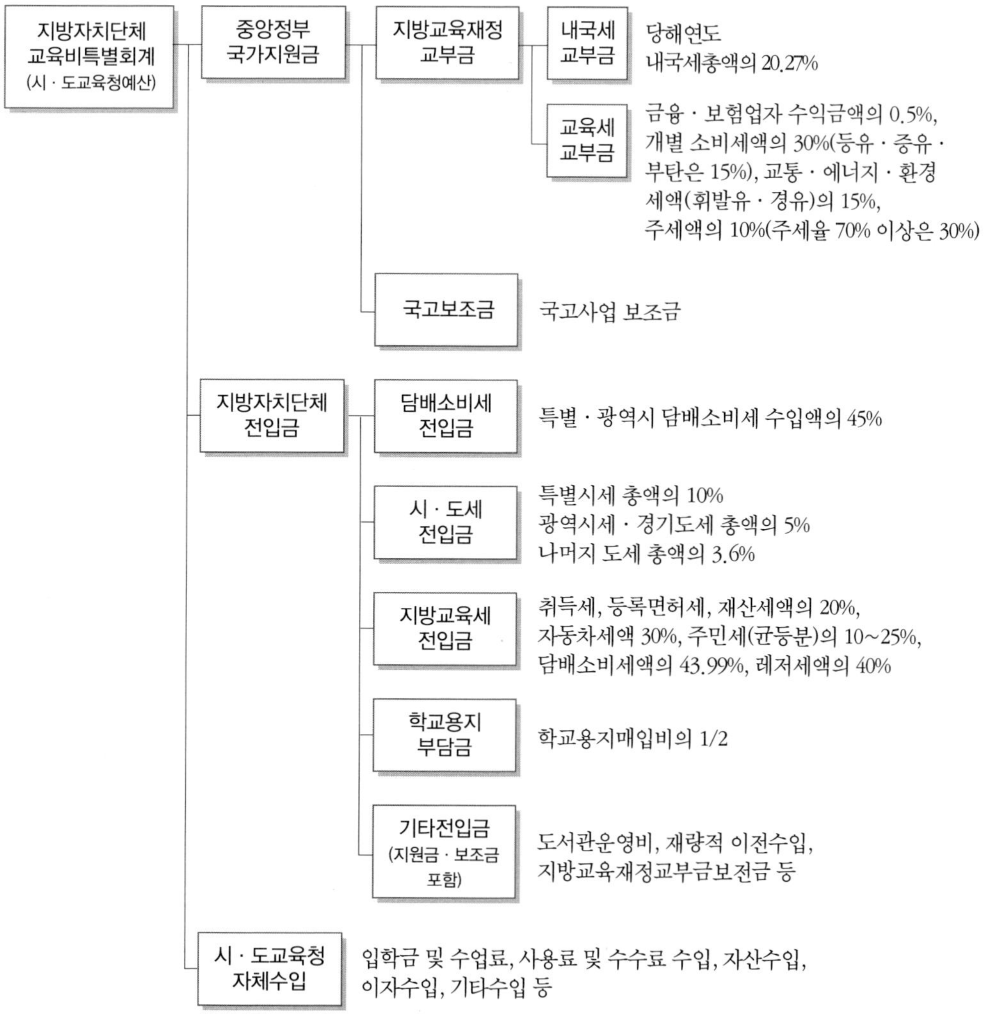

그림 9-2 시 · 도교육청 교육비특별회계 재원 구조

출처: 지방교육재정알리미(www.eduinfo.go.kr).

〈표 9-4〉 시 · 도 교육비특별회계의 세입 결산 (단위: 십억 원)

항목구분	2010년	2011년	2012년	2013년	2014년
세입 결산액	48,483	51,703	54,934	57,258	60,516
이전수입	40,478	44,949	48,560	50,316	51,267
중앙정부 이전수입	32,567	36,311	39,401	41,070	40,978
지방교육재정교부금	32,437	36,139	39,249	40,812	40,869
보통교부금	31,291	34,878	37,856	39,368	39,440
특별교부금	1,146	1,261	1,393	1,445	1,429
국고보조금	130	172	152	257	109
지방자치단체 이전수입	7,830	8,520	9,061	9,167	10,208
법정이전수입(의무)	7,387	7,835	8,150	8,251	9,450
지방교육세전입금	4,835	5,202	5,446	5,386	5,581
담배소비세전입금	556	575	537	525	551
시 · 도세전입금	1,563	1,662	1,820	1,870	2,112
학교용지일반회계부담금	432	396	348	470	414
지방교육재정교부금보전금	0	0	0	0	790
비법정이전수입(재량)	443	685	911	916	758
광역자치단체전입금	185	305	437	451	293
기초자치단체전입금	258	380	474	465	465
기타이전수입	81	118	98	80	81
민간이전수입	81	118	91	72	73
자치단체간이전수입	0	0	7	8	8
자체수입	1,515	1,486	1,507	1,564	1,488
입학금 및 수업료	1,100	1,131	1,070	1,062	1,011
사용료 및 수수료	23	23	26	24	22
자산수입	169	104	133	186	230
이자수입	168	167	197	183	99
기타수입 등	55	61	81	109	125
지방교육채 및 기타	6,489	5,267	4,867	5,378	7,761
지방교육채	1,040	0	34	958	3,802
기타	5,449	5,267	4,833	4,419	3,959
순세계잉여금	3,073	2,354	2,433	2,041	1,388
보조금사용잔액	2	0	6	3	1
전년도이월금	2,375	2,913	2,394	2,376	2,570

출처: 지방교육재정알리미(www.eduinfo.go.kr).

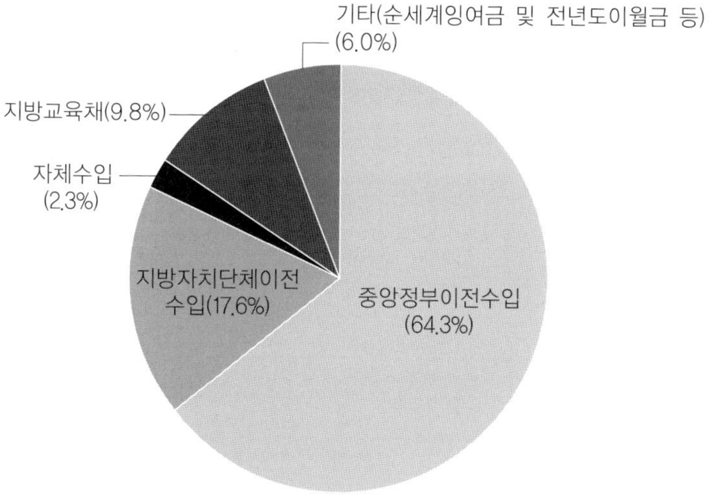

그림 9-3 교육비특별회계 세입 재원별 구성비

출처: 지방교육재정알리미(www.eduinfo.go.kr).

반면 교육재정의 확보는 지방교육재정교부금 제도를 통해 이루어지고 있으며, 그 규모를 「지방교육재정교부금법」에 법정화하여 내국세 총액의 20.27%와 교육세 전액으로 하고 있다.

지방정부 교육재정의 세출은 사업별 세출구조 및 성질별 세출구조로 작성하고 있다. 기존에 품목별 예산제도가 운영되던 2008년 이전에는 인건비, 물건비, 이전지출, 자본지출, 상환지출, 전출금 등 예비비 및 기타 등의 원가통계목명을 기초로 하여 예산을 작성하였다. 이후 사업별 예산제도가 시행됨에 따라 세출예산은 정책사업별로 작성하도록 하고 있다. 사업별 세출 현황을 나타내면 〈표 9-5〉와 같다.

〈표 9-5〉 시 · 도 교육비특별회계 기능별 정책사업별 세출 결산 (단위: 십억 원)

항목구분	2010년	2011년	2012년	2013년	2014년
세출 결산액	43,109	46,814	50,434	53,296	56,789
유아 및 초중등교육	41,007	44,098	48,318	51,240	52,725
인적자원운용	23,324	24,565	26,085	27,277	28,297
교수-학습활동지원	3,450	3,973	4,443	3,434	3,058
교육복지지원	1,684	2,084	2,940	5,019	5,608
보건/급식/체육활동	1,123	1,367	1,211	1,718	1,635
학교재정지원관리	7,139	8,019	9,456	9,772	9,899
학교교육여건개선시설	4,285	4,089	4,183	4,020	4,228
평생 · 직업교육	182	166	189	145	127
평생교육	129	124	136	129	118
직업교육	53	43	53	15	8
교육일반	1,920	2,550	1,927	1,912	3,938
교육행정일반	640	382	464	427	528
기관운영관리	421	437	553	528	452
지방채상환 및 리스료	821	1,657	904	950	2,952
예비비 및 기타	38	74	6	7	6

출처: 지방교육재정알리미(www.eduinfo.go.kr).

3) 지방교육재정교부금

(1) 제도의 성격

지방교육재정교부금은 「지방교육재정교부금법」에 근거하여 운영하는 제도로 교육재정의 확보제도인 동시에 배분제도이다.

「지방교육재정교부금법」 제1조는 이 제도의 목적을 다음과 같이 명시하고 있다.

> 제1조(목적) 이 법은 지방자치단체가 교육기관 및 교육행정기관(그 소속기관을 포함한다. 이하 같다)을 설치 · 경영함에 필요한 재원의 전부 또는 일부를 국가가 교부하여 교육의 균형 있는 발전을 도모함을 목적으로 한다.

이에 따른 지방교육재정교부금의 성격은 크게 세 가지로 볼 수 있다(송기창 외, 2012). 첫째, 지방교육재정교부금은 지방자치단체 간 교육의 균형 있는 발전을 도모하는 데 목적이 있다. 지방정부의 일반행정기관인 지방자치단체에 교부하는 '지방교부세'를 규정한 「지방교부세법」 제1조는 '지방행정을 건전하게 발전시키도록 함'을 목적으로 한다는 것과 차이가 있다. 즉, 지방교육재정교부금은 건전한 발전보다 좀 더 적극적인 개념으로 균형있는 발전을 도모하며 이는 정부의 적극적인 개입을 시사하는 것이라 할 수 있다. 따라서 지방교육재정교부금은 지방자체단체 간 교육수준이 균등하도록 보장하는 데 목적이 있다. 둘째, 지방교육재정교부금은 국가가 지방자치단체에 교부하는 재원임을 명시하고 있다. 이는 어떤 지방자치단체에 필요한 재원보다 많은 규모의 수입이 발생했다 하더라도 이를 국가나 다른 지방정부에 이전하지 않는 것을 의미한다. 또한 교육재정의 확보 책임이 국가에 있다는 것을 의미하기도 한다. 즉, 지방교육재정교부금이 국가의 안정적 교육재정 확보수단인 것을 나타내고 있는 것이다. 셋째, 지방교육재정교부금은 교육기관 및 교육행정기관을 설치·경영하는 데 필요한 재원이다. 이는 사립학교는 교부금의 지원대상에서 제외된다는 문제가 있다. 실제 지방교육재정교부금 배분기준에 사립학교를 포함하고 있으나, 「지방교육재정교부금법」 제1조는 사립학교를 지원대상에서 제외한 표현을 사용하고 있다.

(2) 지방교육재정교부금의 운영

지방교육재정교부금의 확보는 「지방교육재정교부금법」에 명시되어 있으며, 내국세 총액의 20.27% 그리고 국세 교육세(교육세 교부금) 전액을 재원으로 하고 있다. 지방교육재정교부금의 규모는 〈표 9-6〉과 같다.

〈표 9-6〉 지방교육재정교부금 재원 (단위: 조 원)

구 분	2016년 예산	2015년 예산	증감률
지방교육재정교부금(A+B)	41.2	39.4	1.8(4.6%)
내국세분(내국세의 20.27%)(A)	36.1	34.7	1.4(4.1%)
교육세분(B)	5.1	4.7	0.4(8.3%)

출처: 지방교육재정알리미(www.eduinfo.go.kr).

〈표 9-7〉 「지방교육재정교부금법 시행령」의 기준재정수요액 산정기준

<table>
<tr><th colspan="2">측정항목</th><th>측정단위</th></tr>
<tr><td colspan="2" rowspan="6">1. 교직원 인건비</td><td>교원 수</td></tr>
<tr><td>교원 증원 수</td></tr>
<tr><td>교육전문직원 수</td></tr>
<tr><td>교육공무원이 아닌 공무원 및 사무직원 수</td></tr>
<tr><td>공무원 · 사무직원 외의 직원 수</td></tr>
<tr><td>명예퇴직 교원 수</td></tr>
<tr><td rowspan="12">2. 학교 · 교육과정 운영비</td><td>가. 학교경비</td><td>학교 수</td></tr>
<tr><td>나. 학급경비</td><td>학급 수</td></tr>
<tr><td>다. 학생경비</td><td>학생 수</td></tr>
<tr><td>라. 교육과정 운영비</td><td>학생 수</td></tr>
<tr><td rowspan="3">마. 교과교실 운영비</td><td>학교 수</td></tr>
<tr><td>증설 교과교실 수</td></tr>
<tr><td>교과교실 전환 교실 수</td></tr>
<tr><td>바. 산업수요 맞춤형 고등학교 운영비</td><td>학교 수</td></tr>
<tr><td>사. 기숙형 고등학교의 기숙사 운영비</td><td>학교 수</td></tr>
<tr><td>아. 통폐합학교의 기숙사 운영비</td><td>학교 수</td></tr>
<tr><td>자. 학교상담실 운영비</td><td>학교 수</td></tr>
<tr><td>차. 국가직무능력표준 교육과정 운영비</td><td>학교 수</td></tr>
<tr><td rowspan="2">3. 교육행정비</td><td>가. 기관 운영비</td><td>학교 수, 학생 수 및 기준 교직원 수</td></tr>
<tr><td>나. 지방선거경비</td><td>지방선거경비</td></tr>
<tr><td rowspan="6">4. 교육복지 지원비</td><td>가. 지역 간 균형교육비</td><td>학교 수 및 소재 행정구역 면적</td></tr>
<tr><td rowspan="5">나. 계층 간 균형교육비</td><td>학생 수, 수급자 수, 한부모가족 보호대상 학생 수, 차상위계층 학생 수, 다문화가정 및 북한이탈주민가정 학생 수</td></tr>
<tr><td>정보화 지원 수급자 수</td></tr>
<tr><td>자율형사립고등학교, 사립 외국어계열 고등학교 및 사립 국제계열 고등학교의 사회적 배려 대상 학생 수</td></tr>
<tr><td>자율형사립고등학교, 사립 외국어계열 고등학교 및 사립 국제계열 고등학교의 사회적 배려 대상 학생 중 미충원 학생 수</td></tr>
<tr><td>교과서 지원 고등학생 수</td></tr>
</table>

5. 학교시설비	가. 교육환경 개선비	건축연면적
	나. 공립학교 신설 · 이전(移轉) · 증설비	토지면적
		건축연면적
	다. 공립 유치원 신설 · 증설비	토지면적
		건축연면적
		증설 교실 수
		전환 교실 수
	라. 학교 통폐합에 따른 신설 · 이전 · 개축 · 증설 · 대수선비	토지면적
		건축연면적
	마. 군(郡) 단위 학교 재배치에 따른 신설 · 이전 · 개축비	토지면적
		건축연면적
	바. 사립학교이전 건축비 부족분 지원	건축연면적
	사. 기숙사시설비	건축연면적
6. 유아교육비	가. 유아교육비 · 보육료 지원	유아 수
	나. 유치원교원 인건비 보조	교원 수
	다. 유치원교육역량지원비	유치원 수 및 원아 수
7. 방과후학교 사업비	가. 방과후학교 사업지원	학급 수
	나. 자유수강권 지원	수급자 수
	다. 초등 돌봄교실 지원	학급 수
		교실 수
8. 재정결함 보전	가. 지방교육채상환	원리금상환액
	나. 민자사업지급금	임대형 민자사업 임대료

출처: 국가법령정보센터(www.law.go.kr).

이렇게 확보한 지방교육재정교부금 중 내국세분의 97%와 교육세분은 보통교부금(A×97%+B)으로, 내국세분의 3%는 특별교부금(A×3%)으로 지방정부에 배분된다(2017년 12월 개정). 보통교부금은 용도의 제한이 없이 지방정부에 총액으로 교부되는 것으로 각 시 · 도별 배분기준은 「지방교육재정교부금법」 및 동법 시행령과 시행규칙에 제시되어 있다. 자세한 기준은 〈표 9-7〉과 같으며, 이에 따라 산정된 기준재정수요액에서 기준재정수입액을 제하고 남은 금액을 각 시 · 도별로 배분한다. 특히 교직원 인건비, 학교 · 교육과정 운영비, 교육행정비, 학교시설비, 유아교육비(누리과정 포

〈표 9-8〉 기준재정수요 측정항목별 교부금 교부내역 (단위: 억 원)

구 분	2015년	2016년	증감률(%)
교직원인건비	326,780	345,920	5.9
학교 · 교육과정운영비	75,430	82,492	9.4
교육행정비	7,774	7,362	△5.3
교육복지지원비	12,981	13,922	7.2
유아교육비(누리과정)	42,268	43,339	2.5
방과후학교사업비	4,059	7,980	96.6

출처: 지방교육재정알리미(www.eduinfo.go.kr).

함), 초등 돌봄교실 및 방과후학교 사업비 등은 일정수준의 교육서비스를 유지할 수 있도록 시 · 도교육청별 기준재정 수요를 산정하여 지원하고 있다.

3. 학교회계

1) 학교회계 제도의 도입

학교회계 제도는 2001년에 도입되었다. 이후 학교에서는 교직원이 중심이 되어 자체적으로 예산을 편성하고 집행 및 결산을 할 수 있게 되었고 예산 편성과정에 교직원이 참여하여 투명성과 효율성이 증대되었다. 학교회계 제도의 도입 배경은 단위학교 책임경영에 대한 필요성 증대, 기존 학교 경비별 예산체계의 문제점 개선 등이 있다.

첫째, 단위학교 책임경영(School Based Management: SBM)은 효과적인 학교경영을 위해 도입된 개념으로, 더 많은 권한을 위임하여 교육에 필요한 자원의 활용에 대한 의사결정과 교육활동 운영 책임을 단위학교가 갖는 것을 의미한다. 단위학교 책임경영제의 가장 중요한 것은 교육과정 · 교원인사 · 교육재정에 관한 권한을 단위학교로 이양하여 이에 대한 결정 및 집행이 학교 내에서 자율적으로 이루어지며 그 결과에 대한 책임을 학교가 갖게 하는 제도라 할 수 있다. 즉, 학교로의 권한 이양, 학교 내 자율 결정, 학교성과에 대한 책무성의 증대가 단위학교 책임경영의 핵심이다.

단위학교 책임경영은 교육활동에서 나타나는 의사결정이 교육현장에서 학생 및 학교구성원들의 욕구를 충족한다는 믿음에 근거를 두고 있다. 이에 따라 미국을 비롯한 서구 선진국은 재정, 인사, 행정 등 학교 운영권을 단위학교 수준으로 이양하는 추세를 보이고 있다. 단위학교 책임경영을 위해서는 단위학교예산제(School Based Budgeting)가 필수적이다. 이는 교장을 중심으로 한 분권화된 의사결정 구조를 필요로 한다. 즉, 학교에 예산이 배분되면 교장이 교사, 학부모, 학교운영위원회 등의 자문 · 의결을 거쳐 교육재정 지출을 결정하는 것이다.

둘째, 기존 학교 경비별 예산체계의 문제점을 해소하기 위하여 학교회계 제도가 도입되었다. 학교회계 제도 도입 이전에 학교에는 여러 종류의 경비가 있었고 각 경비별로 예산을 관리하였다. 경비는 일상경비, 도급경비, 학교운영지원비, 학교발전기금, 시 · 군 및 자치구 교육경비보조금, 사용료 등이 있었으며 각 경비들이 별도의 회계로 운영되었다. 경비별로 회계연도, 장부, 적용법규가 달랐기 때문에 장부를 관리하기 복잡하고 학교 예산 현황을 총괄적으로 파악하는 데 어려움이 있었다. 예를 들어, 하나의 사업을 운영한다 하더라도 예산이 편성된 각 경비별로 따로 기안을 작성하여 집행해야 했다.

이를 단순화한 것이 학교회계 제도이며, 회계연도는 3월 1일에서 다음 연도 2월 말까지로 통일하였고 세입은 다양하게 인정하되 세출은 통합하여 하나의 회계에서 지출하도록 하였다.

2) 학교회계의 예산 편성

학교회계 예산과목은 세입과 세출로 구성된다.

세입은 장 · 관 · 항 · 목으로 구성되어 있다. 장은 이전수입, 자체조달 수입, 기타수입으로 구성되고 관은 정부이전수입, 학부모재원, 학교법인재원, 학교발전기금재원, 기타민간재원, 자체수입, 적립금 등 이월금의 8개 과목으로 구성되어 있다. 이하 각 관별 항 및 목의 과목이 있다.

학교회계의 세입 현황을 나타내면 [그림 9-4]와 같다. 학교회계에서 가장 큰 비중을 차지하는 것이 이전수입이며 그중 교육비특별회계에서 전입되는 규모가 가장 큰 비중을 차지하는 것으로 나타나고 있다.

세출은 교육비특별회계와 마찬가지로 사업별 예산을 편성하고 있으며 품목별 예산 현황도 함께 파악할 수 있게 작성한다. 사업별 세출예산은 인적자원운용, 학생복지/교육격차해소, 기본적 교육활동, 선택적 교육활동, 교육활동지원, 학교일반운영, 학교시설확충, 학교재무활동으로 구성된다.

학교회계의 세출 현황을 요약하면 [그림 9-5]와 같다. 학생복지/교육격차해소가 가장 큰 비중을 차지하고 있으며 다음으로 선택적 교육활동, 기본적 교육활동 순의 비중을 차지하는 것으로 나타나고 있다.

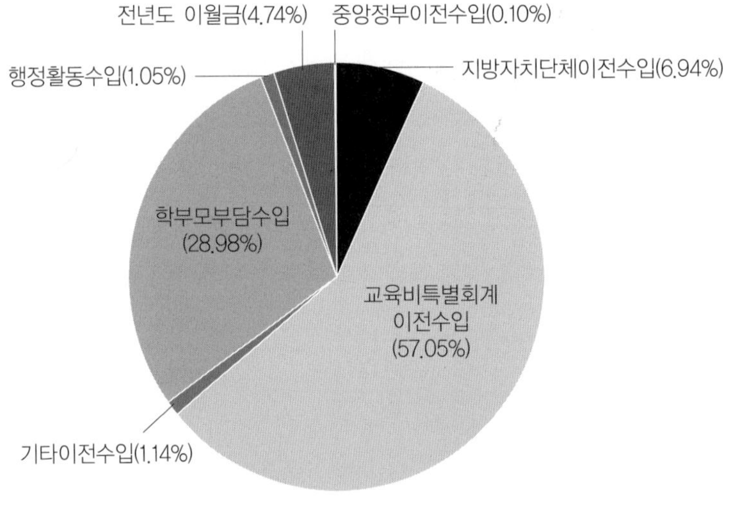

그림 9-4 공립학교 재원별 세입 구성

출처: 한국교육개발원 지방교육재정연구센터(2015).

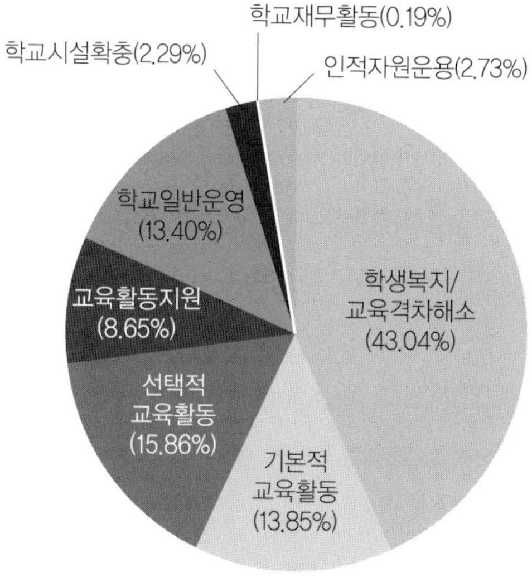

그림 9-5 공립학교 정책사업별 세출 결산액 구성비

출처: 한국교육개발원 지방교육재정연구센터(2015).

요약

- 재정은 정부부문의 경제활동을 총칭하는 개념으로 교육재정은 교육활동을 지원하기 위해 국가나 공공단체가 필요한 재원을 확보 · 배분 · 지출 · 평가하는 일련의 경제활동을 의미한다.
- 교육재정의 주체는 국가, 지방정부, 단위학교 등이 있으며 지방정부는 다양한 역할을 수행하고 있으며 최후의 운영주체는 단위학교이다. 반면 교육재정의 규모에 기여하는 비중은 국가가 가장 크다.
- 교육재정은 공평성, 효율성, 자율성의 가치를 추구하며 공평성과 효율성, 그리고 효율성과 자율성은 서로 충돌할 수 있는 가치들이다.
- 교육재정에서 가장 큰 비중을 차지하는 것은 지방교육재정교부금이며 이는 재원의 확보기능과 배분기능을 동시에 수행한다. 또한 국가가 적극적으로 지역별 균형발전을 도모하며 이를 위해 필요한 재원의 확보 책임이 국가에게 있다는 것에 의의가 있다.
- 학교회계는 단위학교 책임경영의 필요성 증대, 기존의 경비별 예산체계의 문제점에 대한 반성으로 시행되었다. 학교 내의 조직원들이 예산의 편성, 운영, 결산에 대한 의견을 교류하고 의사결정을 하는 데 학교장이 분산된 권한을 활용하는 제도가 학교회계 제도이다.

찬반 토론

정부는 학생들의 수요에 맞는 교육을 제공하고 특기적성이나 진로 결정에 따른 교육과정을 제공하기 위하여 고등학교를 다양화하는 정책을 시행하고자 한다. 고등학교 다양화 정책은 대학진학만을 위한 학교수업의 파행적 운영으로 인한 부작용을 줄이고 대학 진학 이외의 다양한 수요를 갖고 있는 학생들의 요구를 충족하기 위해 '학교선택권'을 확대하는 방향으로 추진될 예정이다.

반면 '학교선택권의 확대'로 인해 진로를 아직 결정하지 못한 학생들이나 학교 선택에 따른 추가적인 교육비를 지불하지 못하는 학생들에게는 오히려 학교선택이 제한된다는 비판도 있다.

이러한 상황에서 정부는 어떻게 대중에게 고등학교 다양화 정책을 설득할 수 있을까를 고민하고 있다. 학교교육 정책을 결정하는 데 있어 어떠한 가치를 우선해야 할까?

찬성의견	반대의견
1. 자원은 한정되어 있고 자원을 배분하는 데 있어 가장 중요한 것은 투입에 따른 산출이 적절하게 나타나는지 여부이다. 이러한 효율성 정도에 따라 정책의 우선순위가 결정되는 것이 합리적이며 효율성 증진에 따른 추가적인 산출물을 다른 가치 실현을 위해 재투자할 수 있다.	1. 교육을 통해 어떤 사람들은 사회·경제적 지위의 변화를 경험할 수도 있기 때문에 교육은 사회의 자원을 재분배하는 기능을 한다. 그렇기 때문에 모두가 교육에 대한 접근 기회를 동일하게 가져야 한다.
2. 학생들의 다양한 수요를 반영하는 것도 개인의 권리 추구의 한 형태라 할 수 있으며, 재정보조나 바우처제도 등의 체계적인 지원제도를 함께 시행하면 정책의 효과성을 높일 수 있다.	2. 교육은 국가가 적극적으로 추진하는 공공활동이며, 따라서 국가는 학생들의 교육성취 수준을 일정 수준으로 보장해 줄 수 있어야 한다. 교육 기회에 접근하는 데 있어 빈곤, 신체장애 등의 문제로 차별을 받아서는 안 된다.
3. 교육재정정책에 따른 책무성을 강조하는 추세는 계속되고 있으며 앞으로 객관적인 평가를 통한 책무성 강화는 더 중요해질 전망이다. 이러한 사회적 요구에 부응하기 위해 공평성 증대를 위한 교육복지 정책을 정비하는 한편 효율성 증진을 위한 다양한 정책을 고려하는 것도 필요하다.	3. 효율성이나 생산성이라는 가치는 공평성의 가치와 상충할 수 있다. 특히 교육활동에 있어 효율성이라는 개념은 측정하기가 어렵기 때문에 자칫 사회에 큰 영향을 미칠 수 있는 효율성 정책은 신중히 추진되어야 한다.

생각해 볼 문제

1. 교육재정의 확보에 있어 중앙정부에 의존하는 비중이 높은 현실에서 지방정부가 교육자치를 적극적으로 실현하는 데 어떤 어려움이 있는지 논의해 보자.
2. 교육재정의 공평성과 효율성에 관한 가치가 상충하는 사례들이나 정책들을 찾아보고 이러한 정책들의 문제점이나 단점들을 해결하기 위한 방안은 어떤 것이 있는지 논의해 보자.
3. 교육비특별회계가 기준재정수요액 산정기준을 얼마나 준용하여 운영되고 있는지를 검토해 보고 시·도교육청별로 각기 다른 특색사업들의 현황은 어떠한지를 조사하여 그 결과를 논의해 보자.
4. 실제 학교에서 편성·운영하고 있는 예산서를 찾아보고 각 학교들의 예산서를 비교하여 예산서가 학교의 교육활동을 잘 반영하고 있는지, 어떤 문제가 있는지에 대해 논의해 보자.
5. 교육현장에서 나타나는 집단 간의 갈등에 관한 언론기사들을 스크랩하고 이러한 문제들을 교육재정의 관점에서 어떻게 해석하고 해결할 수 있는지 논의해 보자.

참고문헌

공은배(2016). 지방교육재정분석·평가의 의미와 방향. 한국교육재정경제학회 춘계학술대회 발표자료집, 6.

국회예산정책처(2010). 국가재정제도: 원리와 실제. 서울: 국회예산정책처.

기획재정부(2017). 2017년도 나라살림 예산개요. 세종: 기획재정부.

송기창, 김민희, 김용남, 김지하, 나민주, 박소영, 우명숙, 윤홍주, 이선호(2012). 교육재정백서. 교육인적자원부.

윤정일(2004). 교육재정학원론. 서울: 세영사.

한국교육개발원 지방교육재정연구센터(2015). 2015 공립학교회계분석 종합보고서.

Lunenburg, F. C., & Ornstein, A. C. (2004). *Educational Administration* (4th ed.). Thomson Wadsworth.

지방교육재정알리미(www.eduinfo.go.kr)
국가법령정보센터(www.law.go.kr)
「지방교육재정교부금법」 및 시행령, 시행규칙.
「지방교부세법」 및 시행령, 시행규칙.

제 10 장

인간관계 및 갈등론

1. 인간관계 및 갈등관리에 대한 이론적 이해
2. 타이거 마더 논란
3. 인간관계 갈등 근원지인 인간의식 이해
4. 인간관계 갈등을 일으키는 요인
5. 인간관계 갈등 극복을 위한 방안

사례

중국계 이민 2세인 Amy Chua는 하버드 대학교를 졸업하고 하버드 로스쿨에서 박사학위 취득 후 예일대학교 법대교수로 재직 중이다. Chua 교수는 엘리트라는 자부심이 강하다. 그녀는 두 딸 역시 미국사회에서 엘리트로 살아가게 하겠다는 목표를 세웠다.

목표 달성을 위해 Chua 교수는 스스로 '타이거 마더' 라 명명하면서 성공을 향해 돌진하는 방식으로 두 딸과 관계 맺었다. 성공은 필수이기에 그것을 위해서라면 자녀통제 수단과 방법을 가리지 않았다. 악기 연습시간이면 전쟁터를 방불케 하는 갈등이 빚어져 "정글의 야수처럼" 딸들을 몰아붙였다. 특히 둘째 딸 룰루가 반항하면 할수록 더 강하게 맞서면서 통제하였다(Chua, 2011). 딸들과 고성이 오가는 음악훈련, 심지어는 저녁식사도 거르고 물 마시러 가거나 화장실에도 못 가게 하면서 연습을 끝냈다. 유태인 남편 제드는 타이거 마더가 딸들을 너무 몰아붙인다면서 집 안에 긴장감이 심하게 돌고 숨 쉴 여유가 없다고 불평하였다(Chua, 2011). 그러나 타이거 마더에게 이러한 갈등은 성공 보장을 위해 불가피한 과정으로 여겨졌다.

Chua 교수는 두 딸의 교육과정을 관리감독 하는 일이 자신에게도 즐거운 과정은 아니라고 고백한다. 그러나 아이들은 스스로 해야 할 것을 찾아내지 못하기 때문에 부모가 목표를 정해 주고 지루한 연습을 견뎌 내도록 관리 감독해야만 성공이 가능하다고 타이거 마더는 굳게 믿었다.

비교적 순종적인 첫째 딸 소피아와 달리 둘째인 룰루는 고집이 세고 반항적이어서 타이거 마더와의 충돌이 격하게 일어났다. 타이거 마더는 통제에 순응하며 성공적인 교육효과를 가져온 큰 딸 소피아와 비교하며 룰루의 경쟁심을 자극하려 하였지만 룰루의 거부감은 강도가 거세졌다. 엄마가 내 인생을 망쳤다고 절규한 룰루는 결국 타이거 마더의 뜻을 꺾었고 타이거 마더에게 양육전쟁에서 패배를 안겨 주었다. 모녀간의 심각한 갈등은 타이거 마더를 변화시키는 계기가 되었다. Chua 교수가 룰루의 선택을 존중해 주자 룰루의 태도가 긍정적으로 변하는 것을 보면서 타이거 마더 자신이 "새로운 것을 수용하고 개방적인 사람"으로 변모해 간다고 전한다(Chua, 2011).

타이거 마더 사례를 통해 인간관계 갈등의 요인이 무엇인지 분석하고, 관리자는 구성원과 어떠한 인간관계를 맺는 것이 바람직한 결과를 가져오는지 논의해 보자.

출처: Chua(2011).

1. 인간관계 및 갈등관리에 대한 이론적 이해

책상 위에는 컴퓨터, 볼펜, 메모지, 책, 컵 등이 놓여 있다. 이들은 아무리 어수선하게 부대끼더라도 갈등이 일어나지 않는다. 이들 사이에선 갈등이 저절로 발생하는 일은 없다. 볼펜이 자기 자리를 빼앗겼다고 메모지에게 분노하는 것은 동화책에나 나올 법한 이야기이다. 이런 물건들과 달리 사람들은 만나기만 하면 갈등이 수시로 빚어진다. 인간관계 갈등은 사람들 사이에서 일어나는 생각의 혼선이다. 나는 이것을 원하는데 상대방은 저것을 원한다. 나는 이렇게 진행되는 것이 마땅하다고 여기는데 상대방은 전혀 다르게 반응한다. 이런 혼란 속에서 우리는 답답함과 더불어 상대방에 대해 한심함, 분노, 무시당함과 같은 부정적 감정이 일어나기도 하며, 상대방을 내 방식으로 변화시키고자 하는 강력한 의지가 발동하기도 하여 상대방과의 갈등이 곧잘 표면화된다. 불쾌한 표정, 비난이나 자조적인 말투, 공격적이거나 자학적인 몸짓 등은 인간관계 갈등이 드러난 삶의 모습이다.

타이거 마더는 자녀와의 관계에서 갈등을 경험하였다. 양육과정에서 나타나는 갈등구조는 인간관계 갈등의 한 가지 양상이라고 할 수 있다. 양육방식이란 본질적으로 부모와 자식의 인간관계 유형을 보여 주기 때문이다. 조세핀 킴(2012)은 양육방식을 세 가지로 구분하였다. 독재자형 양육방식, 방임형 양육방식 그리고 권위형 양육방식이다. 각각의 양육방식은 독특한 인간관계가 전제되어 있다. 부모와 어떤 관계 속에서 자라났는가에 따라 자녀의 사회적 능력이 다르다는 바움린드의 연구에 기초하여 조세핀 킴은 양육과정에서 부모-자녀 인간관계가 자녀의 성격형성에 어떤 영향을 주는지 지적하였다.

독재자형 양육방식(Authoitarian Parenting Style)

독재자형 양육방식은 말 그대로 부모가 가정교육의 독재자로 군림하는 걸 말한다. 이런 부모는 복종에 특별한 가치를 부여하기 때문에 아이에게 무조건 부모의 말을 따르도록 요구한다. 이들은 아이가 부모와 다른 자신만의 생각이나 의견을 갖는다는 것 자체를 용납하지 않는다. 또 아이가 지켜야 할 규칙과 행동규범을 설정해 놓고 절대적인 행동기준과 정해진 틀에 의해 평가하며 그에 끼워 맞추려 한다. 질서나 전통을 고수하는 것 자체에 가치를 두는 경우가 많다.

독재자형 양육방식을 가진 부모는 겉으로 애정을 드러내는 경우도 아주 드물다. 이들은 아이를 살갑게 보듬는 대신 부모의 모든 말과 행동이 아이를 위한 최선임을 믿게 한다. 이러한 믿음이 지켜지지 않았을 때는 주로 벌칙을 많이 사용하며, 이에 대해 아이가 이의를 제기하거나 변명할 여지를 주지 않는다.

독재자형 양육 관계에서 형성된 아이의 성격

부모를 무서운 대상으로 인식하며, 부모가 자신을 사랑하고 있는지에 대해 좀처럼 확신을 갖지 못했다. 그들의 내면에는 부모에 대한 반항심리가 깔려 있으며, 부모와 대화한다는 것 자체를 아예 포기하기도 했다. 늘 부모의 강압에 의해 움직여 왔기 때문에 자율성이 떨어지며, 쉬운 과제를 내주어도 수행과정에서 독립적으로 진행하지 못하고 항상 누군가에게 의존하려는 태도를 보였다. 타인에 대한 배려 또한 부족해 친구를 사귀는 데에도 어려움을 겪었다.

방임형 양육방식(Permissive Parenting Style)

방임형 양육방식을 지닌 부모는 기본적으로 아이를 통제하는 경우가 거의 없다. 아이에게 벌을 주거나 어떤 요구를 하는 경우도 극히 드물다. 이들은 가급적 아이 스스로 자신의 행동을 결정하기 원하며, 부모의 권위를 내세우지도 않는다. 문제는 모든 의사결정을 아이에게 맡기기 때문에 아이가 친구를 괴롭히거나 누군가에게 피해를 주는 행동을 했을 때도 별달리 제재를 가하지 않는다는 점이다. 늘 아이가 원하는 대로 두는 편이며 어떤 문제를 해결하기 위해 아이와 상의하는 일도 없다.

방임형 양육관계에서 형성된 아이의 성격

방임형 부모를 둔 아이들은 통제를 받은 경험이 별로 없기 때문에 종종 충동적이고 공격적인 모습을 보였다. 남자아이의 경우엔 더욱 심했는데, 자기중심적이고 자기통제력이 부족하며, 자립심과 성취수준도 매우 낮았다. 또 줄곧 자신이 원하는 대로 해 왔기 때문에 원치 않는 일을 하도록 요구받았을 때 반항적이고 폭발하는 듯한 감정 상태를 드러냈다.

권위형 양육방식(Authoritative Parenting Style)

권위형 양육방식은 기본적으로 아이의 의견을 경청하되 상황에 따라 적절히 아이를 통제하는 것이다. 이런 방식을 고수하는 부모는 자녀와 열린 의사소통을 원하며, 이 과정에서 아이가 자율적이고 독립적인 노력을 하도록 유도한다.

권위 있는 부모들은 성숙한 행동에 대한 확고한 표준을 설정한 뒤 아이로 하여금 이를 지키도록 요구하지만 그 전에 이와 관련해 충분히 설명할 기회를 마련한다. 이들은 대개 아이에게 자유를 허용하지만 부모가 확실한 지식과 통찰을 지닌 분야에 관해서는 엄하게 통제하기도 한다. 간혹 자녀에게 지시를 내려야 할 일이 있을 때에는 그 이유를 반드시 설명하고 아이의 의견을 물어본 다음 부모가 받아들일 수 있는 부분은 흔쾌히 수용한다.

권위형 양육관계에서 형성된 아이의 성격

권위형 부모 밑에서 자란 아이들은 기본적으로 발랄하고 의욕적이며, 친구들과 협동해 무언가를 이루어 내는 일에도 적극적으로 참여했다. 이들은 자기통제가 몸에 배어 있어 친구들을 괴롭히는 경우가 없고, 학습에 대한 성취도나 자기 만족감에서도 매우 높은 수준을 보였다.

출처: 조세핀 킴(2012).

조세핀이 제시한 양육관계의 세 가지 구분은 인간관계 전반에 적용 가능한 관계유형이다. 부모와 자녀, 교사와 학생, 직장상사와 부하 같은 상하의 인간관계뿐 아니라 동료 간의 인간관계에서도 개인성향에 따라 나타나는 인간관계 유형이라고 할 수 있다. 이들 중 갈등이 심각하게 유발되는 것은 독재자적 인간관계이다.

타이거 마더 사례에 나타난 갈등은 독재자형 양육자와 복종을 강요당하는 자녀 사이에서 발생하는 인간관계 갈등이다. 이러한 갈등이 인간관계 갈등의 대표적인 형태라고 할 수 있다는 점에서 타이거 마더 갈등을 분석하는 것은 인간관계를 이해하는 데 도움이 된다. 타이거 마더 사례에 나타난 갈등은 부모 자식 갈등뿐 아니라 인간관계 갈등의 다양한 양상에 내재되어 있는 기본 구조를 보여 준다. 최근 한국사회에서 물의를 일으킨 소위 지배층의 '갑질' 사건은 독재자형 지배자로 인해 발생하는 인간관계 갈등의 첨예한 형태이다. 독재자형 지배자와의 관계에서 피해 입은 개인들이 고통을 호소하고, 피해자들에 대한 연민이 사회적 공감대를 형성하였다. 피해자 입장에서 표현하는 극심한 인간적 모욕감을 보면서 사람들은 객관적 관점에서 이를 인권유린의 도덕문제로 비화시켰다. 그러나 문제는 타인의 사건에 대해서는 도덕적 잣대로 흥분하던 사람들도 실제 자신의 인간관계에 들어갔을 땐 다시 '갑질'의 부도덕한 행태로 갈등을 유발시키며 살아간다는 점이다. 본의 아니게 가해자의 관점에 갇혀 인간관계 갈등의 악순환 구조에서 벗어나지 못하는 것이 일반적이다. 인간의 존엄성이 짓밟힌 사태에 대해 도덕적으로 분개하면서 구체적인 자신의 삶에선 독재자형 관계에 사로잡혀 갈등을 유발하는 개인의식의 문제는 무엇일까?

사람은 자기 마음대로 되지 않는 세상에서 고통을 느끼고 분노로 반응하기도 한다. 내 마음이 작동하면서 타인의 마음까지도 내 마음대로 움직이려는 의지가 갈등을 일으킨다. 인간관계 갈등문제와 관련하여 다음과 같은 질문을 던진다. 인간관계에서 갈등은 왜 발생하는가? 이 장에서는 이 질문을 두 가지로 접근해 보려고 한다. 하나는 갈등의 근원을 이해하기 위해 인간의식의 본질이 무엇인지 밝힐 것이다. 두 번째 접근은 인간관계에서 갈등을 유발하는 요인이 무엇인지 분석하여 갈등을 극복할 수 있는 방안을 탐색할 것이다. 이를 위해 우선 '타이거 마더 논란'이라고 명명되는 Chua 교수의 양육방법에 대한 논란을 정리하여 문제의 핵심을 명료화한 후, 이에 기초하여 인간의식 본질을 규명하고 갈등과 관련한 제반 이해를 도모해 볼 것이다.

2. 타이거 마더 논란

타이거 마더 논란은 Amy Chua 교수가 자신의 양육경험을 2011년 1월 8일 미국 유력일간지인 『월스트리트 저널(WSJ)』에 기고하면서 시작되었다. '왜 중국 엄마가 더 우월한가?(Why Chinese Mothers are Superior)'라는 제목으로 『타이거 마더』의 일부분을 발췌하여 기고하자 교육학자, 심리학자, 경제학자 등 다양한 영역의 전문가들이 반박글을 발표하였다. 이 논란은 양육방식의 차이를 넘어 인간관계에서 가장 중요한 것이 무엇인가에 대한 입장 차이를 보여 준다. 독재자적 양육방식은 자녀 성공을 담보로 양육과정에서 자녀와의 갈등이 첨예하게 발생한다. 그러한 갈등을 어떻게 해석하는가에 대한 차이가 논란의 핵심이다. 독재자적 양육방식을 고수하는 입장에서는 독재자적 권한을 행사하여 통제 관리하는 과정에서 발생하는 갈등은 성공적 결과를 얻기 위해 지불해야 하는 대가라고 주장한다. 이에 반해 독재자적 양육방식에 내재된 갈등을 자녀 억압으로 해석하는 입장에선 타이거 마더의 양육은 비인간화 과정이라고 주장한다. 이 두 상반된 입장을 '효율적 관리 논리'와 '인간소외 논리'로 정리하여 논란의 쟁점을 검토해 본다.

1) 효율적 관리 논리

타이거 마더는 사회적 성공을 목표로 한 자녀양육에서 자녀와 효율적 관계를 맺는 일에 지대한 관심을 둔다. 아이 스스로 자기에게 최선이 무엇인지 알지 못할 때 부모는 아이에게 길을 열어 주고 채찍을 사용해서라도 그 길을 걷도록 유도하는 것이 필요하다는 기본 신념이 전제되어 있는 입장이다. 이러한 입장은 인간관계에서 부모 자식 관계에 국한되지 않는다. 사회 조직에서 행정 책임을 담당하는 사람도 이러한 입장을 견지하면서 지도감독 관리자로서 전체 선을 추구해 나갈 수 있다. 뿐만 아니라 동등한 교우관계에서도 결정해야 할 사안에 대해 보다 전문적 지식을 갖고 있다고 자부하는 사람은 이런 방식으로 관계 맺기도 한다. 상황판단이 미숙한 상대방 대신 자신이 나서서 결정권을 행사하는 것이 모두를 위한 방편이라는 판단하에 자기 선택을 강요한다.

타이거 마더는 자식과의 관계에서 이러한 독재적 관리감독이 불가피하다고 주장하면서 서양 부모의 합리성과 중국 부모의 독재성을 다음과 같이 비교한다.

"동양인 엄마들을 계획적이고 냉담하며 아이의 진짜 관심사에는 무심한 극성쟁이로 그린 책들이 세상에 쏟아지고 있다. 중국인 입장에서 보면, 자식이 무능해도 만족하는 듯한 서양인보다는 자식을 위해서라면 훨씬 더 희생할 각오가 되어 있는 자신들이 아이를 더 아끼는 것이다. 내 생각에는 양쪽 모두 오해하는 면이 없지 않다. 현명한 부모라면 자식에게 최선의 것을 주려고 하기 마련이다. 중국인의 방식은 단지 개념이 완전히 다를 뿐이다.

서양인 부모는 자기 아이의 개성을 존중하고 아이가 진정한 열정의 대상을 찾도록 인도하며 그 애가 선택한 길을 지원하고 긍정적 강화효과와 풍요로운 환경을 제공한다. 반면 중국인은 아이가 미래를 준비하고 자신의 능력을 확인하며 아무도 빼앗아 갈 수 없는 기술과 일하는 습관과 자긍심으로 무장하게 만드는 것이 진정으로 아이를 위하는 최선책이라고 믿는다." (Chua, 2011)

타이거 마더는 서구적 사고방식을 고수하는 남편에 대해 무책임하다고 비난하면서 자녀교육에 대한 적극적인 간섭통제 입장을 견지한다. 타이거 마더는 자녀에 대한 권위주의적 통제가 실질적인 교육효과를 가져왔다고 확신한다. 아이들에게 자발적이길 기대한다면 이룰 수 없는 수준의 교육효과는 적극적으로 자녀를 통제하고 방향을 제시한 열정적 부모가 있었기에 가능하다는 자부심을 갖고 있다.

'엄격한 통제가 자녀에게도 고통을 주었고 타이거 마더 자신에게도 즐거운 일이 아니었는데 누구를 위해 그런 양육방식을 택한 것인가?' 라는 질문에 대해 Chua 교수는 이 모든 것이 두 딸을 위한 일이었다고 주장한다. "단언하건대 내가 하는 모든 일은 순전히 딸들을 위해서라고 100퍼센트 확신한다. 소피아와 룰루와 함께하는 일들은 대부분 내게는 우울하고 지치고 재미가 하나도 없는 것이다. 아이가 하지 않으려는 일을 시키는 것은 결코 쉽지 않다. "네가 내 삶을 얼마나 많이 잡아먹었는지 알기나 해?" 라고 딸들에게 끊임없이 말한다." (Chua, 2011) Chua 교수는 자녀들의 미움을 사면서도 아이들 곁에서 고함지르며 관리통제하는 것이 중국계를 비롯한 한국계 등 동양 엄마들의 특성이라고 주장하면서, 자유라는 이름으로 자녀도 부모도 편하게 지내는 서양 엄마들과 달리 독재적 부모와 순종적 자식의 관계가 자녀의 사회적 성공을 가능케 한다고 주장하였다. Chua 교수가 인정하듯이 자신이 택한 독재자적 양육방식은 개인의 자율성, 아동발달이론, 세계인권선언 등 서구적 가치관을 거스르고 나가는 것이기 때문에 서구사회에서는 동조자를 얻기 어려워 외로운 투쟁이었지만 이러한 희생이 자녀 성공의 밑거름이라고 강조한다(Chua, 2011).

2) 인간소외 논리

타이거 마더 양육방식이 소개되자 『월스트리스 저널』에 수 천 개의 댓글이 폭주했고 그중 대다수가 Chua 교수를 '아동학대자'로 비난하는 글이었다. 미국의 일간지인 『뉴욕타임즈(NYT)』, 시사주간지 『타임(TIME)』뿐 아니라 영국의 일간지인 『데일리메일(dailymail)』 등에서도 논란이 불거졌다. 다양한 관점에서 반박 글이 게재되면서 '안티 타이거 마더 운동'이 전개될 정도로 거센 논란이 일어났다. 『뉴욕타임즈』는 '에이미는 겁쟁이인가?'라는 기사(2011. 1. 18.)에서 타이거 마더 교육법은 아이들을 행복하게 할 수 없고 창의력도 앗아간다고 지적하면서 음악적 기술은 늘겠지만 음악에 대한 애정을 파괴한다고 주장하였다. 이와 더불어 심각한 사회현상으로 15~24세 아시아계 미국인들의 자살률이 높은데 이런 교육이 그 원인이라고 지적하였고 이는 '안티 타이거 마더 운동'에 불을 붙였다.

미국 미시간 주립대학의 데지레 바올리안 진 교수는 '안티 타이거 마더' 운동의 선봉에 선 중국계 미국인이다. 진 교수는 시사주간지 『타임』에서 그의 연구에 근거하여 타이거 마더 자녀들의 문제점을 여러 가지로 지적하였다. 중국계 미국인 학생 500명을 대상으로 조사한 결과 성적이 높을수록 우울감과 불안감에 쉽게 빠지는데 그 원인을 양육방법에서 찾았다. 진 교수는 연구대상자들 가족 대부분이 자녀교육문제를 가정사에서 가장 중요한 문제로 여겼으며 자녀의 성적이 저조할 땐 소리를 지른다거나 화를 내는 등 감정적으로 격렬하게 반응하고 경쟁심을 유발시켜 성적관리를 하는 경우가 다반사라고 밝혔다.

안티 타이거 마더 운동은 자녀의 성공이 곧 자녀의 행복을 뜻하는 것은 아니라는 입장을 고수한다. 타이거 마더의 엄격한 통제에 순응하는 경우 자녀가 명문대학에 진학한다든지 경시대회나 음악콩쿨 입상 등의 성과를 낼 수 있는 것은 인정한다. 그러나 그러한 성과를 교육적 성공이라고 인정할 수 없다는 관점이 제기된 것이다. 표면적 성과는 높으나 자존감이 낮고 자기 삶에 대해 부정적인 감정이 팽배해 있다면 그것을 교육적 성공이라고 볼 수 있겠는가? 이는 교육의 본질에 초점을 맞춘 논란이다. 안티 타이거 마더 입장에선 표면적인 교육성과뿐 아니라 자녀의 자존감, 행복, 삶의 의욕, 자신감 등 자녀의 정신적 건강과 사회성 발달을 수반했을 때 교육적 성공이라고 인정되는 것이지 그렇지 않은 경우 인간소외라는 심각한 사태가 발생한다고 경고한다.

타이거 마더 논란은 인간관계에서 무엇에 관심을 두어야 하는가를 검토해 보게 한다. Chua 교수는 자녀양육에서 표면적 성과에 집착하여 기대만큼의 효과가 산출되면 자녀에게도 유익한 결과라고 믿었다. 이에 반하여 안티 타이거 마더들은 부모의 강압에 이끌려 자녀가 자기 삶에 주인으로서 반응하지 못하고 소외되었다면, 아무리 대단한 성과를 얻었다 할지라도 자녀의 행복을 위한 과정이었다고 볼 수 없다고 주장한다.

이러한 논란은 실제 사회에서 독재자형 지배자의 논리와 인권운동의 논리가 격돌하는 갈등상황에서도 빚어진다. 문제 사태에 대한 관리자적 접근과 인간존중 접근의 충돌이라고 할 수 있다. 관리자적 접근의 행정가는 구성원 개개인에 대한 관심보다 효율적 관리에 집중한다. 대외적인 성과에 집착하다 보면 개인의 생각이나 감정을 배려하지 않고 일처리에만 매진하면서 성과창출을 위해 개인의 희생을 요구하기도 한다. 독재자적 관리성향을 지닌 사람은 전체에게 유익하다면 개인에게도 유익하다는 논리로 개인의 희생을 정당화한다.

업무중심적 성향의 지배자가 있는 조직에서 개인은 전체의 부속품으로 간주되곤 한다. 개별 구성원은 개인 목소리가 반영되지 않는 조직에서 자기 생각이나 의지에 반한 행동을 요구받으면서 지배자의 지시를 따르는 자동인형처럼 행동하며 살아간다. 이처럼 조직에서 소외된 개인은 존재감을 상실하여 감정노화 현상에 노출될 위험이 높다. 독재자형 지배자가 지시하는 대로 조직생활을 하긴 하나 자발적 정신활동이 작동하지 않아 주체적인 행복감, 자신감, 의욕 등의 감정이 무감각해진다. 감정노화는 우울증, 공황장애, 사회적 분노 등 반사회적 성향을 낳는다는 점에서 볼 때 전체의 이익에도 반하는 개인의식의 병적 상태다. 인간관계에서 이 문제를 경시한다면 궁극적으로 전체 발전에 저해요소가 될 것이다. 이것이 바로 개인이 행복해야 외적 성과도 진정한 의미를 갖는다고 주장하는 이유이다.

3. 인간관계 갈등 근원지인 인간의식 이해

이젠 한국사회에서도 애완동물을 집안에서 돌보며 가족처럼 지내는 것이 유행이다. 애완동물은 사람에 비해 관계 맺기가 수월하여 사람들은 사람에게서 받은 상처를 애완동물을 통해 치유한다고 전한다. 애완동물에 비해 사람은 관계 맺기가 왜 어려운 것일까? 사람들 사이에서 갈등이 쉽게 유발되는 원인은 무엇일까? 인간의식에 대한 연구는 동물과 근본적으로 다른 인간의식의 독특성을 밝혀 준다. 현대철학자인 Husserl은 현상학 연구에서 인간의식 구조를 명료화하였다. 인간의식에 대한 현상학적 이해는 인간관계가 왜 갈등을 수반하는지 이해하는 데 도움이 된다.

독일 철학자 Edmund Husserl(1859~1938)은 『논리연구』에서 인간의식 특성으로 지향성을 제시하였다. Husserl의 현상학은 정확한 앎을 어떻게 획득할 수 있는가라는 인식론에서 시작되었다. 종래 인식론인 합리론이나 경험론과 달리 Husserl은 앎의 출발점을 인간의식에서 찾았다. 무엇을 안다는 것은 인간의식 작용에 의해 시작되는 것이므로 인간의식의 특성을 이해하지 못한다면 인식론은 비본질적 논란에 휩싸이게 된다고 보았다. Husserl은 인간의식의 독특성을 '지향성'이라는 능동적 성향과 '의미구성작용'으로 명료화하였다. 그에 따르면, 인간의식은 외부 현상을 수동적으로 수용하는 것이 아니라 능동적으로 앎을 구성해 나가는 인식 주체이다. 인간의식은 지향성을 갖고 있어서 외부의 무엇인가를 지향하면서 의미를 만들어 가는 작용을 한다는 점에서 독특하다는 것이다. 이 장에서 다루는 인간관계 문제를 이해하는 데 도움이 되는 현상학 이론의 핵심을 간략하게 정리해 보면 다음과 같다.

1) 의식지향성

외부세계가 개인에게 인식되는 것은 주관적인 의식지향성에 의해 가능하다. 개인은 주관적으로 자기가 지향한 것만 인식한다. 실제로 같은 상황에 놓였다 할지라도 사람들이 모두 동일한 것을 인식하는 것은 아니다. 사람마다 자기 의식지향성에 따라 세상을 달리 만난다. 지금 여기에서 무엇을 보았는가라는 질문은 의식지향성이 어떻게 작동하는지 실제적으로 확인하게 한다. 꽃밭에 서 있으면서도 꽃이 눈에 들어오지 않는 사람, 특별히 빨간 장미만 보이는 사람 혹은 이름 없는 깨알같이 작은 들꽃을 보는 사람 등 다른 경험세계가 전개된다. 현상학은 이러한 차이를 개인의 의식지향성으로 설명한다. 우리가 무엇을 안다는 것은 근본적으로 개인의 주관적 의식이 무엇을 지향하는가에 달려 있다고 보았다.

같은 현상을 보고도 사람들은 다르게 인식한다. 코끼리에 대한 시각장애인 이야기는 지향성의 차이로 인한 앎의 차이를 보여 주는 좋은 예이다. 전체를 볼 수 없는 시각장애인은 코끼리의 어느 부분을 만지는가에 따라 코끼리를 다르게 인식하는 것이 불가피하다. 코, 몸통, 다리, 꼬리, 귀 등 지향한 바에 따라 제각각 코끼리에 대한 다른 앎을 주장하며 더 나아가 대립하기도 한다. 같은 사태를 다르게 인식하고 대립하는 것은 인식 출발점으로서의 의식지향성을 알지 못할 때 발생하는 갈등이다. 현상학 개념인 '의식지향성'을 안다면 "내 판단은 옳고 네 판단은 틀렸다."라고 주장하며 대립하기에 앞서 상대방과 자기의 의식지향성의 차이가 무엇인지 검토하는 작업에 관심을 둘 것이다.

Husserl은 두 가지의 인식을 구분한다. 하나는 '자연적 태도'에서 나온 인식이고,

다른 것은 '현상학적 환원'을 거쳐 나온 인식이다. 자연적 태도란 이미 자기도 모르게 습관화되어 있는 특정 지향성에 따라 세상을 인식하는 태도이다. 사람은 누구나 일정 방식의 지향성에 물들어 있다. 사회적으로 통용되는 것을 무비판적으로 수용하여 생긴 지향성일 수도 있고, 타고난 성향 내지 양육환경에 의해 만들어진 지향성일 수도 있고, 우연적으로 형성된 지향성일 수도 있다. 중요한 것은 지금 무엇인가를 인식하고 있다면 그것은 이미 자기 내면에 습관화된 지향성이 가져온 결과물임을 알아야 한다는 것이다.

Husserl에 의하면, 자연적 태도에 의해 얻어진 앎은 사태의 의미를 은폐하거나 왜곡하는 한계를 갖는다. 이것은 자기 관점으로밖에 사태를 보지 못하는 한계이다. 코끼리의 코를 만졌기 때문에 코끼리는 길다고 인식하는 것처럼 자연적 태도에서 나온 인식은 자기 의식지향성에 의해 제한받는다. 뿐만 아니라 그러한 인식은 사태의 본질을 왜곡하는 결과를 가져오는 문제를 일으킨다. 그래서 Husserl은 자연적 태도로 얻어진 판단을 중지하고 사태의 의미를 다양한 지향성으로 검토해 보는 과정을 거쳐야 사태를 보다 정확하게 인식할 수 있다고 주장한다. 의식지향성을 자유롭게 변경해 보는 과정을 거쳐 보다 정확한 앎에 이르는 과정을 '현상학적 환원'이라고 명명하면서 Husserl은 이것이 참다운 앎에 이르는 길이라고 주장하였다. 코만 만졌던 시각장애인에게 코끼리 다리, 몸통, 꼬리 등 다른 것을 만져보게 한다면 "코끼리는 가느다란 호수처럼 길다."라는 왜곡된 인식에서 벗어나 코끼리에 대해 보다 정확한 앎을 얻을 수 있게 된다는 것이다.

현상학의 관점에서 볼 때, 자연적 태도로 자기 판단을 주장하는 사람은 자기 인식이 편파적임을 의식하지 못하고 자기만 옳다는 독선에 빠진다. 자연적 태도로 살아가는 개인은 세상에 대한 왜곡된 판단들의 갈등에서 벗어나기 어렵다. 그에 반해, 의식지향성의 자유변경을 통해 현상학적 앎을 추구해 나간다면, 자기 판단의 한계를 인정하고 개방된 사고를 하면서 자기와 다르게 판단하는 사람들과 보다 나은 앎을 찾아가는 지적 공동체를 형성할 것이다. 세상인식에 대한 현상학적 태도는 의견의 대립을 넘어서서 인식주체로서의 상호 주관성을 인정하기 때문에 사람들 간의 평화로운 공존이 가능해진다. 나와 다르게 사태를 인식하는 타인이 있다면, 현상학적 태도로 살아가는 사람은 타인의 주장에 귀를 기울이면서 자신과 다른 관점을 수용하고 상이한 두 관점을 포괄하는 보다 고차원적 인식을 추구해 갈 것이다. 현상학적 태도와 대조적으로 자연적 태도로 살아가는 사람은 다른 의견을 가진 타인과 대립하기에 갈등을 일으킬 수밖에 없다.

2) 의미구성작용

Husserl에 따르면, 주어진 사태의 의미는 객관적으로 결정되어 있는 것이 아니라 인식주체에 의해 주관적으로 만들어진다. 가령 의식지향성에 의해 꽃밭에서 빨강 장미가 포착되었다고 하자. 장미를 '아름다움'의 의미로 구성해 내어 즐기는 사람, 빨강을 '성적 욕망'의 의미로 구성해 내어 회피하려는 사람, 진한 빨강을 '삶의 열정'으로 구성해 내어 자극받는 사람, '자신을 드러내고자 하는 자만심'의 의미로 구성해 내어 불편하게 여기는 사람, 장미 가격을 환산하여 '판매가치'의 의미로 구성해 내는 사람 등 같은 장미지만 개인의식은 제각기 다른 의미로 받아들인다. 따라서 '장미는 아름답다.'라는 명제는 객관적으로 옳은 명제일 수 없다. 사람마다 장미의 의미를 구성해 내는 방식이 동일하지 않기 때문이다. 장미를 보는 순간 누군가는 그 아름다움의 황홀경에 빠져들겠지만 그러한 그를 보며 수선스럽다고 비난하는 사람도 있을 수 있다. 이런 차이는 같은 장미라 할지라도 개인의식에서 구성되는 의미가 다르기 때문에 발생하는 갈등이라고 하겠다.

사람들은 의미를 구성하는 과정에서 언어적 표현, 개념들을 사용하는데 언어의 의미 역시 고정되어 있는 것이 아니라 주관적으로 부여된다는 점도 인간의식의 독특한 작용이다. 동일한 사태 앞에서 같은 용어를 사용한다 하더라도 개인들은 다른 의미를 부여하면서 사태를 다르게 이해하고 경험세계를 구성해 간다. 예컨대, 부모들은 대체로 자녀가 훌륭한 사람으로 자라나길 기대한다고 말한다. 훌륭한 사람이란 어떤 사람일까? 부모들에게 묻는다면 부모마다 '훌륭한 사람'의 의미가 다르다는 것을 알 수 있다. 사회적으로 높은 지위를 획득하는 사람, 어떤 일이든 불문하고 존경받는 사람, 대의를 위해 희생정신을 발휘하는 사람, 타인의 이목에 얽매이지 않고 자기다움을 구현하는 사람, 튀는 행동을 하지 않고 남들과 조화롭게 지내는 사람, 대다수가 두려워하는 상황에서 용기 있게 결단하는 사람 등 제각각 다른 의미를 갖고 같은 용어를 사용한다. 따라서 사회적으로 높은 지위에 올랐다는 것만으로 자녀를 자랑스러워하는 부모를 만났을 때, 누군가는 그를 속물이라 여길 수 있다. 사회적 지위가 모든 이에게 훌륭함의 기준으로 작동하지 않는다. '훌륭함'을 다른 의미로 받아들이는 사람들은 대화에서 갈등이 빚어진다. 부모 자식 간의 갈등도 이러한 언어의미의 차이에서 오는 경우가 빈번하다. 부모가 주장하는 훌륭함의 의미에 자녀가 동의하지 않을 때, 의미 차이는 세대 간 갈등의 근간이 되기도 한다.

대화는 의사소통의 주된 수단이다. 문제는 의사소통의 도구인 언어의 의미를 개인마다 다르게 해석하며 받아들인다는 점이다. 언어의미와 관련한 인간의식의 특성을 이해하지 못할 때 사람들은 자기가 한 말을 상대방도 동일한 의미로 받아들인다는 착각을 갖는다. 그런 착각을 갖고 인간관계를 맺게 되면 상대방의 반응에 실망하여 갈등하는 사태가 벌어진다. 그러나 인간의식의 특성인 주관적 의미구성작용을 인식한다면, 예측 못한 상대방의 태도 앞에 당황하여 격한 감정상태에 빠지지 않고 상대방과 다른 생각을 교류하면서 보다 포괄적인 의미를 찾아가는 상호존중의 지성적 관계를 맺을 수 있을 것이다.

현상학적 인간이해는 주체적 경험의 가치를 강조한다. 의식지향성에 따라 삶을 구성해 가면서 의식 주체로서 삶을 경험하는 것이 인간존재의 본질임을 알려 준다. 자기 삶을 주체적으로 살아갈 때 사람은 존재감을 느낀다. '나는 나다.'라는 자아정체성은 다름 아닌 능동적 의식작용의 주체임을 자각하는 일이며, 자아정체성의 획득은 자존감과 적극적인 삶의 태도로 이어진다.

현상학적 인간이해의 핵심개념인 '주체성'을 Erich Fromm(1900~1980)은 '능동성'으로 개념화하였다. Fromm은 그의 저서 『휴머니즘의 재발견』에서 반항행위를 능동성의 발현이라고 주장한다. 역사를 통해 복종은 미덕이고 반항은 죄와 동일시되어

온 것에 대해 그는 반기를 든다. 반항한다는 것은 외적 권위에 대항하여 자기 판단으로 세상을 보고 선택하는 '자기능동성(self-activity)'의 표현이기에 휴머니즘의 구현이라고 보았다. Fromm은 인간이 자기능동성을 발휘할 때 비로소 정신적 존재로서 생명력이 충만해지는데 이러한 인간의식을 정신적 건강상태라고 규정한다. Fromm에 따르면, 능동성은 성숙한 인간의식의 척도가 되며, 여기서 창조적 생각이 나오고 평화로운 인간관계가 가능해진다고 보았다.

인간존중은 인간관계에서 중요한 요소라고 누구나 인정한다. 그러나 인간존중의 의미가 불분명할 때 사람들은 인간존중을 구호로 외치지만 자신과 타인을 억압하는 모순 속에 살아가며 고통을 겪는다. 존중받지 못했을 때 분노하거나 좌절하는 것은 '주체성' '능동성'을 침해당한 것에 대한 거부반응이다. 현상학적 인간이해에 근거해 볼 때 인간존중의 의미는 주체성에서 찾을 수 있다. 자기의식의 지향성으로 포착되지 않는 객관적 지식이나 규범을 강요받을 때 사람은 주체로서 반응하지 못하고 존재감을 상실하는 문제에 봉착한다. 인간존중이란 개인으로 하여금 자율적으로 생각하고 판단하여 선택하고 책임지는 삶의 과정에 참여하게 하는 일이다. 존중받지 못하는 인간관계는 인간의식에 장애를 가져온다. 성숙한 의식을 갖지 못한 개인은 상호존중의 인간관계를 맺을 줄 모르기 때문에 주변인과의 관계에서 지속적으로 갈등을 유발하는 악순환 고리에서 벗어나기 어렵다.

4. 인간관계 갈등을 일으키는 요인

일상생활 속에서 사람들은 대체로 Husserl이 지적한 '자연적 태도'로 살아간다. 인간의식 구조에 대한 현상학적 이해 없이 자기 판단에 사로잡힌 채 자기 주장과 다른 타인들을 만나면 대립하고 갈등으로 고통을 겪는다. 자연적 태도로 인한 갈등은 다양한 형태로 일어나는데 이 절에는 인간관계 갈등의 대표적 요인이 되는 자아도취적 성향과 비합리적 사고를 검토해 보려고 한다.

1) 자아도취적 성향

Fromm은 그의 저서 『인간의 마음』에서 Freud가 주창한 '자아도취' 개념을 확대 해석하면서 자아도취적 사고가 인간관계에 어떤 영향을 가져오는지 분석하였다. Freud는 자아도취 개념을 어린아이의 사고와 정신질환자의 사고에 국한하여 적용하였다. 갓난아이의 경우, 외부세계를 아직 인식하지 못하여 오로지 자기 욕구 세계에 갇혀 반응하는데 이를 '일차적 자아도취'라 부른다. 성장하면서 아이는 외부세계를 인식하고 모든 게 자기 뜻대로 전개되는 것은 아니라는 것을 알아차리면서 외부세계의 필연적 법칙을 터득해 나간다. 떼써봤자 통하지 않는 객관적 사태를 직시하고 타인의 의중도 살펴 적절히 관계 맺으면서 자기 욕구를 채워 나가는 방법을 습득하는 것이다. 이처럼 절대적 자아도취 상태에서 객관적 사고로 전환되는 것이 정신적 성숙이다. 그런데 어른이 되어도 자아도취에서 벗어나지 못하는 사람들이 있다. 정신질환자는 자아도취의 극단적인 병적 상태이다. 정신질환자는 외부세계와의 관계를 거부하고 자기 생각에 갇혀 그 환상이 곧 현실이라 여기는 착각에 빠져 살아간다.

자아도취적 인간은 자신만이 주체이고 주체로서의 상대방을 인식하지 못하여 병적인 관계에 빠져든다. Fromm은 이러한 성향이 심하면 정신질환자로 분류되겠지만 정상적 범주에 속한 사람들도 일상적인 사고에서 다소간 자아도취적 성향이 발견된다고 지적한다. 자아도취적 사람은 상대방의 현실이 자기 현실과 다르다는 것을 전혀 인식하지 못하여 자기 생각대로 상대방을 몰아붙이는 특성을 띤다. 관심의 초점은 항상 자기 자신뿐이고 타인의 생각이나 말 등 외부세계에는 무관심하다. 그러다 보니 자신과 다른 관점에서 자기를 비판하는 사람을 만나면 크게 당황하고 화를 내거나 쉽게 좌절하는 특성을 보인다. 자아도취적인 사람은 자기 생각으로 현실을 왜곡하여 외부의 실제 세계와 관계 맺지 않고 자기가 만든 허구세계에 갇혀 살아간다.

자아도취적 성향을 지닌 사람은 인간관계에 미숙하여 쉽게 상대방을 억압하고 갈등을 일으킨다. 자기 뜻대로 상대방이 반응하지 않으면 의식주체로서의 상대방 존재를 망각하고 자기 뜻대로 몰아붙여 갈등이 고조된다. Fromm은 자식에 대한 집착도 자아도취 증상으로 설명한다. 자식을 자기 분신으로 여겨 뜻대로 조종하려는 자아도취적 애착이 자녀와의 관계에서 갈등을 유발한다는 것이다. 자식이 부모가 제시하는 방향을 거부할 때 자아도취적 부모는 그 상황을 견딜 수 없어 충동적으로 잔인해지기도 한다. 자아도취적 사람은 부모 자식 관계뿐 아니라 연인, 친구, 직장동료 등 모든 인간관계에서 소유적 집착의 행태를 띠기 때문에 상대방의 독립된 주체성을 억압하여 갈등유발의 원인을 제공한다.

Fromm에 따르면, 자아도취적 성향은 개인적 차원뿐 아니라 집단적 차원에서도 발견된다. 독일 히틀러의 유대인 학살이나 세계 곳곳에 아직도 잔재해 있는 인종차별은 집단적 자아도취의 대표적 사례이다. 집단적 자아도취는 주체가 개인에서 집단으로 확장된 것뿐 그 역학에서는 동일한 특성을 지닌다. 자기 집단의 우월성에 도취되어 다른 집단의 가치에는 무관심하고 배타적이어서 집단 간의 갈등을 유발하는 것이다. 백인 집단 자아도취적 개인은 백인의 우월성에 사로잡혀 다른 인종을 인간으로서 존중하지 않고 함부로 대하면서 죄책감이 일어나지 않는다. 종교전쟁도 집단적 자아도취 현상이다. 우리 종교만이 옳고 다른 종교는 핍박의 대상에 불과하다는 의식이 깔려 있다.

한국사회에서 논란되었던 '갑질 사건'도 일종의 집단적 자아도취적 행태라고 해석할 수 있다. 내가 속한 집단의 우월성에 대한 확고한 의식이 나와 다른 집단에 속한 개인에게 억압기제로 작동하는 것이다. 경영주와 고용인, 남성과 여성, 교사와 학생, 선임자와 후임자, 한국인과 타국민 등 다양한 분별이 집단형성의 근거가 되어 상호 대립적 집단적 자아도취에 빠진다. 집단적 자아도취 성향을 지닌 사람 역시 개인적 자아도취처럼 사태를 객관적으로 보지 못하고 자기 관점에 대한 비판적 사고가 마비되어 있어서 다른 집단과 상호 존중의 성숙한 관계맺음이 불가능하다는 문제를 안고 살아간다.

자아도취적 성향의 사람은 상대방을 자아의 확장으로밖에 보지 못하기 때문에 상대방의 능동적 의식을 존중하지 못한다. 자아도취적 의식 속에는 독립된 타자성에 대한 인식이 본질적으로 결여되어 있다. 자아도취적 사람에게 있어서 다른 사람 혹은 다른 집단과 관계 맺는다는 것은 단지 자기 확장의 확인에 불과하다. 관계란 서로 다른 주체들 간의 상호작용에 의해 만들어진다. 그런데 자아도취적 사람에게 있어서 자기와 다른 의식주체는 도저히 상상될 수 없기에 인간관계가 성립되지 않는다. 모든 상대방은 자아도취적 사람의 병적 의지를 확장시킬 대상으로 전락하고 만다. 자아도취적 사람에게 타자란 자아도취적 의지에 따라 움직이는 자동인형과 같은 존재일 뿐이다. '주체성' '능동성'이라는 인간다움의 본질에 비추어 볼 때 사람이 자아도취적 성향에서 벗어나지 못한다면 그를 둘러싼 모든 인간관계는 파탄에 이르게 된다는 것은 당연한 귀결이라 하겠다.

둘째 딸 룰루는 타이거 마더의 통제를 자아도취적 억압으로 여기고 자기 존재감을 드러내었다. 자녀를 자기 뜻대로 조종하려는 타이거 마더에 대항하여 룰루 자신도 의식주체임을 드러냄으로써 타이거 마더의 자아도취에 대항하였다. 룰루뿐 아니라 순종적이고 모범적인 첫째 딸 소피아 역시 자아도취적 타이거 마더에게 저항하였다. "우리 집이 얼마나 웃기게 돌아가는지 아세요? 전 엄마가 시키는 일이라면 모두 다 해요. 그런데 한 번만 실수해도 엄마는 저에게 소리를 질러요. 룰루는 엄마 말은 하나도 안 들어요. 엄마에게 말대답을 하고 물건을 던지죠. 그러면 엄마는 룰루에게 선물을 주고 꼬드겨요. 무슨 '중국인 엄마'가 이래요?" (Chua, 2011) 모녀간의 갈등은 룰루와의 사이에서만 발생한 것이 아니다. 순종적이라고 여겼던 소피아 역시 자기를 존중해 주지 않고 공격적으로 억압하며 지배하려는 타이거 마더의 자아도취적 태도에 불만을 표시함으로써 자기 존재감을 드러내었다. 이러한 자기표현은 자기도취적 성향의 사람에게 관계에 대해 눈을 돌리게 한다. 자기 뜻대로 진행되면 아무 문제가 없다고 여기다가 상대방의 분노가 전달되면 비로소 관계에 대해서 관심을 갖게 되는 것이다. 타이거 마더는 특히 둘째 딸의 반항으로 인해 점차 개방적인 사람으로 변해간다고 고백하였는데 이러한 변화는 자기도취적 성향에서 벗어나는 것이라고 해석할 수 있다.

자녀의 생각이나 느낌을 무시하고 부모가 원하는 방향으로 끌고 나아가는 양육방식에는 부모의 자아도취적 태도가 전제되어 있다. 자아도취적 양육의 부정적 효과는 공교롭게도 Chua 교수의 부친 사례에서 찾을 수 있다. 미국 이민 1세대로 성공한 과학자지만 소위 중국식 타이거 마더 양육에 질식하여 도망한 경우라고 Chua 교수는 솔직하게 지적하였다. 그의 아버지는 자기를 억압하는 어머니를 떠나 멀리 미국으로 이주하여 MIT를 졸업하고 교수가 되어 성공적으로 정착하였다. 하지만 그는 나이가 들어서도 어머니를 떠올릴 때마다 분노하였고 끝내 중국 가족과는 단절하고 지냈다고 전한다. 이것이 바로 타인의 존재감을 억압하는 자아도취적 통제방식이 근본적으로 관계의 파탄을 불러온 경우라 하겠다.

2) 비합리적 사고

'자아도취적 성향'과 '비합리적 사고'를 인간관계 갈등유발의 주요 요인이라고 할 때, 이것은 현상학의 두 가지 특성과 각각 관련지어 볼 수 있다. 자아도취적 성향은 타인의 주체성을 침해하여 갈등을 일으키는 '관계의 문제'이고, 비합리적 사고는 사태의 의미를 왜곡하여 갈등을 유발하는 '인식의 문제'이다. 누구에게나 의식지향성이 있음을 인정하지 못할 때 관계의 문제가 발생하며, 사태의 의미를 자의적이고 독단적으로 구성해 낼 때 왜곡된 사고의 문제에 빠진다.

사고왜곡 문제를 심리치료에서 중요하게 다룬 대표적 학자는 Aaron Beck이다. 그는 사고왜곡 현상을 연구하여 일상생활에서 사람들이 겪는 인간관계 문제가 왜 발생하는 것인지 밝혔다. 사고가 왜곡되면 감정적 혼란이 야기되어 성숙한 인간관계의 방해요인이 된다고 보았다. 그는 열 가지의 사고왜곡 현상을 분석하여 인간의식의 혼란 원인으로 제시하고 정신건강은 사고왜곡을 바로 잡는 인지치료를 통해 가능하다고 주장하였다. Beck의 열 가지 사고왜곡을 김중술 교수가 그의 저서 『신 사랑의 의미』에서 제시한 바에 기초하여 정리해 보면 다음과 같다.

(1) 이분법적 사고(흑백논리)

사태의 의미를 흑백으로만 판단하여 감정적 동요에 빠진다. 성공하지 못하면 실패한 것이라는 이분법적 논리를 갖는 사람은 실패에 대한 두려움으로 성공에 극단적으로 집착하며 행동한다. 이러한 사고방식은 실수를 허용하지 못하고 조금이라도 불완전한 경우 실패로 연결될 것에 대한 공포가 일어나 강박적으로 완벽함을 추구한다. 뿐만 아니라 타인에게도 완벽함을 지향하도록 부추기며 그렇지 못할 땐 쉽게 분노하여 인간관계를 그르친다. 완벽함을 이루지 못하는 사태 앞에서는 실패했다는 속단으로 일을 아예 포기하는 극단적 선택도 마다 않는다. 또한 자기가 완벽하게 처리할 자신이 없는 경우엔 일을 시작조차 하지 못하고 회피하거나 그 일의 가치를 격하하며 자기방어를 하기도 한다. 결벽증이나 강박증, 노이로제 증상이 쉽게 일어난다.

(2) 과잉일반화

한 가지 경험을 해 본 결과를 가지고 앞으로 모든 경험도 그러할 것이라고 성급하게 단정 짓는 사고방식이다. 한 번 실패하면 항상 실패할 것이라는 망상에 빠져 그 경험 자체를 회피하고 두려워하는 심리문제를 일으킨다. 또한 누군가가 나에게 좋지 않은 평가를 내렸다면 그 평가를 과잉일반화하여 누구든 자신을 그렇게 평가하리라는 생각에 사로잡혀 아무런 희망이 없다고 단정하여 의욕을 상실하는 문제도 발생한다. 연애 실패의 경우에도 과잉일반화가 작동하면 이성에 대한 거부감이나 공포심을 유발할 수 있다.

(3) 판단력의 색안경

자기 경험에서 자기가 원치 않는 결과가 나타났을 때 좋은 결과보다 나쁜 결과에 집착하는 왜곡된 사고이다. 마치 긍정적 경험은 통과되지 않고 부정적 경험만 통과시키는 색안경을 낀 것에 비유할 수 있듯이 좋은 경험의 가치에는 관심을 두지 않으려 하고 부정적인 경험에만 민감하게 반응한다. 이러한 왜곡된 사고를 하는 사람에게는 삶이 늘 불쾌하게 기억되고 자신은 세상에서 거부당한다는 인상으로 남는다.

(4) 긍정적 측면의 부정

판단력의 색안경에서 나타나듯이 자신의 긍정적 측면을 외면하려는 왜곡된 사고이다. 누군가가 자기를 칭찬하면 그를 '쓸데없는 소리를 하는 사람'이라고 간주해 버린다. 자기가 한 일이 성공적이어도 자기 능력을 인정하지 않고 우연히 재수가 좋아 그런 결과가 나온 것뿐이라고 치부한다. 나쁜 일은 자기 탓에 생기는 것이고 좋은 일은 다른 사람이나 환경 혹은 요행 탓으로 돌려 버린다. 이러한 사람은 자신의 긍정적인 측면을 인정하는 데 인색하고 부정적인 측면만 부각시키며 살아가기 때문에 자존감이 매우 낮다.

(5) 성급한 결론

사건을 경험하면 객관적으로 사태를 찬찬히 검토해 보려 하지 않고 부정적인 관점에서 즉시 평가하여 사태의 의미를 왜곡시킨다. 사실을 확인하지 않고 자기 멋대로 생각하고 결론을 내리고 상대방도 반드시 그러했을 거라는 잘못된 판단에 빠져 행동한다. 이런 왜곡된 사고에는 잘못된 심리 추측과 지레짐작의 오류가 포함된다. 사태를 자기 마음대로 해석하여 상대방도 그러하리라고 단정지어 버리고 미래를 잘못 예측하는 혼란에 빠진다.

(6) 과잉확대(큰 재앙으로 간주) 혹은 과잉축소

'망원경 효과'라고도 부르는 이 사고의 왜곡은 자신의 단점(실수, 불완전성, 불안감 등)이나 타인의 장점(성공, 재능 등)의 중요성을 과장하거나 자신의 장점이나 타인의 불완전성 등은 불공평하게 축소시켜 인식하는 특성을 보인다. 자기가 거짓말한 것이 들통 났을 때 그 사건의 의미를 확대해석하여 모든 사람이 앞으로 자기를 절대 믿어 주지 않아 인간관계는 완전히 파탄에 이른 것처럼 여기는 과대망상이다. 성격검사에서 불안신경증적 요소가 있다는 말을 듣게 되면, 자기뿐 아니라 자기 가족 모두에게 심각한 문제가 발생하여 가정이 파탄에 이를 것이라는 과잉확대 해석으로 고통을 불러오는 것과 같은 사고왜곡이다.

(7) 감정적 판단

자기가 느끼는 감정을 판단의 근거로 삼는 사고왜곡이다. '내가 이런 감정이 드는 걸 보니 사실임에 틀림없다.'와 같은 식의 판단에 빠진다. 실제 감정은 인식의 결과로 얻어지는 것인데 이러한 사고왜곡은 감정에서 인식을 도출하는 논리의 혼란에 사로잡혀 있다. 이것은 우울증 강화의 원인이 되기도 한다. 우울하게 느껴진다는 이유만으로 현실에서도 모든 게 부정적이라는 결론을 내려 버린다. 우울한 감정을 느끼는 근거가 무엇인가에 대해 합리적으로 검토해 보는 노력 없이 감정적 판단에 의존하기 때문에 우울증에서 빠져나오기가 어렵다.

(8) '하지 않으면 안 돼'의 과용

자기 자신을 엄격하게 규제하는 사고작용이 과하게 작동하여 자기 규제를 벗어났을 땐 자책감, 수치심, 자기혐오감 등이 심하게 일어난다. 뿐만 아니라 그러한 사고가 타인에게도 확산되어 타인에 대한 분노와 실망, 욕구좌절감 등을 수시로 느끼게 되어 거의 늘 불만과 분노에 사로잡혀 살아간다. 자기 기준에 대한 검토와 삶에 대한 유연한 태도가 결여되어 있어서 자기 규제가 마치 절대적 가치인 양 받아들이는 사고왜곡에 빠져 있는 것이다.

(9) 부정적 이름 붙이기

한 가지 실수를 하고 나서 '나는 실패자다.'와 같이 일반화된 부정적 개념으로 명명하는 사고왜곡이다. 자기 경험을 특히 부정적인 개념으로 일반화해 버리게 되면 그러한 사고는 다음의 경험을 제한하는 자기예언(self-fulfilling prophecy)적 효과를 낳는다. 스스로 실패자라고 낙인한 사람은 미래 경험에서 부정적 자아상에 맞는 패배자적 행위를 선택할 가능성이 높아진다. 타인에 대해서도 한 가지를 보고 일반화된 부정적 낙인을 찍는 사람은 타인의 다른 행동들도 부정적으로 판단하게 되어 부정적 감정으로 반응함으로써 타인과 우호적인 관계를 맺기 어려워진다.

(10) '모두 내 탓이오'라는 사고방식

자기가 원하지 않는 사건이 발생했을 때 그 사건의 원인이 자기 자신이라고 착각하는 사고의 왜곡이다. 자기와 아무런 상관없이 발생한 사건에 대해서도 자기 때문에 가족이나 주변인이 희생양이 되어 고통을 겪는다고 생각하여 쓸데없는 죄책감에 빠지고 자기 학대를 일삼는다. 모든 잘못의 근원이 자기라고 여기는 사람은 실제 다른 사람에 대한 영향과 책임을 혼돈하는 사고의 오류에 빠진 것이다. 영향은 줄 수 있으나 결과의 책임은 그 행위자임을 인식하지 못하여 모든 책임을 짊어지는 부당한 자책에 사로잡힌다.

Beck은 이상의 열 가지 사고왜곡이 진행되면 심각한 성격장애를 가져온다고 주장한다. 사고왜곡이 사고습관이 되어 모든 사태를 해석하는 '자동적 사고'로 자리잡혀 성격적 문제를 일으키게 된다는 것이다. Beck이 제시하는 사고왜곡은 정신질환자뿐 아니라 정상인의 사고에서도 다소간 정도의 차이일 뿐 쉽게 발견되는 왜곡현상이다.

Albert Ellis 역시 심리문제를 인지적으로 접근하여 설명하는데 그는 '비합리적 신념'이라는 개념으로 일반인의 사고문제를 지적하였다. 현상학, 포스트모더니즘 등 철학에 관심이 많았던 Ellis는 철학적 탐구를 통해 구성주의적 관점에서 인간의식 문제를 분석하여 심리치료이론을 정립하였다. Ellis에 따르면, 인간의 고통은 단지 외부의 영향이 아니라 자신의 역기능적 사고에 의해 고통으로 구성하였기에 발생하는 의식현상이다. 그는 일반인의 심리적 장애를 가져오는 근원으로 '비합리적 신념'을 지적하였다. 비합리적 신념이란 정서적 및 행동적 문제에 영향을 주는 심층적 신념이므로 이 신념을 변화시킨다면 역기능적 감정과 행동의 변화도 이끌어 낼 수 있다고 보았다. 심층적 신념의 정당성에 대한 철학적 검토는 비합리적 사고를 전환시켜 심리적 장애에서 벗어나게 한다는 것이 Ellis의 입장이다. 김중술은 Ellis가 제시한 비합리적 신념을 다음과 같이 정리하였다.

- 나는 내가 하는 모든 일에 대하여 모든 사람들로부터 반드시 사랑받고 인정받지 않으면 안 된다는 생각

- 내가 하는 모든 일에 있어서 반드시 아주 유능하고, 적절하며, 성공적이지 않으면 안 된다는 생각
- 사람들 중에는 악질적이고 부도덕하며 사악한 사람들이 있고, 그들은 그 죄 값으로 심한 비난이나 처벌을 반드시 받아 마땅하다는 생각
- 세상일이 내 마음에 들지 않는다고 해서 매우 한심스럽고 불쾌하게 생각하며 잘못되어 간다는 생각
- 인간의 불행 혹은 고통이란 외부적인 여건(사람이나 사건)에 의하여 연유되며, 나에게는 그것을 막을 힘이 전혀 없다는 생각
- 어떤 일이 매우 위험하다거나 무서울 때 그것만 골똘히 생각하고 걱정해야 한다는 생각
- 인생의 여러 어려움이나 책임들은 가급적 회피하여 도망치는 것이 상책이라는 생각
- 과거가 가장 중요하며, 어떤 일이 과거에 자신의 인생에 큰 영향을 주었으니 앞으로도 계속 그럴 것이라는 생각
- 사람에게는 자기의 감정을 통제할 수 있는 효과적인 방법이 없으며, 그렇게 느끼는 것은 어쩔 수 없다는 생각
- 다른 사람들이 어떻게 하고 있는가 하는 것이 나의 존재나 행복에 결정적으로 중요하며, 따라서 나는 다른 사람들을 내가 원하는 방향으로 고쳐 놓도록 노력해야 한다는 생각

Ellis가 제시하는 비합리적 신념 열 가지는 대중적으로 쉽게 발견되는 비합리적인 사고일 것이다. 이외에도 개인마다 나름대로 독특한 비합리적 신념에 사로잡혀 자신과 더불어 주변인들을 고통스럽게 만드는 경우가 많을 것이다. 비합리적 사고는 현상학적인 관점에서 본다면 의미화가 잘못되어 발생하는 의식 장애현상이라고 볼 수 있다. 의미화하는 의식작용이 잘못되어 왜곡된 의미화로 인해 감정적 소용돌이에 빠져들고 타인에게도 비합리적인 태도로 반응함으로써 갈등을 일으키게 된다.

5. 인간관계 갈등 극복을 위한 방안

이 장에서는 인간관계 갈등의 본질을 두 가지로 보았다. 하나는 관계의 문제이고 다른 하나는 인식의 문제이다. 이 두 가지는 개념적으로 분명히 구분되지만 갈등이 유발되는 실제 상황에서는 이 두 가지가 복합적으로 작용한다. 왜곡된 사고를 하는 사람은 타인을 존중하며 관계 맺는 일에 미숙하다. 비합리적 사고로 인하여 자신이 불안하고 우울하기 때문에 타인의 존재를 배려할 만한 마음의 여유가 없고 타인을 쉽게 자기와 동일시하는 사고의 오류에 빠져 관계문제를 일으킨다.

사람들은 대체로 인간관계 갈등을 불편하게 여겨 회피하려 한다. 갈등상황에서 상대방을 도저히 이해할 수 없는데 이해하는 척 참아 주기도 하고, 상대방을 억압하여 복종시킴으로써 자기 뜻을 관철하기도 한다. 갈등을 회피하는 극단적인 방법은 관계단절이다. 갈등이 유발될 만한 상황을 피하는 것인데 갈등관계에 있는 사람 자체를 거부함으로써 자기 평화를 유지하려고 한다. 그러나 이러한 평화는 유아적 평화이며 자기기만에 불과하다. 왜냐하면 그 갈등을 유발하는 사람이 나타나면 자기 평화는 순식간에 무너져 내리기 때문이다.

인간관계에서 갈등은 어떤 의미를 갖는 것일까? 갈등은 심리적 혼란, 불쾌감을 유발하는 부정적 의미만 있는 것일까? 현상학적 관점에서, 갈등이란 인간관계를 제대로 맺어가는 과정에서 불가피하게 발생하는 긍정적인 사건이라고 해석할 수 있다. 갈등은 나와 상대방의 차이가 은폐되어 있다가 드디어 표면화되는 사건이다. 갈등은 상황에 대한 생각이나 느낌의 차이가 드러나 인간관계에서 긴장이 유발된 상태이다. 이 긴장을 어떻게 받아들이는가에 따라서 성숙한 인간관계의 가능성이 열린다.

인간관계에서 차이의 발생은 사실 회피해 버릴 문제상황이 아니라 용기 있게 대면해야 하는 사건이다. 갈등으로 인해 당황하였다면 그것은 지금까지 서로를 제대로 알지 못하였다는 것을 확증하는 경험으로 받아들이는 자세가 요구된다. 갈등 사건을 통해 비로소 상대방은 내 망상의 두꺼운 껍질을 벗겨내고 자기 자신으로서 내 앞에 모습을 드러낸 것이다. 이제 상대방은 더 이상 내가 상상하는 자아도취적 망상 속의 인물이 아니라 살아 있는 주체로서, 자기를 표현하는 능동적 존재로서 내 앞에 우뚝 서 있다. 이러한 존재들 간의 만남일 때 비로소 진정한 상호존중의 인간관계가 맺어진다. 진정한 인간관계를 통해 우리는 인간과 더불어 살아가는 기쁨을 향유할 수 있게 된다.

진정한 인간관계를 맺기 위해 요구되는 가장 근원적인 것은 사람들 사이의 차이에 대한 인정이다. 나와 너는 다른 사람이라는 것을 받아들이는 것에서부터 인간관계가 시작된다. 사람들 간의 차이는 현상학적으로 본다면, 의식지향성의 차이를 뜻하고 의미구성방식의 차이를 뜻한다. 사람들은 같은 세상에 있지만 서로 다른 지향성을 갖고 다른 곳을 바라보고 있으며 다르게 이해하여 다른 반응을 하며 살아가고 있다는 말이다. 따라서 너는 나와 다른 사람, 곧 독립된 의식주체라는 인식을 갖고 서로를 주시하면서 조심스럽게 다가가는 것이 진정한 관계맺음의 시작점이 된다.

현상학적 인간이해가 전제된다면, 내 방식대로 네가 반응하지 않는 것은 분노할 사건이 아니라 당연한 사건이기에 개방적 태도로 상대방을 만날 수 있다. 사람들 간의 차이 인식은 인간관계가 열리는 지점이며 의사소통의 시발점이다. 서로 다르기 때문에 의사소통을 통해 서로에게 새로운 세상을 열어 줄 수 있으며 이러한 관계가 인간의식 진화 및 사회 발달의 원동력이 된다.

1) 사람들 간의 차이 인식

학문이 발달하면서 인간이해가 깊어져 사람들 간의 차이를 설명하는 다양한 이론이 등장하였다. 여기에서는 차이에 대한 인간이해를 다섯 가지 관점에서 제시해 보고자 한다. 다음과 같은 인간이해에 기초한다면 상대방을 자신과 동일시하는 오류에서 벗어나 각각 독립된 현상학적 인식주체로서 마주서는 만남이 가능해질 것이다.

(1) 성격유형이론

사람마다 성격이 천차만별이다. 성격이론으로 MMPI, BAC, 애니어그램 등의 이론이 주창되었는데 그중 MBTI는 대중적 관심을 얻고 있다. MBTI는 Briggs와 Myers가 Jung의 이론을 기반으로 인간행동 이면의 심리특성을 분석하여 개발한 성격유형이론이다. MBTI는 성격의 차이를 열여섯 가지 유형으로 이론화하여 사람들의 심리특성에 근거하여 행동방식의 차이를 설명하였다. 일상생활에서는 피차 이해할 수 없는 행동으로 갈등이 발생하겠지만 성격유형의 차이를 알아차린다면 상대방을 이해하고 존중할 수 있게 된다. 일례로, 외향적 성향을 가진 사람은 내향적 성향을 타고난 사람과 대립하기 쉽다. 외향적 사람은 내향적 성향을 반사회적이라고 단정하여 내향적 기질을 가진 사람에게 타인들과 활발하게 교류하도록 강요한다면 상대방에겐 고통이 된다. MBTI 검사는 자기 성격특성을 파악하게 하고 상대방과의 갈등을 성격유형 차이로 이해하게 한다. 이러한 상호이해는 불필요한 오해와 억압을 제거하여 서로 존중하며 관계 맺는 데 도움이 된다.

성공적 삶에서 성격의 중요성이 부각되면서 '성격지능(personal intelligence)'이라는 개념이 만들어졌다. 미국 뉴햄프셔 대학교 교수인 Mayer는 최근 감성지능 이후 새로운 지능으로 '성격지능'을 제시하였다. 2014년에 발간한 『성격, 탁월한 지능의 발견』에서 그는 성격을 잘 읽어 내는 사람은 삶의 질이 높아진다고 주장하였다.

대체로 인간관계 갈등은 성격 차이에서 비롯된다. 성격 차이를 인식하지 못하는 양육자는 양육과정에서 자기와 다른 성격을 지닌 아이들은 억압하는 결과를 가져온다. 그러한 자녀는 양육자와의 성격 차이에서 상처를 받아 나이가 들어서도 신경증적 성격장애를 갖고 살아간다. Karen Horney는 『신경증적 갈등에 대한 Horney의 정신분석』에서 성격장애의 원인을 양육과정에서의 인간관계로 인한 갈등으로 설명한다. John Bradshaw는 『상처받은 내면 아이 치유』에서 어렸을 때 받은 정신적 고통이 성인이 된 후에도 세상에 대해 성숙한 반응을 방해하는 장애 요인으로 남아 있으므로 치유가 필요하다고 주장하였다. 성격 차이로 인한 갈등은 인간관계 전반에 적용된다는 점에서 볼 때, 성격 차이에 대한 인식은 갈등 극복을 위한 필수 요인이라고 제시하여도 지나치지 않을 것이다.

(2) 다중지능이론

미국 하버드 대학교의 Howard Gardner 교수는 사람들에게서 발견되는 정신작용의 차이를 다중지능이론으로 제시하였다. 사람들은 서로 다른 지적 능력을 발휘하며 살아간다. 종래의 고전적 지능이론은 학교교육에서 언어와 수학능력 위주로 지적 능력을 평가하였지만 Gardner는 인간 정신능력의 다양성에 관심의 초점을 두었다. Gardner는 그의 초기 저서인 『Frames of Mind』에서 언어, 논리수학, 음악, 신체운동, 공간, 대인, 자성지능 등 일곱 가지의 지능을 제시하였고, 그 후에도 다른 지능의 가능성을 타진해 가고 있다. 후기 저서인 『다중지능』에서는 자연지능을 추가하여 여덟 가지 다중지능을 제시하였고 영성지능, 실존지능 등 검토 가능한 지능의 종류가 있음을 시사했다. 다중지능이론은 사람의 정신능력의 다양성을 제시하여 하나의 잣대로 우열을 가르는 무모함에서 벗어나 사람마다 다르게 타고난 지적 능력을 존중하여야 한다는 메시지를 던진다.

(3) 동양과 서양의 차이

예일대학교 교수를 역임한 Richard Nisbett은 인간의식 차이에 대한 흥미로운 연구를 진행하였다. '동양인과 서양인은 과연 세상을 다르게 경험하는가?' 라는 질문을 실험적으로 검증하여 세상을 보는 동서양인 간의 서로 다른 시선이 존재함을 주장하였다. 그는 그의 저서 『생각의 지도』에서 여러 가지 사례를 들어 동양인과 서양인의 인식 차이가 있음을 부인할 수 없다는 논리를 편다. 전체를 보는 동양과 부분을 보는 서양, 동양의 상황론과 서양의 본성론, 동사를 통해 세상을 보는 동양과 명사를 통해 세상을 보는 서양, 경험을 중시하는 동양과 논리를 중시하는 서양 등의 차이를 설명하였다.

구체적 사례를 들어보자. '팬더곰, 원숭이, 바나나 이 세 가지 그림을 보여 주고 2개를 하나로 묶는다면 무엇을 묶겠는가?' 라는 질문에 대하여 동양인과 서양인은 다르게 답하였다. 대부분의 동양인은 원숭이와 바나나를 하나로 묶었고, 서양인들은 대체로 팬더곰과 원숭이를 하나로 묶었다. Nisbett은 동양인은 관계를 중시하는 사고에 익숙한 반면 서양인은 '동물' 이라는 개념적 범주를 만들고 그에 따라 귀납적으로 사고하는 특성이 있어서 이런 차이가 발생하는 것이라고 설명하였다. 서로 다른 문화권에 속한 사람들은 서로 다른 사고과정을 겪으면서 서로 다른 사고내용을 경험하며 살아간다. Nisbett이 주장하는 이러한 문화적 차이는 다문화 사회에서 발생하는 갈등을 이해하는 데 도움이 된다.

(4) 남녀의 차이

여성과 남성의 차이에 대한 연구도 다각적 측면에서 제기되었다. 세상의 반은 남성이고 반은 여성이다. 남녀의 인간관계는 가족, 교우, 직장동료 등 모든 삶의 장에서 피해갈 수 없는 갈등으로 경험된다. 서로 사랑해서 결혼한 부부가 같이 생활하면서 심각한 갈등상황에 던져져 고통받는다. 이러한 남녀 간의 갈등을 J. Gray는 저서 『화성에서 온 남자 금성에서 온 여자』에서 남녀 성향 차이로 설명하여 갈등구조의 본질을 드러내었다. 이성적 성향의 남성과 감성적 성향의 여성이라는 범주는 도덕발달론에서도 부각되었다. 도덕발달에 있어서 남성이 여성보다 우월하다는 Kohlberg의 조심스런 주장에 대하여 제자인 여성학자 Gilligan은 반론을 제기하였다. Gilligan은 『다른 목소리로』에서 타인과 관계 맺는 방식에 있어서 남성과 본질적으로 다른 여성의 독특성을 '배려윤리'라는 개념으로 이론화하였다.

신경의학이 발달하면서 남녀 간의 차이를 신경생리학적으로 설명하는 이론들도 제기되었다. Brizendine는 『여자의 뇌, 여자의 발견』에서 뇌의 구조적, 화학적, 유전적, 기능적 차이를 들어 남녀 간의 차이를 지적하였다. 이러한 연구들은 남성과 여성은 같은 인간이지만 서로 다른 성향을 갖고 세상을 보기 때문에 서로에 대한 이해가 선행하지 않는다면 갈등으로 파국에 이르기 쉬운 인간관계에 놓여 있음을 알게 한다.

(5) 어른과 아이의 차이

교육과 관련된 인간관계의 장에서 빈번하게 발견되는 갈등은 어른과 아이의 갈등이다. 어른은 아이와 관계 맺으면서 답답함을 호소한다. 어른의 관점에서 볼 때, 아이들은 도무지 이해되지 않는 방식으로 반응하여 문제를 일으키는 것으로 여겨져 아이에 대한 관리통제가 불가피하다는 입장을 내세우기도 한다. 어른과 아이는 결국 갈등이 심화되어 설령 표면적 교육효과를 가져왔다 할지라도 내적으로는 인간관계의 파탄에 이르는 경우가 다반사이다. 이러한 문제는 어른과 아이의 차이에 대한 이해가 결여되어 있을 때 발생한다.

루소는 그의 저서『에밀』에서 어른과 구별되는 아동 사고구조의 독특성에 대한 이론을 제시하였고 이를 바탕으로 자연주의교육론을 전개하였다. 18세기 루소가 주장한 아동의 사고특성은 현대 심리학자인 피아제의 실험연구를 통해 검증되었다. 이러한 연구들이 아동사고 특성 이해를 위한 고전이라면, 현대의 뇌과학은 신경생리학적 관점에서 아동과 어른의 차이가 무엇인지 밝혀내었다. 특히 사춘기에 이른 아이들을 키우는 부모나 교사는 아이들로 인해 엄청난 스트레스를 받는다. 이러한 갈등의 본질을 David Walsh는『10대들의 사생활』에서 사춘기 시기의 미완성된 뇌 문제로 명쾌하게 설명하였다. 이성적 판단을 주관하는 전두엽이 아직 완성되지 못한 사춘기 아이들은 상황판단이 미숙할 뿐만 아니라 호르몬의 급격한 변화 시기에 놓여 자기 통제가 불가능한 격한 감정반응에 빠져든다는 것이다.

2) 합리적 소통을 위한 방안

사람들은 제각각 다른 의식구조를 갖고 살아간다. 사람들 간의 차이는 피할 수 없는 엄연한 현실이다. 인간관계에서 차이는 곧잘 갈등으로 불거져 인간관계의 파탄을 가져온다. 그러나 현상학적 관점에서 본다면, 사람들 간의 차이는 인간이해를 위해 긍정적 의미를 갖는다. 차이를 인정하고 존중하는 태도를 갖는다면 갈등상황을 통해 성숙한 인간관계를 맺는 것이 가능해진다. 성숙한 인간관계로 나아가기 위해 갈등상황에서 우리는 어떤 노력을 하여야 하나? 다음의 세 가지는 갈등상황을 현명하게 대처하는 구체적 방안이 될 것이다.

(1) 의미 탐구

현상학에서 지적하였듯이 사람은 자연적 태도로 사태에 반응한다. 이것은 특정 의식지향성과 주관적 의미화가 전제된 반응이다. 이러한 반응은 편파적이고 비합리적 신념에 갇히게 하여 타인과 소통하는 데 한계를 가져온다. 타인과의 원활한 소통을 하자면 현상학적 환원과정이 요구된다. 즉, 자연적 태도로 얻어진 자기이해가 편파적임을 인정하고 판단정지한 후 자기판단에 대해 철학적 성찰작업에 들어가는 것이다. 이것은 자연적 태도로 갖고 있던 비합리적인 신념에 대한 검토과정이라고 할 수 있다.

Chua 교수는 엘리트 양성에서 명문대 진학과 피아노나 바이올린 연주능력 개발은 필수조건이라는 신념을 갖고 있었다. 또한 엘리트로 키워진다면 자녀의 행복이 보장된다는 등식을 굳게 믿었다. 전직 예일대 교수인 William Deresiewicz는 그의 저서 『공부의 배신』에서 명문대생은 행복하다는 신념이 비합리적임을 밝혔다. 그는 교육에 대한 통찰에 기초하여 Chua 교수의 신념은 자기모순적이고 자아도취적이라고 지적하였다. 명문대를 졸업한 자기 경험을 돌아보면서 '교육은 왜 받는 것일까?'라는 본질적인 의문을 탐구하였고 기존의 엘리트 교육시스템은 '똑똑한 양떼'를 배출할 뿐이라는 결론에 이르렀다. 그에 따르면, 똑똑한 양떼란 '똑똑하고 유능하며 투지가 넘치지만 다른 한편으로는 불안하고 소심하고 길을 잃고 지적 호기심이라고는 거의 없는, 목표의식이 부족한 학생'을 의미한다. Deresiewicz는 '똑똑한 양떼'는 진정한 엘리트가 될 수 없다고 단언하였다. 진정한 엘리트의 의미, 행복의 의미 등 자기생각에 대한 철학적 성찰이 결여되어 있을 때 왜곡된 엘리트상이나 행복관에 집착하게 되어 인간관계에서도 문제를 일으킨다.

(2) 감정 조절

일반적으로 사람들은 갈등상황에서 충동적 감정반응으로 인해 갈등을 더욱 조장하는 결과를 가져온다. 기대치 않은 반응을 하는 상대방을 보고 당황하여 화를 낸다거나 공격적으로 상대방을 몰아가기도 하고, 혹은 반대로 자기 뜻을 꺾고 상대방에게 순응함으로써 부정적 감정상태에 빠지기도 한다. 인식과 감정은 의식의 다른 작용이다. 교육현장에서 인식에 대해서는 발달을 논하면서 감정의 발달에는 무관심해 왔다. 합리적 인식의 발달과 마찬가지로 감정에서도 성숙한 감정발달에 교육적 관심이 요구된다.

Dainel Goleman은 '감성지능(Emotional Intelligence)' 개념을 도입하여 삶에서의 행복과 성공은 IQ보다 EQ의 지배를 받는다고 주장하였다. EQ가 발달한 사람은 자기 감정과 타인의 감정을 잘 파악하여 반응하기 때문에 인간관계를 원만하게 유지하여 조직의 리더로서 협상능력도 발휘할 수 있다고 지적하였다. 미국 펜실베이니아 대학 와튼 경영대학원의 Stuart Diamond 교수는 저서 『어떻게 원하는 것을 얻는가』에서 효과적인 협상을 위한 열두 가지 전략 요소를 제시하였는데 그중 하나가 바로 감정적 교감이다. 그는 사람 내면에서 감정적 거부반응이 일어나면 이성적 설득력은 더 이상 힘을 발휘할 수 없다는 것을 강조하였다. 감정은 인간관계의 기저에 놓여 있어서 감정을 통하지 않으면 인간적 소통이 불가능함을 지적한 것이다.

감정의 노예와 감정의 주인은 다르다. 감성지능은 감정의 주인이 될 것을 요구한다. 최성애 박사는 John Gottman의 이론에 기초하여 감정코칭(emotion coaching)의 필요성을 주장한다. 감정코칭을 통해 자신과 타인의 감정을 잘 파악하고 감정의 주인으로서 감정을 잘 다루는 능력을 개발하여야 상호신뢰의 인간관계가 가능해진다고 보았다.

(3) 비폭력 대화

언어는 의사소통의 대표적인 도구이다. 사람들은 언어를 통해 마음을 전달하고자 한다. 적절한 언어는 마음을 전달하여 상대방 마음과 소통하게 하지만 부적절한 언어는 상대방 마음 문을 닫아 버리게도 한다. Heim Ginott는 상대방 마음을 열게 하는 대화법에 교육적 관심을 갖고 연구하였다. 그는 세 권의 저서인 『부모와 아이 사이』, 『부모와 십대 사이』, 『교사와 학생 사이』를 통해 어른과 아이의 갈등상황을 묘사하고 이를 어떻게 대화로 풀어갈 수 있는지 구체적인 실례들을 보여 주었다. Ginott는 아이의 감정을 읽고 공감하는 대화를 통해서만 교육적 만남이 가능하다고 주장한다. Ginott의 대화법 연구는 Gottman의 감정코칭 연구의 이론적 기반이 되었다.

Marshall Rosenberg는 『비폭력 대화』에서 내면의 폭력성을 가라앉히고 연민에서 우러나오는 대화법을 제시하였다. 인간관계 갈등이 발생하면 사람들은 쉽게 흥분하고 분노하여 폭력적 언어를 충동적으로 쏟아내며 살아간다. 결국 자신의 화가 상대방에게 전이되어 상대방의 마음 문을 닫게 만들고 만다. Rosenberg에 의하면, 평화로운 인간관계란 그러한 폭력적인 대화습관에서 벗어나는 노력을 통해 가능하다.

요약

- 인간관계 갈등은 누구나 경험하는 삶의 고통이다. 인간관계에서 갈등이 발생하면 사람들은 고통을 느껴 갈등 자체를 회피하려는 심리기제가 작동하기도 한다. 인간관계 갈등의 본질을 이해한다면 갈등은 인간관계의 균열을 가져오는 부정적인 것이라는 생각이 잘못된 것임을 알 수 있다. 갈등을 통해 우리는 상대방과 자신을 의식의 주체로서 바라볼 수 있게 되며 진정한 의미의 인간관계 속으로 들어간다.
- 인간관계에서 갈등을 유발하는 요인은 상대방을 자기 마음대로 조종하려는 의지이다. 특히 집단 속에서 상대방을 미성숙한 인간이라고 판단하고 관리자의 관점에서 좋은 것을 강요하는 독재자적 유형의 인간은 상대방과 심각한 갈등을 일으킬 가능성이 높다. 이러한 갈등의 근원에는 인간소외 문제가 내재되어 있으므로 인간에 대한 심층적 이해가 요구된다.
- 인간의식에 대한 연구는 인간을 이해하는 다양한 관점을 제공한다. 인간의 마음은 복잡한 구조를 갖고 있다. 인간의식에 대한 이해는 인간들 사이의 차이를 긍정적으로 볼 수 있게 한다. 진정한 의미의 인간관계는 그러한 차이에 근거하여 상호존중의 합리적 소통방식을 탐구할 때 가능해진다.

찬반 토론

인간관계 갈등문제는 삶의 다양한 국면에서 발견된다. 가정, 학교, 사회 등 집단으로 생활하는 곳이라면 관리자의 입장에서 구성원들과 갈등이 유발되는 것은 다반사이다. 타이거 마더와 같은 독재자적 관리책임자는 구성원들을 통제하며 목표 달성에 심혈을 기울이겠지만 목표가 달성되는 과정에서 구성원들은 억압당하는 고통을 호소하거나 반발심으로 대응하기도 한다. 이러한 인간관계 갈등을 단체의 목표 달성을 위한 불가피한 현상으로 간주하는 것은 타당한가라는 문제가 제기된다. 찬반론의 관점에서 논의해 보자.

찬성의견	반대의견
1. 사회 전체의 선을 이루자면 구성원 개개인을 모두 배려하는 것은 불가능하다. 사회를 위해 개인의 희생은 불가피하다.	1. 개인을 소외시키는 사회는 극복하기 어려운 인간관계 갈등을 유발하여 사회의 안정기반을 약화시킨다. 관리자는 인간관계 갈등을 경시하지 말고 갈등의 근원에 관심을 갖고 현명하게 극복해 나가는 것이 요구된다.
2.. 개인과 사회는 다르다. 사회가 발전하면 구성원인 개인은 그 혜택을 입는다. 사회적 발전을 이루는 것이 개인의 사사로운 욕구충족보다 선행해야 개인의 복지도 확보할 수 있다.	2. 개인과 사회는 두 가지의 대립된 개체가 아니다. 개인이 희생되고 사회의 목표가 달성된다는 것은 관념적 성취에 불과하다. 표면적으로 성공적인 사회가 된 것처럼 보이나 소외된 개인들로 인해 역기능이 잠재되어 있는 불안한 사회라고 볼 수 있다.
3. 사회 구성원들 중에는 사회의식이 발달하지 않고 개인의 이기적 욕구에만 사로잡힌 사람들도 있다. 그들은 사회 전체의 선을 지향하는 공동체의식이 개발되어 있지 않으므로 관리자가 사회발전을 위해 개인적 욕구를 통제하는 것은 불가피하다.	3. 개인의 의견을 개방적으로 표현할 수 있게 한다면 사회적 혼란이 야기될 것이라는 불안감은 민주적 절차에 대한 신념이 부족하기 때문에 생긴다. 존중받지 못하는 인간은 내적 상처로 인해 반사회적 성향이 형성된다. 개개인이 존중받고 자발적으로 사회에 참여하도록 이끄는 개방적 관리자가 개인 내면에서 성숙한 시민의식을 이끌어 내며 진정한 민주복지사회를 구현할 수 있다.

생각해 볼 문제

1. 교사와 학생 사이의 갈등이 발생하는 원인을 분석하고 갈등해결을 위해 교사는 어떤 노력을 해야 하는지 논의해 보자.
2. 학생들 사이에서 발생하는 폭력문제는 차이에 대한 거부감에서 시작된다. 진정한 인간관계는 차이에 내재된 긍정적 의미를 인식할 때 가능해진다. 차이존중의 태도를 개발할 수 있는 구체적인 교육방안을 제시해 보자.
3. 효율적 조직관리에 관심을 갖는 행정가가 빠지기 쉬운 인간관계 갈등문제가 무엇인지 찾아보고, 구성원과의 인간적 관계를 유지하기 위해 어떤 태도가 요구되는지 논의해 보자.
4. 학생들 사이에서 발생하는 폭력문제를 해결하기 위한 학교행정의 절차를 알아보고, 그 가운데 학교 행정가, 교사, 상담교사, 학부모 등의 역할에 대해 논의해 보자.
5. 한 학교에서 교사들 간에 나타날 수 있는 인간관계 갈등 문제가 무엇인지 찾아보고, 학교 행정가가 이러한 갈등을 해결하기 위해 어떠한 노력을 해야 하는지 논의해 보자.

참고문헌

김중술(2003). 新 사랑의 의미. 서울: 서울대학교 출판부.

안인희, 정희숙, 임현식(1996). 루소의 자연교육사상. 서울: 이화여자대학교 출판부.

이남인(2004). 현상학과 해석학. 서울: 서울대학교 출판부.

조세핀 킴(2012). 우리아이 자존감의 비밀. 서울: (주)서울문화사.

Beck, A. T. (1993). *Cognitive Therapy and the Emotional Disdorders*. NY: Penguin USA.

Beck, A. T. (2001). 우울증의 인지치료(원호택 역). 서울: 학지사.

Bradshaw, J. (2008). 상처받은 내면아이 치유(오제은 역). 서울: 학지사.

Brizendine, L. (2007). 여자의 뇌 여자의 발견(임옥희 역). 서울: 리더스북.

Chua, A. (2011). 타이거 마더(황소연 역). 서울: 민음사.

Curtis, B., & Mays, W. (Eds.). (1978). *Phenomenology and Education*. London: Methuen.

Deresiewicz, W. (2014). 공부의 배신: 왜 하버드생은 바보가 되었나(김선희 역). 서울: 다른.

Diamond, S. (2011). 어떻게 원하는 것을 얻는가(김태훈 역). 파주시: 8.0.

Ellis, A., & MacLaren, C. (2010). 합리적 정서행동치료(서수균 김윤희 공역). 서울: 학지사.

Fromm, E. (1983). 휴머니즘의 재발견(홍순권 역). 서울: 한벗.

Fromm, E. (2002). 인간의 마음(황문수 역). 서울: 문예출판사.

Gardner, H. (1983). *Frames of mind*. New York: Basic Books.

Gardner, H. (2008). 다중지능: 인간 지능의 새로운 이해(문용린 역). 서울: 김영사.

Gilligan, C. (1997). 다른 목소리로(허란주 역). 서울: 동녘.

Ginott, H. (2003). 교사와 학생 사이(신홍민 역). 서울: 양철북.

Ginott, H. (2003). 부모와 십대 사이(신홍민 역). 서울: 양철북.

Ginott, H. (2003). 부모와 아이 사이(신홍민 역). 서울: 양철북.

Ginsburg, H. P. (2006). 피아제의 인지발달 이론(김정민 역). 서울: 학지사.

Goleman, D. (1996). 감성지능(황태호 역). 서울: 비전코리아.

Gottman, J., 최성애, 조벽(2011). 내 아이를 위한 감정코칭. 서울: 한국경제신문사.

Gray, J. (2007). 화성에서 온 남자 금성에서 온 여자(김경숙 역). 서울: 친구미디어.

Horney, K. (2006). 신경증적 갈등에 대한 카렌 호나이의 정신분석(이희경 외 역). 서울: 학지사.

Husserl, E. (2013). 현상학적 심리학(이종훈 역). 서울: 한길사.

Husserl, E. (2014). 엄밀한 학문으로서의 철학(이종훈 역). 서울: 지만지.

Kohlberg, L. (2000). 도덕발달의 철학(김민남 외 역). 서울: 교육과학사.

Mayer, J. D. (2015). 성격, 탁월한 지능의 발견(김현정 역). 서울: 추수밭.

Nisbett, R. E. (2004). 생각의 지도(최인철 역). 서울: 김영사.

Rosenberg, M. B. (2007). 비폭력 대화(캐서린 한 역). 서울: 바오.

Tieger, P. D., & Tieger, B. B. (2006). 사람의 성격을 읽는 법(강주현 역). 서울: 더난출판.

제 11 장

장학론

1. 장학의 개념
2. 장학의 발달과정
3. 장학의 유형
4. 장학의 과제

사례

김 교사는 E중학교에서 교직생활을 시작한 지 6개월에 접어드는 초임교사이다. 이제 겨우 학교가 어떻게 운영되는지, 같은 교과 선생님들은 누구인지, 담당한 학급의 학생들의 특성이 어떠한지 조금 파악이 되었다. 정신없이 한 학기를 보내고, 자신의 부족함을 보완해야겠다는 생각에 여름 방학 동안 다음 학기 수업을 미리 준비하고 있다.

김 교사는 기본적으로 학생들의 수준과 학급상황 등을 고려하여 학습지도안을 구성해야겠다고 생각했다. 마침 김 교사는 대학 때 배운 내용과 교생실습한 경험을 바탕으로 지난 학기 말 수업시간에 본인 수업에 대한 학생들의 참여도와 만족도를 조사한 결과가 있었다. 첫 학기인지라 여러 가지로 준비를 한 탓에 이 조사 결과는 김 교사에게 객관적인 지표로서 학생들을 이해하는 데 많은 도움이 되었다.

김 교사가 파악한 특징은 다음과 같다. E중학교는 각 반별로 남학생이 여학생보다 3~5명 정도 많은 편이었으며, 김 교사가 담당한 학급은 대부분의 여학생이 남학생보다 학습태도 및 학습능력이 뛰어나다는 점이다. 학생들은 대체로 밝고 명랑한 편으로 반별로 2~3명 정도의 학생은 주의집중력이 떨어져 수업을 방해하는 경우도 자주 있었다. 학생들 대부분이 놀이 위주의 수업에 흥미를 보였고 적극적으로 참여하는 편이기는 하지만, 승패에 집착하거나 놀이규칙을 어기는 경우가 종종 있으며 놀이에 참여하지 못하고 주위를 맴도는 학생들도 있었다.

수업에 대한 조사결과를 보니 수업에 대한 참여도와 만족도가 다소 높은 편이었다. 주관식 문항에 발표 및 질문의 기회가 돌아오지 않았다고 하는 학생들도 있어 다음 학기에는 질문자나 발표자를 미리 지정해 놓는 등 다양한 방법으로 수업을 진행하는 것이 필요하다고 생각했다. 반면, 수업에 참여하지 못하는 학생들을 위한 방안도 필요할 것 같은데 대처방안이 잘 떠오르지 않아 고민이 많다.

이렇듯 김 교사는 좋은 수업을 하고 싶은 마음에 스스로의 수업에 대해 분석하고 보완하려는 노력을 하고 있다. 학생들의 수업참여도나 기본적인 실태는 파악하였지만 여전히 어떻게 해결해야 할지 모르는 부분이 있어 다음 학기가 걱정이 된다.

오늘날 장학은 수업 개선을 중심으로 다양한 과업을 목적으로 하고 있다. 장학의 유형은 주체, 목적, 대상 등에 따라 구분된다. 학교현장에서 교사의 수업활동 개선에 도움이 되는 장학은 무엇인지 생각해 보고, 특히 김 교사와 같은 초임교사 등 교사의 특성에 적절한 수업 장학 유형과 유형별 중점적으로 지도해야 할 내용에 대해 학습해 보자.

수업은 교사가 수행하는 가장 중요한 과업 가운데 하나이다. 교육행정은 교사의 수업 향상을 전문적이고 체계적으로 지원해야 한다. 교육행정의 여러 과업 중 교사의 수업 향상을 위한 체계적인 지원과 조건의 정비는 장학(supervision)의 영역에서 다루어진다.

장학은 효과적인 학교에서 공통적으로 발견되는 요인이며, 특히 학교장의 강력한 수업장학은 효과적인 학교에서 발견되는 가장 우선적인 특징이다. 뿐만 아니라 장학은 교사교육의 개선에도 주요 요인으로 작용한다. 그럼에도 불구하고 학교 현장에서 장학에 대한 인식은 교사의 성장에 도움이 되는 활동으로 인식되기보다는 교사에게 부담을 주는 관료적 행정활동이라는 인식이 있다. 이는 장학에 대한 규범적인 논의와 현실 사이에서의 괴리라 할 수 있다. 이 장에서는 장학의 개념과 정의, 장학의 발달과정, 장학의 유형, 장학의 발전 과제에 대해 살펴본다.

1. 장학의 개념

장학의 의미와 실제 활동은 시대에 따라 다른 의미로, 그리고 다른 모습으로 학교 현장에서 실천되어 왔다. 장학이라는 용어는 영어의 supervision을 번역한 것이다. 이는 superior와 vision의 합성어로서, 어원적으로 우수한 사람이 위에서 감시한다는 의미를 가지고 있다. 한때 감독 혹은 시학이라는 말이 장학의 의미를 나타내는 용어로 사용되기도 하였으며, 장학활동의 초기에는 이러한 단어의 어원적 의미가 특징으로 나타나 일제하의 감시 · 감독적 장학 행태와 어울려 교사를 포함한 많은 사람이 장학활동에 대해 부정적으로 생각하는 경향이 있었다. 현재의 장학은 행정조직에서 민주적 지도성이 강조되어 지도 · 조언기능을 중시하고, 학교교육에서는 협동적인 교내 장학과 자기 장학이 강조되어 수업기술과 경영능력을 중시하는 방향으로 변화하고 있다(정태범, 2002).

장학의 개념은 교육의 통제보다는 조성과 지원을 통해 교수-학습의 성과를 극대화한다는 좋은 의미를 가지고 있다. 이러한 장학의 관점은 장학론에 관한 최초의 본격적인 저작인 Burton과 Brueckener의 『장학: 그 사회적 과정』은 조성과 지원을 통해 교수-학습의 성과를 극대화한다는 점을 명확하게 표현하였다. Harris는 장학을 '학생들의 학습을 촉진하기 위해 수업과정에 직접적으로 영향력을 행사하는 방법'이라 정의하였으며, 장학이 수업활동에 영향을 주기 위해 특별히 지정된 일련의 활동과 세분화된 역할이라는 점을 강조하였다. 여러 학자의 개념 정의를 종합적으로 검토한 Wiles와 Bondi는 장학의 개념을 정의하는 관점을 교육행정의 일부 혹은 연장으로 보는 입장, 교육과정 개발의 측면에 강조를 두는 입장, 수업에 초점을 두는 입장, 교사와 장학담당자의 인간관계에 초점을 맞추어 정의하는 입장, 경영의 한 형태로 정의하는 입장, 리더십 측면에서 정의하는 입장 등으로 구분하고 있다. 행정을 통해 수업의 개선을 도모하느냐 교육과정 개발 혹은 수업, 인간관계, 경영, 지도성을 통해 수업의 개선을 도모하느냐의 차이일 뿐 그 모든 정의가 추구하는 궁극적인 목적은 교사를 통한 수업 개선에 있다는 것이다. 우리나라 최초로 『장학론』을 저술한 백현기도 장학의 본질을 '교사들에 대한 지도 · 조언을 통한 수업의 개선'으로 보고 있으며, 김종철은 이를 보다 확대하여 다원적으로 법규적 · 기능적 · 이념적 측면에서 정의를 시도하고 있다(윤정일 외, 2015).

여러 장학 개념의 정의에서의 중요히 다루어진 공통적인 요소는 첫째, 장학을 어떤

〈표 11-1〉 김종철의 법규적 · 기능적 · 이념적 측면에서의 장학에 대한 정의

측면	정의	다른 학자와의 장학 정의 공통점
법규적 측면	계선조직의 행정활동에 대한 전문적 · 기술적 조언을 통한 참모활동의 측면	궁극적 목적은 수업의 개선
기능적 측면	교사의 전문적 성장, 교육운영의 합리화, 학생의 학습환경 개선을 위한 전문적 · 기술적 · 보조활동의 측면	
이념적 측면	교수의 개선을 위해 제공하는 지도 · 조언활동의 측면	

관점에서 보든 궁극적으로 수업의 개선을 목적으로 한다는 점, 둘째, 그 대상이 교사라는 점이다. 이러한 요소를 고려하여 장학을 간단히 정의해 보면, 그것은 '수업의 개선을 위해 교사에게 제공되는 모든 지원적 활동'이라고 잠정적으로 말할 수 있다.

장학의 목적은 학생의 학업 성공에 효율적으로 기여할 수 있도록 기회를 확대하고, 학교의 역량을 강화시키는 것을 돕는 데 있다. 이러한 장학의 목적을 염두에 두고, 어떻게 학교가 학업 성공에 기여하는가를 이해하고, 이러한 과정에서 장학이 할 수 있는 중요한 역할을 이해하는 데 필요한 이론적 틀을 통해 장학의 장면을 확인해 볼 수 있다. 이러한 이론적 틀은 장학의 관료적 측면(예컨대, 시험결과를 염두에 두고 교수를 계획하도록 법적으로 요구되는 것)과 교사들의 학습 및 기초 역량 구축 전략에 투자하려는 장학의 인적자원 측면의 통합을 요하는 오늘날의 정책 맥락에 부응하는 것이다. 이러한

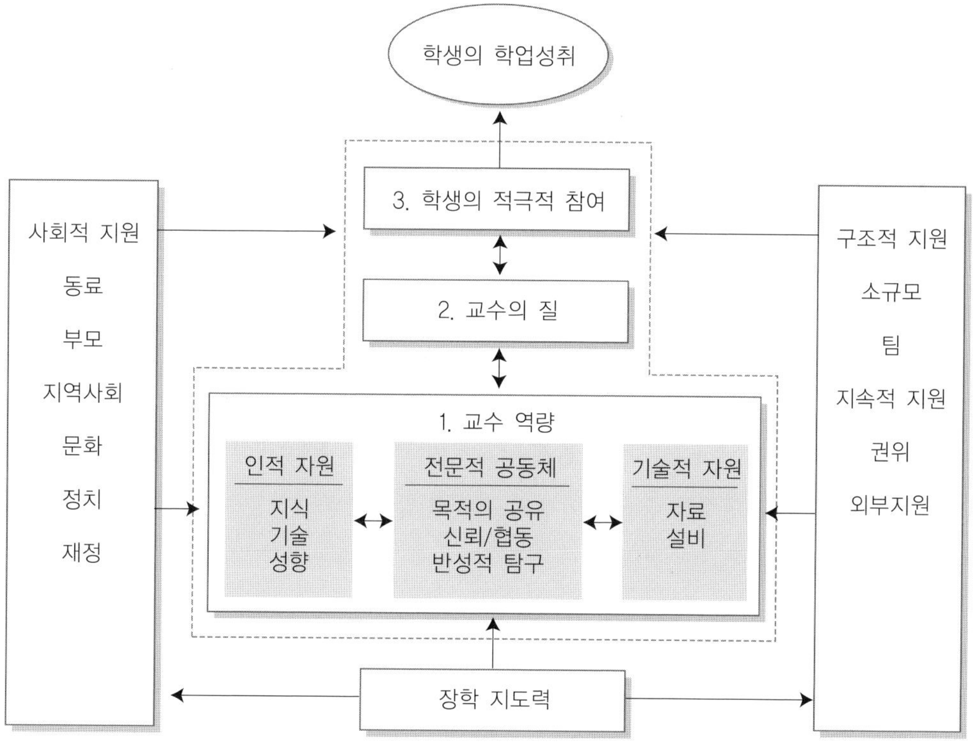

그림 11-1 교수 역량, 질 및 학생의 적극적 참여: 학업성취의 경로

통합을 개념화하는 방법으로 학습에 이르는 경로에 대한 Newmann의 연구를 고려할 수 있다([그림 11-1] 참조). 장학사가 학교를 더욱 성공적으로 만들도록 돕기 위해 거치는 세 가지 경로인 교수 역량, 교수의 질, 학생의 적극적 참여를 제시하였다. 학교의 발전과 효율성을 지원하는 지도력의 중요 영역인 사회적 지원과 구조적 지원은 장학 경로의 좌우 측면에 각각 제시되었다. 이 경로들을 자세히 설명하면 다음과 같다(Sergiovanni & Starratt, 2008).

- 교수 역량은 교수와 학습을 지원하는 학교의 조직적 특성으로 정의한다. 이것은 교사가 가르치는 교과에 대한 지식, 교수와 학급 경영의 기술, 성취를 진작시키려는 성향(높은 기대, 개인차에 대한 민감함, 배려에의 헌신), 질 높은 교육과정, 교수자료, 기술공학, 적절한 물리적 공간의 확보, 질 높은 교수·학습의 지원과 교사로서의 능력 및 업무수행 증진 등을 위해 교사들이 함께 생각하고 계획하며, 일하는 것에 헌신하는 전문공동체의 존재 여부 등을 가리킨다.
- 교수의 질은 깊이 있는 이해와 적용을 요하는 학문적이고 전문적인 훈련에 기초한 교육과정의 내용이라고 정의한다. 깊은 이해와 복잡한 사고뿐만 아니라 기초적인 정보와 기술의 완전한 습득을 목적으로 하는 교수를 가리킨다.
- 학생의 적극적 참여란 학습에 대한 학생들의 헌신과 참여라고 정의한다.

학교의 교수 역량이 개선될 때, 교사들은 질 높은 교육과정을 접하게 되고, 교수활동이 개선되며, 교사들이 서로 돕게 됨으로써 교수의 질이 개선될 수 있다. 개선된 교수의 질은 학습 향상에 중요한 학생의 적극적 참여를 촉진하는 데 결정적 역할을 한다(Sergiovanni & Starratt, 2008).

2. 장학의 발달과정

Sergiovanni와 Starratt(2008)은 장학을 교육발전, 학교발전, 그리고 교사의 성장과 발달을 도모하는 활동으로서 교육개선과 학교 변화에 중요한 영향을 미치는 활동으로 설명하고 있다. 이들은 오늘날 학교에서 발견할 수 있는 장학의 실제는 전통적인 과학적 관리론 또는 인간관계론 중 하나이거나 이 둘을 합친 것으로 볼 수 있다. 장학의 네 가지 근간이 되는 전통적 과학적 관리 장학, 인간관계 장학, 신과학적 관리 장학, 인간자원장학의 내용은 다음과 같다.

1) 전통적 과학적 관리 장학

1900년대 초 Taylor와 동료들의 과학적 경영에 대한 생각과 연구로부터 비롯되었다. 이러한 과학적 관리 운동의 주장과 활동은 장학의 실제에도 영향을 미쳤다. 과학적 관리론을 따른다는 것은 최고의 표준화된 방법의 정비, 연구에 기초한 작업환경 개발, 근로자에 대한 기대치 표현, 체제 내에서 근로자 훈련, 지속적으로 과업수행을 감독하고 평가하는 일을 수행하는 것을 의미한다. 이러한 과학적 관리의 아이디어는 학교 장학에도 옮겨 왔다. 교사들이 정교화된 교육과정과 교수체제를 실행할 수 있다고 간주하고, 장학은 학교 방문을 통해 교사들이 표준화된 수업방법으로 가르치는지, 지침과 교수계획안을 잘 따르고 있는지를 확인하고 점검하는 방식으로 진행되었다. 과학적 관리에서는 통제, 책무성, 능률이었으나, 현재 선호되는 방식은 아니다. 그러나 여전히 정책수립자들과 행정가들, 장학사들은 이 관점의 전제와 의미에 기초한 장학을 매력적이라고 생각한다.

2) 인간관계 장학

인간관계론은 1930년대 Mayo에 의해 등장하게 되었으며, 이는 장학이 인간관계론적으로 발달하는 데 중요한 역할을 한 것으로 인정된다. Mayo는 일터에서 노동자들의 사회적 욕구를 충족시키고, 서로 상호작용할 기회를 제공하고, 정중하게 대해 주고, 의사결정과정에 참여시킬 때 근로자의 생산성은 향상될 수 있다고 믿었다. 이러한 인간관계 장학은 과학적 관리 장학에 대한 일종의 도전이었다. 이를 학교 장학에서 적용할 때, 교사는 필요한 에너지, 기술, 적성을 갖춘 자로 간주하였고, 장학에서 제일 우선적인 과업으로 교사가 만족감을 갖도록 하는 일이었다. 만족감을 갖도록 하기 위해 장학에서 상용하는 방법은 참여이다. 참여를 장학의 방법으로 활용하는 이유는 참여는 교사들로 하여금 그들이 학교에서 중요한 존재이고 유용한 존재라는 느낌을 갖게 해 주기 때문이다. 인간적인 감정과 편안한 관계는 인간관계 장학의 가장 중요한 개념이다. 이는 1930년대에서 1950년대에 이르기까지 주를 이루었고 지금까지도 광범위하게 옹호받고 실천되고 있지만 부분적으로는 인간관계 장학이 사람의 마음을 얻는 데에만 치중하는 개념이라는 잘못된 이해로 참여적 장학이 방임 장학으로 쇠퇴하기도 했다. 교사의 행복이 학교의 생산성 향상으로 귀결되지 않았다는 지적도 받고 있다.

3) 신과학적 관리 장학

1980년대 초기 미국의 교육개혁과 시작하여 지금까지도 우세한 경향을 보이는 신과학적 관리 장학(neoscientific management supervision)은 인간관계 장학에서 간과되었던 부분을 보완하고, 통제, 책무성, 효율성과 같은 과학적 관리 장학에서의 강조점들에 기초한다. 신과학적 관리 장학의 가정은 업무수행 과정, 목표, 능력에 대한 객관적인 준거들이 마련된다면, 그리고 이를 가지고 교사의 활동을 통제한다면 교수활동의 질이 보다 나아질 것이라는 것이다.

4) 인간자원 장학(Human Resources Supervision)

인간자원 장학은 인간관계 장학과는 구별되는 관점이다. 인간자원 장학은 인간의 욕구, 잠재력, 그리고 만족에 보다 많은 관심을 갖는다. 신과학적 관리론과 과학적 관리론이 동일한 이론에 기초하면서 실제에서 차이가 있는 것과는 달리 인간관계론과 인간자원론적 접근은 서로 다른 이론에 기초한다. 인간관계론적 장학과 인간자원론적 장학 모두 구성원에 대해 관심을 갖는다는 점은 공통점이지만, 근본적인 가정에서 차이가 있다. 즉, 인간관계론적 접근은 조직의 생산성을 향상시키기 위해 도구적인 관점에서 교사의 만족에 관심을 갖지만, 인간자원론적 접근에서는 구성원이 자아존중감 충족, 사명감, 잠재적 능력 발휘 그 자체를 목적으로 한다는 데 차이가 있다.

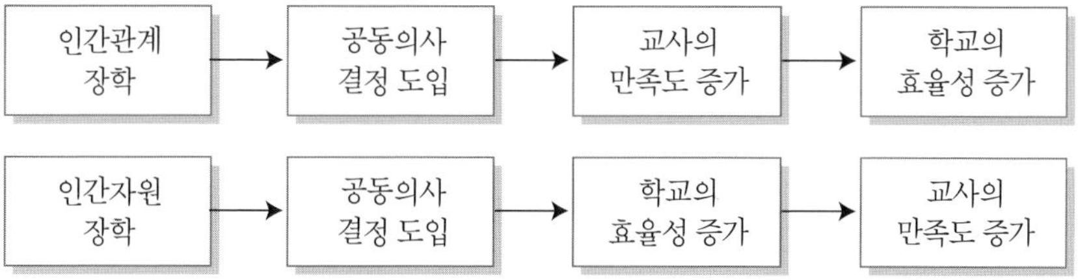

그림 11-2 인간관계 장학과 인간자원 장학의 비교

장학의 발달과정이 이상의 설명과 같이 시대적으로 엄격히 구분되는 것은 아니다. 과학적 관리론의 이념과 원리를 지금까지도 중요시하는 경우도 있고, 인간관계 장학을 우선시하기도 한다. 이 외에도 장학의 흐름을 다양한 관점으로 정리하고 있기도 하다. 신현석 외(2015)는 시대에 따라 변화하는 장학을 바라보는 관점을 방법과 역할 면에서 정리하고 있다(〈표 11-2〉 참조).

〈표 11-2〉 장학의 관점 변화

시기	장학방법	장학사의 역할	교육행정 관련 이론
1750~1910 1910~1920 1920~1930	시학 과학적 관리 장학 관료적 장학	감시자 · 확인자 감독자	과학적 관리론
1930~1955	협동적 장학	조사자 · 지원자	인간관계론
1955~1965 1965~1970	교육과정 개발 장학 임상장학	교육과정 개발자 수업 전문가	행동과학론, 체제론
1970~1980 1980~현재	인간자원 장학 신과학적 관리 장학	조력자	인간자원론

이렇듯 장학의 발달단계에서 알 수 있는 것은 장학이 교육행정이론의 변화와 흐름을 같이 하고 있다는 점이다. 특히 최근에는 교사와 장학 담당자의 관계가 수직적, 통제적 관계에서 수평적, 민주적인 관계로, 그리고 장학의 전문성이 강조되는 추세이다.

3. 장학의 유형

장학은 준거에 따라 다양하게 유형화할 수 있다. 장학의 기본 형태에 대해 Glatthorn (1984)은 임상장학, 동료장학, 자기장학, 확인장학으로 나누었고, Sergiovanni와 Starratt (2008)은 임상장학, 동료장학, 개인장학, 비형식장학으로 나누고 있다. 장학 조직을 준거로 하면, 장학은 교육행정 기관 주도의 장학과 학교를 중심으로 하는 교육 현장 주도의 장학으로 구분된다. 행정기관 주도의 장학에는 중앙장학(교육부), 지방장학(교육청)이 포함된다. 학교를 중심으로 하는 교육현장 주도의 장학에는 교내 자율장학과 지구별 자율장학이 포함된다(이윤식, 2001). 이와 유사하게 윤정일 외(2015)는 실시 주체에 따라 중앙장학(교육부), 지방장학(교육청), 지구별 자율장학(지구별 자율장학협의회), 교내자율장학(단위학교), 자기장학(교사 자신)으로 구분하고 있다. 그리고 지방장학은 장학활동이 이루어지는 방식에 따라 다시 종합장학, 확인장학, 개별장학, 요청장학, 특별장학 등으로 구분하고, 교내 자율장학은 장학의 방법에 따라 임상장학, 동료장학, 약식장학 등으로 분류하고 있다. 장학은 평가 및 감독에 초점을 맞춘 장학으로부터 교사의 수업 개선에 초점을 맞춘 민주적 장학으로 초점이 변화해 왔다. 이에 따라 실시 주체도 교육행정기관에서 단위학교로 그 초점이 이동하고 있는 추세이다(신현석 외, 2015). 따라서 현재 장학의 개념 변화에 맞추어 여러 가지 장학의 유형 중 중앙부처나 시 · 도교육청의 지도 없이 단위 학교에서 이루어지고 있는 교내 자율장학, 지구별 자율장학, 학교 컨설팅을 중심으로 구분하여 살펴보도록 한다.

1) 교내 자율장학

교내 자율장학이란 학교에서 교사가 교육활동을 성공적으로 수행할 수 있도록 교장, 교감, 부장교사 및 동료교사가 지도 및 조언하는 장학활동을 말한다(신현석 외, 2015; 윤정일 외, 2015). 교사의 교육활동, 즉 수업 개선에 도움을 주는 장학은 다음과 같다.

(1) 임상장학

임상장학은 학급 내에서 교사와 학생 사이에서 이루어지는 상호작용 관계에 초점을 둔 장학활동으로 비교적 최근에 제안되어 각광을 받고 있는 장학의 유형이다. '임상'이란 말은 원래 병리(pathology)란 말을 의미한다. 장학에서는 교사와 장학자의 대면성과 교실에서 이루어지고 있는 교사의 실제 수업에 초점을 두고 있다는 뜻에서 '임상'이란 말을 사용한다. 처치적이거나 교정적이라는 뜻보다는 건전한 교사들의 발전적인 성장을 돕는다는 차원에서 사용된다.

임상장학은 1950년대 말 Cogan에 의해 개발되어 Acheson에 의해 발전되었으며, 후일 현직교사의 수업기술 향상을 위한 장학방법으로 발전되었다. Cogan은 교사의 교실행위를 개선함으로써 학생의 학습을 개선할 목적으로 계획된 명분 혹은 실천이라고 정의하였다. Goldhammer는 장학사의 분석 초점이 교실 내 교사에 대한 관찰 자료이며, 이 자료들을 대면적 관계 속에서 교사들의 수업개선에 사용되는 하나의 과정이라고 정의하였다. 일반적으로는 학급 내에서 일어나는 교사와 학생 간의 상호작용 및 수업과 관련된 교사의 지각 · 신념 · 태도 · 지식에 대한 정보를 중심으로 수업의 개선을 도모하는 장학활동을 말한다.

임상장학의 최초 제안자인 Cogan은 임상장학의 과정을 8단계로 나누고 그 단계들이 순환되는 것으로 보았다(Cogan, 1973).

- 1단계: 교사와 장학담당자와의 관계 수립
- 2단계: 교사와의 협의를 통한 수업계획 작성
- 3단계: 수업관찰 전략 수립
- 4단계: 수업관찰
- 5단계: 교수-학습과정의 분석
- 6단계: 교사와의 협의회
- 8단계: 새로운 계획의 수립

임상장학은 교사의 전문적인 성장과 교실수업의 개선에 근본적인 목적을 두고 있다. 구체적으로 수업상황에 대한 객관적 피드백을 교사에게 제공하며, 교수-학습에 있어서의 문제를 진단하고 해결하고, 교사가 수업전략을 수립 · 사용할 수 있도록 도와주며, 객관적인 교사평가를 가능하게 하고, 계속적인 전문적 신장에 대해 긍정적인 태도를 가질 수 있도록 교사를 도와준다(Acheson & Gall, 1980). 따라서 이를 성공적으로 적용하기 위해서는 장학담당자가 기획 · 자료수집 · 분석 및 인간관계 기술 등을 구비하고 있어야 하며, 교사도 자신의 수업을 개선하겠다는 적극적인 의지를 가지고 있어야 한다고 할 수 있다(윤정일 외, 2015).

(2) 동료장학

동료장학은 동료교사의 참여로 이루어지는 장학을 말한다. 수업개선을 위해 교내의 동료교사 상호 간의 영향력을 중요시하며 동료교사가 장학담당자가 된다. 또한 수업의 개선을 위해 교사들이 서로 협동하는 장학의 형태를 띠기도 하여 협동장학이라고도 한다. 둘 이상의 교사가 상호 간의 교실수업을 관찰하고 관찰에 대한 피드백을 주며 공통된 전문적 관심사를 토론함으로써 그들의 전문적 성장을 위해 협동하기로 동의하는 공식화된 과정을 말한다. 이렇듯 동료장학은 기본적으로 동료교사 간의 상호연대가 전제되어야 한다.

동료장학이 필요한 이유는 교육행정의 분권화, 참여의 자율화, 전문직적인 특성, 개방과 협동의 요구에 의해서이다. 동료장학은 동료교사들이 자신의 교육활동의 개선을 위해 공동으로 노력하는 과정으로 볼 수 있다. 같은 학년 또는 같은 교과 단위로 수업연구나 수업방법 개선을 위해 공동으로 협의하는 것이 전형적인 동료장학의 형태이나, 동료 상호 간에 정보 · 아이디어 · 도움 또는 충고 · 조언 등을 주고받는 공식적 · 비공식적 행위도 모두 동료장학에 포함된다. 동료장학의 강점은 다음과 같다(신현석 외, 2015; 윤정일 외, 2015; Alfonso & Goldsberry, 1987).

- 수업개선을 위해 학교교사들이 공동으로 노력하도록 함으로써 장학활동을 위해 학교의 인적자원을 최대한 활용할 수 있다.
- 수업개선 전략의 설계와 실천에 대한 책임감을 부여함으로써 교사들로 하여금 수업개선에 크게 기여할 수 있다는 인정감과 성취감을 갖게 할 것이다. 이는 결국 학교교육의 개선에 긍정적인 효과를 가져올 것이다.
- 적극적인 동료관계를 증진할 수 있고, 이를 토대로 학교 및 학생교육에 대한 적극적인 자세와 교사 개인의 전문적 신장을 도모할 수 있다.

교사 상호 간의 협동적 노력(학년별 교과별 협의회 운영, 교사 상호 간의 수업참관 및 기회 확대, 교수 · 학습과정안 및 학습지도 자료의 공동 개발, 소집단 연구 및 동호인 활동 참여

지원 등)은 학생들의 성취에 긍정적 영향을 줄 수 있고, 교사 자신의 전문적 능력에 대한 인식을 제고시킨다. 그러므로 장학인력이 부족한 우리나라에서 동료장학은 학교현장에 널리 활용될 필요가 있다. 이는 수업개선 효과뿐만 아니라 동료애, 애교심, 사명감과 아울러 전문적 신장과 성취감을 증진시키는 데에도 크게 기여할 것이다.

(3) 약식장학

약식장학은 단위학교의 교장이나 교감이 간헐적으로 짧은 시간 동안 학급순시나 수업 참관을 통하여 교사들의 수업 및 학급경영 활동을 관찰하고 이에 대해 교사들에게 지도 · 조언을 제공하는 활동을 말한다. 이러한 약식장학은 교장이나 교감의 계획과 주도하에 전개되는 비공식적인 성격이 강한 활동으로서 다른 형태의 장학에 대하여 보완적이고 대안적인 성격을 갖는다. 약식장학은 교장이나 교감이 개략적인 절차에 따라 수행하는 장학활동이라는 점에서 약식장학으로 칭하거나, 또는 교장이나 교감이 일상적으로 수행하는 장학활동이라는 점에서 일상장학이라고도 한다(진동섭 외, 2008). 미국에서는 행정적 점검이라 부르고, 우리나라에서는 전통적 장학, 감독적 장학, 확인장학, 일상장학, 약식장학 등 여러 가지 용어를 사용하여 지칭하나 활동내용은 비슷하다. 약식장학의 특징을 요약하면 다음과 같다.

- 약식장학은 공개적이어야 한다. 교장은 관찰받는 교사들과 관련된 중요한 문제들은 교사들과 공개적으로 토의해야 한다.
- 임의로 체계없이 아무렇게나 이루어지는 것이 아니라 계획적으로 정해진 일정에 의해서 이루어져야 한다. 어느 정도 체계적인 관찰을 할 수 있도록 감독 일정표를 개발하는 것이 유용하다.
- 약식장학은 학습 중심적이어야 한다. 교수가 어떻게 학습을 촉진 또는 방해했는지 등에 초점을 두어야 한다.
- 다른 장학유형에 대하여 보완적이고 대안적인 성격을 갖는다.

약식장학의 가장 큰 장점은 미리 준비한 수업활동이나 학급경영 활동이 아닌 평상시의 자연스러운 수업활동이나 학급경영 활동을 관찰할 수 있다는 점이다. 따라서 교장이나 교감이 학교교육 전반의 정보를 파악하는 데 도움을 준다.

(4) 자기장학

교사 스스로 자신의 교수방법 그리고 학습제도의 개선과 전문성 향상을 위해서 행하는 모든 활동을 자기장학이라고 한다. 자기장학은 외부의 강요나 지도에 의해서가 아니라 교사 스스로가 자신의 전문성 신장을 위해 스스로 계획을 수립하고 실천해 나가는 것을 말한다. 자기장학의 특징은 장학사나 교장은 하나의 자원으로 봉사해 주고, 교사 자신이 자기경험에 의해 개발 · 실천해 나간다. 따라서 자기실현의 욕구가 강하고 능력이 있는 교사들에게 효과적이다. 또한 자기장학은 교사 자신의 자율성과 자기발전의 의지 및 능력을 기초로 하고, 제반 전문 영역에서의 교사 자신의 성장과 발달을 도모한다. 원칙적으로 교사 자신이 스스로 계획을 세우고, 이를 실천하며, 그 결과에 대하여 자기반성을 하는 활동이다. 자기장학의 방법으로는 녹화나 녹음 등의 방법을 통해 자신의 수업을 관찰하고 분석하거나 각종 연수와 연구회의 참여도 자기장학에 포함되며, 구체적인 방법은 다음과 같다.

- 스스로 자신의 수업을 녹음 또는 녹화하고 이를 분석하여 자기반성 · 자기발전의 자료로 삼는다.
- 자신의 수업이나 생활지도, 특별활동지도 그리고 학급관리 · 경영 등에 관련하여 학생들과의 면담이나 학생을 대상으로 한 의견조사를 활용한다.
- 교직활동 전반에 관련된 전문서적이나 전문자료를 탐독, 활용한다.
- 전공교과 영역, 교육학 영역 또는 관련 영역에서 대학원과정(4년제 대학과정, 방송통신대학 과정 등) 수강을 통해 자기발전을 도모한다.
- 교직 전문단체, 연구기관, 학술단체, 대학 또는 관련 사회기관이나 단체 등 전문기관을 방문하거나 전문가와의 면담을 통하여 자기발전의 자료나 정보를 입수한다.

- 각종 연수, 교과연구회, 학술발표회, 강연회, 시범수업 공개회에 참석하거나 학교 상호방문 프로그램에 참여한다.
- 텔레비전이나 라디오 등 방송매체가 제공하는 교원연수 프로그램이나 교원연수와 관련된 비디오테이프 등을 시청한다.

자기장학의 결과는 어떠한 직무평가에도 포함되지 않으며, 어떠한 체제나 통제 없이 이루어지기 때문에 오히려 높은 효과를 거둘 수 있다.

2) 지구별 자율장학

지구별 자율장학이란 지구 내 인접한 학교들 혹은 교원들 간에 교육활동의 개선을 위하여 상호협력하는 활동으로 볼 수 있다. 학교 간 방문 · 교류활동을 통하여 교원 스스로 변화하고자 하는 자발적 연구 분위기와 수업혁신 문화를 조성하는 데 많은 도움을 주고 있다.

지구별 자율장학은 주로 지구 자율장학회별로 간사학교가 중심이 되어 지구 내 학

〈표 11-3〉 지구별 수업혁신 자율장학중심학교 선정 및 운영

구분	내용
영역	• 학교 수업혁신을 위한 지구별 자율장학 –교과별 주제중심의 수업방법 연수 실시 –수업 및 평가방법 개선을 위한 공개수업 상호참관 –수업혁신 관련 학교별 우수사례 발굴 · 홍보 및 일반화 –창의적 수업 혁신 방안 협의 –교수 · 학습 자료 및 평가자료 공동 제작 · 활용
운영방법	• 수업혁신 자율장학중심학교 1교를 지구별로 선정 • 지구별 수업혁신 운영비 지원 • 지구별 학교의 교원을 위해 수업혁신 관련 연수, 수업공개, 학교별 창의수업혁신 발표회 등 추진

교 간의 협의를 통해 장학활동 과제 및 과제별 주관 학교를 선정한 후 지역 특성에 맞게 자율적으로 추진한다. 간사 학교는 연간 사업계획을 수립하고 계획의 효율적 추진을 위하여 업무의 분담 조정, 업무 추진 방법, 예산 배정 및 집행 등을 주관한다. 각 지구별 특성을 살린 역점 사업과 다양한 협동적 교육활동, 수업연구, 수업공개 등을 추진하고 그 결과를 일반화함으로써 창의적 학교경영을 할 수 있도록 지원하는 것을 목표로 하고 있다(서울특별시교육청, 2010; 서울특별시교육연구정보원, 2012).

구체적인 지구별 자율장학 활동은 다음과 같다(서울특별시교육청, 2010).

- 학교 간 방문 장학: 교육활동 상호참관(공개보고회, 공개 수업 등) 및 교육정보 교환, 학교경영 · 학습지도 · 특별활동 개선방안 협의, 학교별 우수사례 발굴 홍보 및 일반화 협의
- 교육연구활동: 수업 및 평가방법 개선을 위한 공개수업, 논술지도를 위한 협의회 [교과협의회(학습동아리)] 방과후학교 협의회 구성 및 운영, 교육현장의 문제점 해결 방안 및 공동 관심사에 관한 현장연구 발표, 교수 학습자료 및 평가자료 공동 제작 및 활용
- 학생 생활지도 활동: 교내외 생활지도 방법의 개선 협의, 초 · 중 · 고등학교 지구별 통합협의회 활동, 연말연시 방학 중 합동 교외지도, 지구별 학생선도협의회 운영, 청소년 단체 합동수련활동 등
- 학예활동: 문예 백일장, 미술 실기대회, 독후감 쓰기 발표대회, 특별활동 발표회 및 전시회, 기타 소질 · 적성 계발 및 건전한 학생문화 정립을 위한 행사

지구별 장학이 이러한 목적을 얼마나 효과적으로 달성하고 있는가에 대한 평가가 필요하나 인접한 학교 간에 자율적으로 공통의 관심사 또는 문제 해결을 위해 장학협의체를 구성하여 운영하는 것은 장학의 민주화와 효과성 측면에서도 확대되어야 한다. 이를 위해서는 지역교육청의 장학 권한이 지구별 장학회에 더 많이 위임될 필요가 있다(김경이 외, 2006).

3) 학교컨설팅

컨설팅은 의료, 건축, 법률 등 다양한 분야에서 이루어지고 있는데, 그 기본적 특징은 의뢰인의 자발적 요청에 따른 컨설턴트의 전문적 지원으로 설명할 수 있다. 좀 더 구체적으로 말하자면, 컨설팅 관계는 의뢰인이 업무를 수행하면서 어려움을 겪게 될 경우, 이를 해결해 줄 수 있는 전문가(컨설턴트)를 찾아서 도움을 요청하면서 시작된다. 컨설턴트는 전문적인 지식과 기술을 활용해서 의뢰인을 도와 문제를 해결한다. 컨설팅은 일정한 전문성을 갖춘 사람들이 의뢰인의 요청에 따라 문제를 진단하여 해결 방안을 제시하고, 필요한 경우 그 방안의 시행을 지원하는 활동으로서 의뢰인으로부터 독립적으로 이루어지는 전문적인 자문활동이다(진동섭, 2003).

학교컨설팅은 컨설턴트가 의뢰인의 요청에 따라 의뢰인의 문제 해결을 도와준다는 점에서 기존의 컨설팅과 기본적으로 구조가 동일하다. 그러나 학교조직의 특성을 반영하기 때문에 여타의 컨설팅과 다른 점도 있다. 학교컨설팅의 개념에 대해서는 많은 정의들이 있으나, 진동섭 외(2008)는 학교컨설팅을 학교의 자생적 활력 함양과 학교교육의 질 향상을 위하여, 단위학교와 학교체제 구성원들의 요청에 따라, 전문성을 갖춘 교육체제 내외 전문가들이, 문제와 과제의 해결을 도와주는 활동으로 규정하고 있다. 학교컨설팅 활동을 다른 지원 활동과 구분하게 해 주는 공통적 속성을 모형으로 제시하면 다음 [그림 11-3]과 같다.

학교컨설팅의 목표를 달성하기 위한 네 가지 하위목표는 다음과 같다. 첫째, 학교와 학교 구성원이 겪고 있는 문제를 해결한다. 둘째, 학교가 스스로 제 기능을 수행할 수 있도록 내적 역량을 강화한다. 셋째, 학생과 교사 모두가 서로 돕고 배울 수 있는 학습공동체를 구축한다. 넷째, 학교가 사회 변화에 적응하도록 돕고, 한 걸음 더 나아가 변화를 선도할 수 있도록 능력을 키운다.

학교컨설팅에서 말하는 과업은 성공적인 컨설팅 수행을 위해 컨설턴트가 하는 일을 의미한다. 진동섭 외(2008)가 제시한 학교컨설팅 과업은 ① 문제의 진단, ② 대안 수립, ③ 해결방안 실행 지원, ④ 교육·훈련, ⑤ 문제 해결에 필요한 자원의 발굴·확보

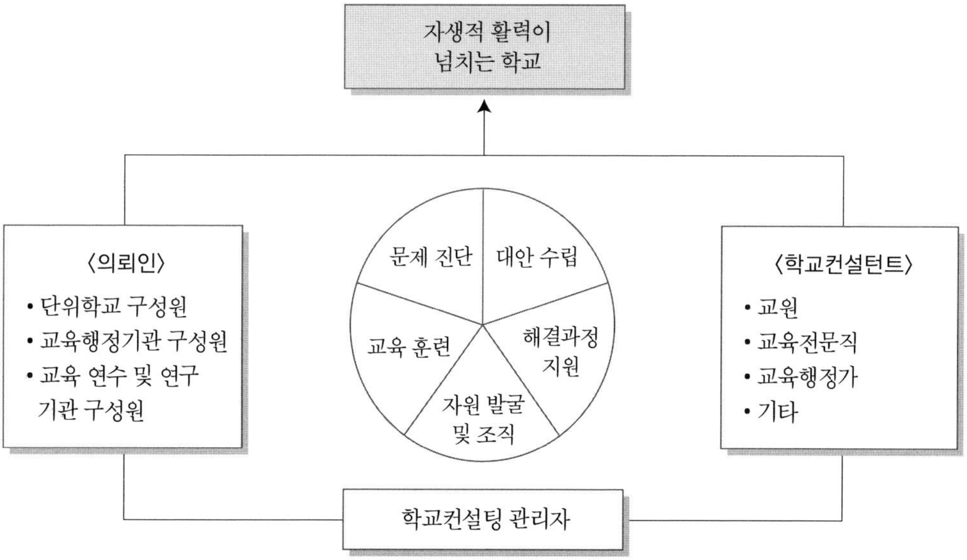

그림 11-3 학교컨설팅의 개념 모형

출처: 진동섭 외(2008).

와 지원체제 구축 등이다. 학교컨설팅이 이루어지는 영역은 의뢰인이 요구하는 모든 영역을 포함한다. 학교교육은 크게 교수-학습 및 생활지도를 중심으로 하는 교육활동 영역과 이를 지원하기 위한 학교경영 영역으로 나누어지는데, 이 두 영역 모두 학교컨설팅의 대상이 된다. 나아가 교육부나 교육청의 활동 역시 컨설팅 대상이 될 수 있다.

진동섭(2003)은 학교컨설팅을 계획 · 실시 · 평가하는 데 있어서 준거로서 다음의 여섯 가지 학교컨설팅 원리를 제시하고 있다.

- 자발성의 원리: 학교컨설팅은 의뢰인이 자발적으로 나서서 컨설턴트의 도움을 요구함으로써 시작된다. 공식적 컨설팅 관계는 컨설턴트와 의뢰인의 상호합의와 계약에 의해 성립된다. 두 당사자는 컨설팅의 성립과 종료를 독자적으로 결정할 수 있다. 이것은 학교컨설팅을 학교와 관련된 다른 모든 지원활동, 예를 들면 장학이

나 연수와 같은 것을 구분 짓는 핵심 특성이다.

- 전문성의 원리: 형식적인 전문성이 컨설턴트가 가지고 있는 자격증이나 직위 또는 소속된 기관의 위상에 수반하는 것이라고 한다면, 실제적 전문성은 실제로 문제를 해결할 수 있는 능력에 기반을 둔 것이다. 학교컨설팅에서 요구되는 전문성이 실제적 전문성이라는 것은 학교와 관련된 과제를 해결할 수 있는 다양한 구성원들이 학교컨설턴트로 활동할 수 있다는 것이다. 따라서 과제해결 능력만 갖추고 있다면 학력, 경력, 학교조직 내 위치와 무관하게 현장 교원, 장학사 및 연구사, 대학 교수, 연구원, 다양한 직업에 종사하는 사람들 모두 학교컨설턴트가 될 수 있다.
- 자문성의 원리: 학교컨설턴트가 의뢰인을 대신하여 교육활동을 전개하거나 학교를 경영하지 않아야 하며, 결과에 대한 최종 책임이 의뢰인에게 있다는 것을 의미한다.
- 한시성의 원리: 학교컨설팅은 한정된 시간 동안 이루어지는 활동이며, 학교컨설턴트는 한정된 시간 내에 최선을 다해야 하고, 의뢰인은 컨설턴트에 대한 의존도를 줄이기 위해 노력해야 한다.
- 독립성의 원리: 학교컨설턴트가 한시적 고용관계에서 오는 의뢰인과의 종속적 관계로부터 독립적이어야 하고, 상하관계나 종속관계에 있어서는 안 된다.
- 학습성의 원리: 의뢰인은 학교컨설팅 과정에서 과제 해결에 필요한 지식, 기술, 경험을 습득하고, 학교컨설턴트는 지원과정에서 자신의 내용적 전문성과 방법적 전문성을 심화시킨다.

4. 장학의 과제

장학이 교사의 수업개선에 영향을 미친다는 점에 대부분 동의하면서도 장학에 대한 교사들의 인식은 부정적인 편이다. 즉, 장학은 교사의 교육활동에 직접적인 도움이 되지 못한다는 것이다. 다양한 장학의 방법이 있음에도 불구하고, 교사와 단위학교의 자발성을 강조함에도 불구하고 학교현장에서는 불가피하게 순번제로 하거나 초임교사의 미숙함이 드러나는 부담스러운 시간으로 기억되고 있다(김경이 외, 2006).

장학의 실천이 본질에 부합하기 위해서는 장학을 과정으로 인식하는 것이 필요하다. 장학의 역할 또는 장학담당자의 특정 역할로서 볼 것이 아니라 과정으로서 인식해야 한다고 제안하고 있다. 장학을 과정으로 본다면 교육행정가, 학교관리자와 같은 장학 역할 담당자뿐만 아니라 부장교사, 일반교사 그리고 일반직원들도 교육활동을 개선하기 위한 장학활동에 참여하는 것으로 인식하게 된다는 것이다. 그러나 역할로서 인식하면 장학은 공식적인 지위를 가진 장학담당자에 의해서만 수행되는 것으로 이해된다(Sergiovanni & Starratt, 2008). 이전의 장학의 역할과 기능을 생각한다면 장학은 교육행정가의 업무로 파악하게 되어 교사가 장학의 주체가 된다는 생각을 하지 않게 된다. 즉, 장학에 있어서 교사는 수동적인 위치에 머물게 되는 것이다. 학교현장 주도의 자율장학이 이루어지기 위해서는 장학에 대한 인식을 과정으로 이해하는 것이 필요하다.

다음으로 장학의 전문화가 필요하다. 장학담당자의 전문성 확보를 위해서는 장학담당자의 전문성을 실천할 수 있도록 하는 업무환경 및 장학담당자의 선발과 같은 구조적 문제의 해결이 선행되어야 하지만, 이와 함께 과업을 수행하는 장학담당자의 전문성이 요청된다. 장학담당자란 교사의 수업개선과 전문적인 성장을 돕는 교육전문가를 의미한다. 교육청의 장학관, 장학사만을 장학담당자라 하지 않고, 앞에서 배웠듯이 단위학교 내의 교장, 교감, 부장교사, 동료교사도 모두 장학담당자가 될 수 있다. 장학담당자는 교사의 수업개선을 위해 목표설정, 교육프로그램 개발, 통제와 조정, 동기 유발, 문제 해결, 전문성 개발, 교육 산출에 대한 평가를 담당한다(Wiles & Lovell, 1975). 교사는 수업개선이라는 공동의 목표를 위해 장학담당자의 지도력에 협조하고 아이디어를 공유하며 헌신하게 된다. 특히 Wiles(1967)는 수업개선에 도움을 주는 장학담당자의 전문적인 자질을 지도성, 바람직한 인간관계, 집단과정, 인사관리, 평가의 기술 등으로 제시하고 있다. 또한 Sergiovanni와 Starratt(2008)은 장학담당자의 역할을 교육프로그램의 수립자 및 교육과정 관리자로서의 전문성에 성패가 좌우된다고 하였고, 대립적으로 볼 수 있는 행정관리 기능과 장학기능을 동시에 수행해야 하기 때문에 역할수행에 어려움이 있다고 하였다. 또한 행정관리와 같은 계선기능이 아니라 참모기능에 가깝기 때문에 그들의 권한에 제약이 있을 수밖에 없다고 지적하고 있다. 이에 장학담당자에게는 그들의 전문적인 과업을 수행하기 위해서는 교육과정 및 교수목표, 교육프로그램의 내용과 범위 그리고 조정, 대안과 선택, 교육과정과 교수의 혁신, 지식의 구조화, 학습진단의 조직과 시간계획, 학습단원의 계획, 학습자료의 선정과 평가, 교사의 유형에 따른 학습효과, 교육적 경험의 개발과 평가, 교수법과 수업진행 절차, 교실의 학급풍토, 교사와 학생 및 프로그램의 평가능력이 요청된다고 보고 있다(Sergiovanni & Starratt, 2008).

마지막으로 장학의 방향이 민주화되면서 교사의 자발적 참여를 확대하는 방향으로 변화하고 있지만, 교사의 자발적인 자기발전의 의지를 촉진하기 위한 체제는 아직까지 미흡하다. 교사의 참여를 확대하기 위해서는 장학에 대한 인식의 전환이 필요하다. 교사가 능동적으로 장학에 참여할 있도록 하는 방안도 마련되어야 할 것이다. 이를 위해서는 제도적으로 장학의 권위를 단위학교로 위임하고 교사의 참여를 촉진하는 다양한 장학의 방법을 활용할 수 있도록 장학담당자의 전문성 교육을 확대하는 것이 필요하다. 장학을 교사의 성장과 발달을 촉진하는 활동으로 인식하는 것이야말로 효과적인 장학활동을 전개해 나가는 데 가장 중요한 부분이라고 할 수 있겠다.

요약

- 장학의 개념은 다양하지만 모든 정의에서 공통적으로 나타나는 장학의 목적은 수업개선을 위하여 주로 교원을 대상으로 하여 이루어지는 제반 지도, 조언활동을 의미한다.
- 장학의 발달과정은 교육행정학 이론의 변천에 따라 전통적 과학적 관리장학–인간관계 장학–신과학적 관리장학–인간자원장학의 순으로 발전하였다.
- 인간관계 장학과 인간자원 장학 모두 구성원에 대해 관심을 갖는다는 점은 공통점이지만, 인간관계론적 접근은 조직의 생산성을 향상시키기 위해 도구적인 관점에서 교사의 만족에 관심을 가지며, 인간자원론적 접근은 구성원의 자아존중감 충족, 그들의 사명감, 잠재능력 발휘 그 자체를 목적으로 한다는 데 차이가 있다.
- 단위학교에서 이루어지는 장학은 교내 자율장학, 지구별 자율장학, 학교컨설팅으로 분류할 수 있으며, 교내 자율장학은 다시 임상장학, 동료장학, 약식장학, 자기장학으로 구분하여 설명할 수 있다.
- 학교컨설팅은 학교의 자생적 활력 함양과 학교교육의 질 향상을 위하여, 단위학교와 학교체제 구성원들의 요청에 따라, 전문성을 갖춘 교육체제 내외 전문가들이 문제와 과제의 해결을 도와주는 활동이며, 학교 컨설팅을 계획 · 실시 · 평가하는 준거로서 자발성의 원리, 전문성의 원리, 자문성의 원리, 한시성의 원리, 독립성의 원리, 학습성의 원리를 제시하고 있다.
- 효과적인 장학을 위해서는 장학이 특정한 직위에 있는 자에 의해서 수행되는 역할로서의 장학이 아니라 과정으로서의 활동이라는 인식의 변화와 장학 담당자의 전문성이 필요하다.

찬반 토론

교사의 입장에서 교장은 교사의 수업에 대해 간섭하지 않는 것을 최고의 교장이라 생각하는 사람들도 있다. 반면, 교장은 학교교육의 성패에 대해 대외적으로 책임을 지는 중요한 위치에 있으며, 수업지도성을 발휘해야 한다고 생각하는 교사들도 있다. 교장 또는 교감이 간헐적으로 수업참관을 통하여 교사 수업 및 학급경영 활동을 관찰하고, 이에 대해 교사들에게 지도 조언을 하고 있는 현실이 과연 교사들에게 도움이 되고 있는지에 대해 어떻게 생각하는지를 찬성 혹은 반대 입장을 선택하여 논의해 보자.

생각해 볼 문제

1. 장학의 개념과 기능에 대해 설명해 보자.
2. 학교현장에서 교사와 학교행정가들은 장학에 관해 어떻게 인식하고 있는지 논의해 보자.
3. 교내 자율장학의 유형을 설명하고 각각의 장점과 단점에 대하여 논의해 보자.
4. 교사의 수업활동 개선에 가장 큰 도움이 되는 장학은 무엇인지 논의해 보자.
5. 학교현장에서 장학문화가 정착되기 위해 필요한 요소에 대해 논의해 보자.

참고문헌

김경이, 김미영, 맹지영, 박은실, 원순식, 이경숙, 조문숙, 최정희, 한유경(2006). 교육행정 및 교육경영. 서울: 학지사.

김종철(1985). 교육행정신강. 서울: 세영사.

백현기(1961). 장학론. 서울: 을유문화사.

서울특별시교육청(2010). 2010학년도 중등 장학 계획.

서울특별시교육연구정보원(2012). 2012 서울교육 교직실무편람.

신현석, 안선회, 김동석, 김보엽, 박균열, 박정주, 반상진, 변기용, 양성관, 엄준용, 이강, 이경호, 이일권, 이정진, 전상훈, 조홍순(2015). 학습사회의 교육행정 및 교육경영(2판). 서울: 학지사.

윤정일, 송기창, 조동섭, 김병주(2015). 교육행정학원론(6판). 서울: 학지사.

이윤식(2001). 학교경영과 자율장학. 경기: 교육과학사.

정태범(2002). 장학론. 서울: 교육과학사.

주삼환, 천세영, 김택균, 신붕섭, 이석열, 김용남, 이미라, 이선호, 정일화, 김미정, 조성만(2003). 교육행정 및 교육경영. 서울: 학지사.

진동섭, 이윤식, 김재웅(2008). 교육행정 및 학교경영의 이해. 경기: 교육과학사.

진동섭(2003). 학교컨설팅. 서울: 학지사.

Acheson, K., & Gall, M. D. (1980). *Technique in the Clinical Supervision of Teachers:*

Preser-vice and Inservice Applications. N.Y.: Longman.

Alfonso, R. J., Gerald, R. F., & Richard, F. N. (1981). *Instructional Supervision: A Behavior System* (2nd ed.). Boston: Allyn & Bacon.

Alfonso, R. J., & Goldsberry, L. (1987). Colleagueship in Supervision. *Readings in Educational supervision, 1*(2).

Cogan, M. L. (1973). *Clinical Supervision.* Boston: Houghton Mifflin.

Glatthorn, A. A. (1984). *Differentiated Supervision.* Association for Supervision & Curriculum Development.

Goldhammer, R., Anderson, R. H., & Krajewski, R. J. (1980). *Clinical Supervision.* New York: Holt, Reinehart & Winston.

Harris, B. (1985). *Supervisoty Behavior in Education* (3rd ed.). Englewood Cliffs, N. J.: Prentice-Hall.

Sergiovanni, T., & Starratt, R. J. (2008). *Supervision: A redefinition.* New York: McGraw-Hill.

Wilies, J., & Bondi, J. (1980). *Supervision: A guide to Practice.* Charles E. Merrill Publishing Co.

Wiles, K. (1967). *Supervision for Better Schools* (3rd ed.). Prentice-Hall.

Wiles, K., & Lovell, J. (1975). *Sueprvision for Better Schools* (4th ed.). Prentice-Hall.

제 12 장

학급 · 학교경영

사례

나 교사는 3월 학기 초를 맞이하여 고민이 많아졌다. 앞으로 1년 동안 담임교사로서 학급을 잘 운영하기 위해서는 무엇보다 3월 학기 초에 학급경영 계획을 수립하는 것이 중요하기 때문이다.

나 교사는 우선 학생들과 함께 학급규칙을 정하기로 하였다. 나 교사는 학급규칙을 정하는 과정에서 시간이 조금 더 오래 걸리고, 과정이 복잡할지라도 학생들을 직접 참여시켜 학급규칙을 결정하는 것을 원칙으로 한다. 지금까지의 경험을 돌이켜보면 학생들은 선생님이 일방적으로 정한 학급규칙보다는 본인들이 스스로 논의해서 결정한 학급규칙에 더 책임감을 갖고 잘 지키려고 노력하는 모습을 보여 주었기 때문이다.

가장 먼저, 학급규칙으로 좌석 배치 방법에 대한 논의가 있었다. 학생들은 그동안 선생님마다 자리 배치 기준이 달라서 어려움이 있었다며 불만을 토로하였다. 자리가 마음에 들지 않아 학습동기가 떨어진 학생들도 있었다. 학생들은 논의를 통해 매월 주기적으로 제비뽑기를 하여 좌석을 배치하는 것으로 의견을 정리하였다.

사실 제비뽑기를 통한 좌석 배치는 많은 선생님들이 사용하는 일반적인 방법이다. 하지만 같은 좌석 배치 방법일지라도 선생님의 일방적인 지시가 아니라 스스로 결정한 학생들의 표정은 매우 만족스러워 보였다.

1. 학급경영

1) 학급경영의 이해

(1) 학급경영의 정의

학급은 교육목표를 달성하기 위해 인위적 · 합리적 · 의도적으로 구성된 교수-학습 조직의 기본 단위이다. 다시 말해 학급은 효과적인 교수-학습을 위해 인위적이고 의도적으로 만든 집단으로 교육이 직접적이고 구체적으로 이루어지는 교육조직인 것이다.

학급경영이란 학급을 단위로 하여 교육의 목표를 효과적으로 달성하기 위한 과정이다. 학급경영은 중앙정부와 시 · 도 교육청의 교육정책, 학교장 및 교감의 지도에 따라 담임교사가 학급에서 교육목표 달성을 위해 교육활동을 계획 · 조직 · 실행하고 평가하는 제반활동을 의미한다고 볼 수 있다.

학급경영을 보는 관점은 강조점을 어디에 두느냐에 따라 다양하게 정의되고 있다. 이를 유사한 관점으로 분류하면 질서유지로서 학급경영, 조건정비로서 학급경영, 교육경영으로서 학급경영으로 나눌 수 있다(박병량, 2003).

- 질서유지로서 학급경영: 학급경영을 학급활동의 질서유지를 위해 교사가 학급에서 행하는 모든 활동으로 보는 관점이다. 이 학급경영관은 다시 세 가지로 분류되는데 첫째, '훈육'의 관점은 학급이나 학교에서 발생하는 문제행동을 다루는 일, 둘째, '생활지도'의 관점은 학생의 문제행동을 예방하고 선도하는 일, 셋째, '학급 행동지도'의 관점은 학급 상황에 따라 요구되는 행동을 수행하도록 하는 일로 보고 있다. '학급 내 질서 문제의 해결을 위해 교사가 사용하는 행동과 전략'이라고 정의하는 Doyle이 이러한 관점의 대표적인 학자이다.

- 조건정비로서 학급경영: 학급경영을 훈육의 차원에서 벗어나 수업을 위한 학습 환경을 조성하는 일로 보는 관점이다. 이 관점은 학급활동을 수업과 경영활동으로 분리하고, 학급경영활동을 수업을 위한 조건정비 및 유지 활동으로 한정하는 입장이다. 이 관점에서는 학생들이 교육목적을 달성할 수 있도록 교실환경 구성, 보조교사 활동, 학습자료 제공 등과 같이 효율적인 수업환경을 조성하는 데 초점을 두고 있다. 학급경영을 '교수와 학습이 일어날 수 있는 환경을 확립하고 유지하는 데 필요한 조건과 규정으로 구성된다.'고 주장한 Duke가 이러한 관점의 대표적인 학자이다.
- 교육경영으로서 학급경영: 경영학의 경영개념을 학급조직과 같은 교육조직에 그대로 적용하는 관점이다. 이 관점은 학급도 다른 조직과 마찬가지로 유사한 기능을 수행한다고 보고 다른 조직의 경영 방식을 학급경영에도 적용하려고 한다. 주요 조직 기능으로 계획 · 조직 · 지시 · 통제 · 의사소통을 포함하고, 학급경영이란 이러한 조직기능을 수행하는 교사의 활동으로 규정한다. 조직기능을 수행하는 교사의 활동을 학급경영으로 보는 Johnson과 Brooks가 이 관점의 대표적인 학자이다.

(2) 학급경영의 영역

학급경영의 영역을 설정하는 데는 두 가지 다른 입장이 있다. 하나는 수업활동과 경영활동을 분리하여 수업활동을 제외한 모든 학급활동을 학급경영의 영역으로 보는 입장이고, 다른 하나는 수업활동과 경영활동을 구분하지 않고 학급활동 전체를 학급경영의 영역으로 보는 입장이다(김명한, 박종열, 2002).

수업활동과 경영활동을 분리하여 학급경영을 파악하려는 입장은 학급경영을 질서유지로서 보는 관점과 조건정비로서 보는 관점에서 찾아볼 수 있다. 수업활동과 경영활동을 분리하는 입장은 학급경영을 수업활동과는 별개의 활동으로 규정하고 학급경영을 조장활동과 유지활동으로 구분한다(Johnson & Bany, 1970).

조장활동(facilitation activities)은 학급을 협동적 사회체제로 발전시키는 활동으로 학급집단의 통합적이고 협동적인 관계 수립, 학급에서의 행동 기준이나 규칙의 확립과 과업수행 절차의 조정, 문제해결 방식에 의한 학급체제 내의 조건 개선, 학급체제 조건의 수정 및 변화 등의 활동이 포함된다. 이는 학급활동을 위한 절차 및 규칙의 설정, 집단적 협력체제의 구축, 문제해결 방식 및 집단 특성의 변화에 대한 적응을 통해 학급의 내적 체제를 확립하는 데 목적이 있다.

유지활동(maintenance activities)은 학급집단의 인간관계에서 발생하는 문제를 조정하는 과정으로서 역동적이고 안정감 있는 학급 분위기를 조성 · 유지하는 활동이다. 유지활동에는 학급집단의 인간관계에서 발생되는 문제를 해소하고 사기를 진작시키며, 환경의 변화에 대한 적응력을 키워주는 활동 등이 포함된다. 유지활동은 집단 과정의 효율성을 높이는 데 목적이 있다.

수업활동과 경영활동을 통합하여 학급활동 전체를 학급경영으로 보는 입장은 학급경영을 교육경영으로 보는 관점에서 나타난다. Lemlech(1988)는 담임교사의 역할 중에서 수업을 가장 중요한 것으로 전제하고 학급경영은 교육과정을 계획하고 학급의 절차와 자원을 조직하고 효율성을 극대화하기 위한 환경을 정비하고 학생의 진도를 점검하며 학급에서 발생 가능한 문제를 예측하는 활동 등을 통해 학급활동 전체를 조화시키는 것이라고 보았다.

이러한 학급경영에 대한 서로 다른 입장을 우리나라의 현실에 비추어 보면, 초등학교에서는 일부 교과에 대한 교과전담 교사의 수업을 제외하고는 담임교사가 수업을 전담하고 있고, 중등학교에서는 교과전담제에 의해 담임교사가 자신의 학급에서 극히 일부분의 수업만을 담당하고 있기 때문에 Lemlech의 관점은 초등학교의 학급경영을, Johnson & Bany의 관점은 중등학교의 학급경영을 설명하는 데 보다 설득력이 있다고 볼 수 있다(주삼환 외, 2015).

학급경영의 영역에 어떠한 내용을 포함시킬 것인가에 대해서는 학자와 관점에 따라 다양한 견해가 있다. 그러나 일반적으로 학급경영의 영역에는 교과지도, 특별활동지도, 생활지도, 교실환경, 사무관리, 대외관계 등이 포함되는 것으로 보고 있다. 구체적인 영역과 주요 활동을 살펴보면 다음과 같다.

- 교과지도: 교과지도, 특수아 및 부진아 지도, 가정학습지도 등
- 특별활동지도: 자치활동지도, 동아리활동지도, 학교행사, 단체활동 등
- 생활지도: 인성지도, 교우관계지도, 진로지도, 건강지도, 안전지도 등
- 교실환경: 시설 및 비품관리, 게시물 관리, 청소관리 등
- 사무관리: 학생부기록, 각종 장부(출석부, 학급일지)관리, 각종 잡무처리 등
- 대외관계: 학부모면담, 지역사회와의 유대관계 유지, 봉사활동 등

(3) 학급경영의 원리

효과적인 학급경영을 위해서는 그 과정에서 지키고 따라야 할 기본적인 원리가 필요하다. 이러한 학급경영의 원리에 대해 학자들은 조금씩 다른 견해를 가지고 있다. 남한식(1991)은 학급경영의 원리로 자주성, 창의성, 정의성, 협동성, 규율성과 질서성의 원리를 들고 있고, 남정걸(1992)은 타당성, 개별화, 자율화, 사회화, 종합화, 전문화의 원리를 제시하였다. 또한 김영돈(1983)은 학급경영의 원리를 종합적으로 체계화하여 자유, 흥미, 협동, 요구, 접근, 발전, 창조, 노작의 여덟 가지 원리를 제시하였다.

위의 학자들이 제시한 학급경영의 원리는 다소 추상적이어서 실제적으로 학급경영에 적용하기에는 부적절한 측면이 있다. 윤정일 외(2015)는 Kim과 Kellough(1991)의 학급 담임교사를 처음 맡게 되는 교사가 취해야 할 자세를 중심으로 효율적인 학급경영을 위한 실질적인 원리를 다음과 같이 제시하고 있다.

- 학년도 개시 후 며칠 내에 사용하기 편리하고 가장 효과적으로 학생들을 통제할 수 있는 방안을 마련하고, 필요한 행동 규칙을 설정한다. 학급규칙을 설정할 때 학생들을 참여시켜야 한다.
- 학생들의 이름을 신속하게 외우고 자주 불러 주도록 한다. 학생들을 꾸짖을 때에는 먼저 이해시켜야 하고, 비행에 대해서는 인간적인 감정을 유지하면서 우호적으로 그러나 엄정하게 처리해야 한다.
- 교장 및 교감, 동료 교사들로부터 학급경영 실무와 의사소통방식 등을 배워서 활

용하는 것이 좋다.

- 다른 교사의 학급경영방식을 배우되, 단순히 모방하기보다는 자신만의 학급경영 방식을 찾도록 노력하는 것이 중요하다.
- 학급활동은 다양하고 변화있게 계획하며, 활동의 속도에 변화와 리듬을 주는 것이 필요하다.
- 소수의 학생이 잘못한 것을 가지고 학급 전체를 벌 주는 것을 피하고, 고함을 치거나 비하 · 무시하는 행위를 삼가는 것이 좋다.
- 학생이 했으면 하는 행위를 교사 스스로 먼저 하여 모범이 되도록 한다. 학생은 교사의 거울임을 명심해야 한다.
- 학생의 문제를 진단하고 해결책을 찾는 일에 보다 많은 시간을 보내고, 학생 이해를 통해 스트레스를 스스로 관리해야 한다.

2) 학급경영의 실제

(1) 학급경영의 계획

효과적인 학급경영을 위해서는 체계적인 계획이 요구된다. 일반적으로 학급경영 계획은 학급경영 목표 및 방침 결정, 기초자료 수집, 학급조직 구성, 학급환경 구성 계획, 학생지도계획 수립, 학급경영 평가 계획 그리고 학급경영안 작성의 절차를 거쳐 수립된다(김봉수, 1982).

① 학급경영 목표 및 방침 결정

학급경영 목표는 효과적인 학급경영을 위하여 명확하게 설정해야 한다. 학급경영 목표는 학교 목표와 학년 목표, 교육방침 등과의 일관성을 유지해야 하고, 학급의 교육적 수준과 학생실태 파악을 기초로 하여 설정되어야 한다. 또한 학급경영 방침은 교과지도, 생활지도, 환경정리, 학급사무, 학습평가 등 세부 영역별로 설정하고, 목표 달성을 위해 실천 가능한 내용을 중심으로 제시해야 한다.

② 기초자료 수집

학급경영계획을 잘 수립하기 위해서는 학생 개개인의 능력, 소질, 취미, 학력 수준, 신체적 발달, 사회성, 정서적 경향, 장래희망, 가정환경, 학부모의 기대를 알 수 있는 정확한 자료를 확보해야 한다. 이와 같은 기초자료는 가정환경조사서, 학교생활기록부, 건강기록부 등을 통해서 획득할 수 있으나 학생 개개인에 대한 자세한 정보는 설문조사, 면담 등을 통해서 확보하는 것이 좋다.

자료 수집과정에서 전 학년도 담임교사를 통해 정보를 얻는 것도 좋은 방법이지만 해당 교사의 주관적 판단이 반영될 수 있으므로 신중해야 한다.

③ 학급조직 구성

학급을 잘 운영하기 위해서는 학급경영에 필요한 조직을 구성할 필요가 있다. 학급경영에 필요한 조직으로는 교과학습이나 공동 과업수행을 위한 협동집단으로서의 분단 조직, 민주적 생활경험을 쌓게 하기 위한 자치회나 학급회 조직, 학생의 특기나 취미 신장을 위한 특별활동 조직, 지역사회에 기여할 수 있는 봉사활동 조직, 건전한 학습생활을 위한 생활지도 조직 등이 있을 수 있다(윤정일 외, 2015). 학급조직이 제 기능을 다하기 위해서는 구성원의 적극적인 참여가 필수적이므로 학급조직을 구성할 때 구성원의 의견을 충분히 수렴하여 학생과 교사가 함께 참여하는 것이 바람직하다.

④ 학급환경 구성 계획

교실은 학교에서 학생들이 대부분을 생활하고 학습하는 공간으로서 담임교사의 세심한 배려가 필요한 공간이다. 따라서 학급환경 구성은 학생들이 교실에서 편안함을 느끼고, 학급생활에 애착을 느낄 수 있도록 신중을 기해야 한다.

학급환경 구성은 학생들의 학습동기를 자극하며 학습활동에 직접 도움이 될 수 있는 것으로 구성하는 것이 필요하다. 또한 계절 및 시기를 고려하여 구성하고, 학생 안전에도 유의해야 한다.

⑤ 학생지도계획 수립

학생지도계획에는 학급의 학생을 어떻게 지도하고, 학생지도를 통하여 학교 교육목적을 실현할 수 있는 구체적인 내용이 담겨 있어야 한다. 이를 위해 학생지도계획은 학습지도, 생활지도, 특별활동지도, 건강지도, 기타사항 지도 등으로 세분화하여 수립하는 것이 좋다.

⑥ 학급경영 평가 계획

학급경영 평가 계획에서는 영역별로 학급경영의 성과를 진단 · 평가할 수 있는 방법을 구체적으로 계획해야 한다. 또한 학급경영 평가는 교사 스스로 하는 자기평가뿐만 아니라 교사와 학생이 공동으로 평가하는 방안을 포함시키는 것이 바람직하며 평가 결과는 계획의 수정 · 보완 및 다음 계획의 수립에 반영해야 한다.

⑦ 학급경영안 작성

학급경영의 마지막 단계는 학급경영과 관련하여 구상과 조사 및 계획을 기초로 일정한 양식에 의거하여 학급경영안을 기록 · 작성하는 일이다. 학급경영안은 통일된 양식에 따라 작성할 수도 있고, 교사 자신이 별도의 양식을 개발하여 사용할 수도 있다.

윤정일 외(2015)에 따르면 대부분의 문헌에서 언급하고 있는 학급경영계획은 주로 초등학교 상황을 가정하고 쓰인 것이다. 중등학교의 경우에는 학습지도계획을 학급경영계획에 포함시키기 어렵기 때문에 학급경영계획의 내용도 그만큼 제한적일 수밖에 없다.

초등학교의 경우에는 학급경영안을 작성하는 것이 보통이지만 중등학교의 경우에는 별도의 학급경영안보다는 교무수첩을 활용하는 것이 보통이다. 교무수첩에는 학교마다 약간의 차이가 있지만 대체로 교육지표, 학교교육계획, 학급경영계획, 학급경영관, 학생일람표, 생활지도기록부, 학생실태조사, 교우관계조사표, 클럽활동 상황, 학급활동 조직표, 통학생 실태조사표, 요선도학생 명단, 학비감면자 일람, 학생회 간부 명단, 면접지도록, 학생연락망, 월중 행사계획표, 직원회의록, 가정학습시수

〈표 12-1〉 학급경영안(예시)

I. 학교경영목표(교육목표)	V. 교육활동 계획(주 · 월별)
II. 학급경영목표 및 방침	1. 학급 역할분담조직
III. 학급현황	2. 학급환경 정리
1. 학급현황	3. 학습지도
2. 학생 개인 자료	4. 생활지도
IV. 실천계획(지도중점)	VI. 학생발달 평가
1. 교과지도	1. 개인별 교과활동
2. 생활지도	2. 개인별 행동발달
3. 특별활동지도	3. 클럽활동 상황
4. 학교재량시간	VII. 학급경영 평가 및 반성
5. 특색교육지도	VIII. 기타 참고자료

출처: 윤정일 외(2015).

확인평가표, 교과학습 평가기록표, 참고자료(교육과정 시간배당 기준표, 성취도 평균 환산표, 이수단위별 평균조견표, 참고법령, 학교생활기록부 취급 요령, 시간표) 등이 포함되어 있다.

(2) 학급운영 조직

학급은 학교교육을 실천하는 기본적인 단위조직이다. 학급조직은 학급 구성원의 자발적이고 적극적인 참여를 유도하여 교수-학습을 통해 학교교육을 효율화하고 극대화할 수 있는 방식으로 조직되어야 한다. 효과적인 학급조직을 만드는 방법은 교사들이 학생들을 가장 잘 가르칠 수 있고, 학생들이 그 조직을 통해 가장 잘 학습할 수 있도록 학급을 편성하는 것이다. 이를 위해 교사는 학급조직을 구성하기에 앞서 학생들의 교육적 수준, 교우관계, 선호도 등을 종합적으로 고려하여 학급조직을 구성하여야 한다.

학급조직을 효과적으로 구성하면 교사와 학생들의 원활한 상호작용을 높여 교육적인 효과를 극대화시킬 수 있다. 이를 위한 원리를 제시하면 다음과 같다(Otto & Sanders, 1986).

- 학급편성은 학생의 전인적 발달을 도모할 수 있는 방향으로 이루어져야 한다.
- 학급편성은 집단의 다양성을 확보하는 데 충분할 정도의 개인차를 지닌 집단이 되도록 편성해야 한다.
- 학급편성은 연령, 신체적 발달, 사회적 성숙 수준이 비슷한 학생들로 편성하되, 때때로 수준이 높거나 낮은 학생과도 공부하고 생활할 수 있도록 조치해야 한다.
- 학급편성은 교사가 가르치는 모든 학생들을 상세히 파악할 수 있는 규모로 해야 한다.
- 학급편성은 융통성 있게 조직할 수 있도록 하고, 필요할 경우 학급 간에 이동이 가능하도록 허용해야 한다.

학급 규모가 어느 정도 되어야 적당한지에 대해서는 학자들 간에 다양한 의견들이 있다. 공은배 외(1984) 연구에서는 적정 학급 규모를 40명으로 제시하였고, 김영철과 박영숙(2001)의 연구에서는 수업활동을 전개하는 데 적정한 학급 규모를 초등학교 23.9명, 중학교 23.8명, 고등학교 25.4명이라고 보고하였다. 미국교육연합회의 조사 결과에 따르면, 교사들의 능력이 하위인 경우에는 20명, 중하위인 경우 25명, 상위인 경우는 35명이 적당한 것으로 나타났다. 반면, Stevenson은 초등학교 1~3학년은 32명, 4~6학년은 33명, 중학교는 31명, 고등학교는 26명이 적당하다는 조사 결과를 제시하고 있다.

학급규모를 결정할 때에는 여러 가지 점이 고려되어야 할 것이다. 김영돈(1983)은 적정 학급의 규모 결정 시 고려할 사항을 다음과 같이 제시하였다.

- 교사가 학생들의 개인차를 보살피는 데 적합한 인원수
- 강의 중심의 일제 학습에서도 학생의 자발적 학습을 지도하고 개인별 질문이나 의문을 풀어줄 수 있는 인원수
- 학습 사회에 안정감을 주는 데 적합한 인원수
- 학생들이 공동생활을 하면서 적절한 인간관계를 맺음으로써 사회성을 기르는 데

적합한 인원수
- 학생들의 활발한 학습의욕을 야기할 수 있고 상호 협력하여 공동학습을 할 수 있는 인원수

(3) 학급 담임교사의 역할과 자질

학급 담임교사는 학생들의 전인적 성장 발달에 매우 중요한 역할을 한다. 따라서 학급 담임교사는 전문적인 지식이나 기능뿐만 아니라 바른 인성과 지도력을 갖추어야 할 필요가 있다.

학급 담임교사는 학급의 모든 학생을 직접 책임지고 교육하는 사람으로 교과지도를 비롯하여 생활지도, 특별활동지도, 교실 관리, 학급 비품 관리, 서류 관리 등 다양한 활동을 수행한다. 학생교육과 관련된 학급교사의 주요 임무는 다음과 같다(학교와 학급경영 편찬회, 1996).

- 학급 학생의 관리: 학생 사정의 파악, 출석 및 행동 관찰 등
- 교실의 관리: 학급분위기 조성, 교실 환경 정리 등
- 학급집단의 조직 및 지도: 학급집단의 조직, 집단 활동 지도 등
- 교수–학습 자료의 정리: 교수–학습 자료의 제작, 수집, 정리 등
- 특별활동의 지도: 자치활동 및 학급회의 지도 등
- 학업성취의 평가: 학업성취 평가, 그를 통한 교육활동의 개선
- 과외활동의 지도: 방과 후 학내외 활동 지도 등
- 학부모 및 지역사회와의 관계 관리: 관련 인사의 접촉 및 협조 유도
- 각종 협의회 · 연구회 참가: 학교운영, 교육지원, 연구활동에 참여
- 학급사무의 정리: 기록 및 장부, 문서의 관리
- 휴가(방학)의 이용: 재충전 노력 및 학생의 방학생활 지도

담임교사의 조건 및 자질과 관련하여 여러 학자들이 바람직한 교사의 자질을 제시

하고 있는데 이종재 외(1981) 연구에 따르면 이상적인 교사의 자질에 대한 조사에서 우리나라 사람들은 집단별로 차이를 보이고 있지만, '교육자로서의 신념을 지닌 교사' '학생에 대하여 깊은 관심과 사랑을 지닌 교사' '인생에 대한 자세를 가르쳐 주는 교사'를 바람직한 교사상으로 보는 것으로 나타났다.

미국에서 실시한 교육에 대한 갤럽 여론조사에 따르면 바람직한 교사의 특성은 학생들을 이해하고 대화를 잘하는 교사, 학생들을 언제나 공정하게 대하는 교사, 도덕성이 높은 교사, 학생에 대한 애정과 관심이 높은 교사, 헌신적인 교사, 인자한 성품을 지닌 교사, 깔끔한 외모를 지닌 교사 순으로 나타났다(Brainard, 1997).

〈표 12-2〉 이상적인 교사상에 대한 가치의식의 분포 (단위: %)

교사상	교사	학부모	학생	전체
담당 과목의 실력	7.7	7.2	7.8	7.6
교육자로서의 신념	34.8	33.5	29.2	32.5
예절, 질서 지도	2.7	10.4	3.3	5.5
요령 있는 수업 지도	1.3	6.6	7.5	5.1
학생에 대한 깊은 관심, 사랑	35.3	30.6	31.5	32.5
인생에 대한 자세 지도	18.2	11.6	20.6	16.8
계	100.0	100.0	100.0	100.0

출처: 이종재 외(1981).

3) 학급경영의 평가

학급경영의 평가는 학급을 합리적으로 운영하는 데 필요한 활동으로, 학급운영의 성공 여부를 판단하고 그 원인을 분석함으로써 이후의 학급경영을 위한 개선자료로 활용하기 위한 과정이다. 즉, 학급체제의 효과성과 효율성을 유지하기 위해 학급경영 개선에 필요한 유용한 자료를 학급경영자에게 제공하여 그들의 합리적인 의사결정을 돕는 과정이라고 할 수 있다(신현석 외, 2015). 학급경영에 대한 평가는 월말, 학기말, 학년말에 실시하여 다음 달이나 다음 학기, 다음 학년의 학급경영 계획을 수립하는 자료로 활용할 수 있다.

(1) 학급경영 평가의 기능

학급경영의 평가는 지금까지 수행한 학급경영의 결과를 알아보고, 학급경영의 성공 및 실패 이유를 분석하여 잘못된 점은 개선하고 잘된 점은 발전시킬 수 있는 기능을 가지고 있다.

학급경영 평가의 기능을 구체적으로 살펴보면 다음과 같다.

- 학급경영 활동의 성취도 확인
- 학급경영의 문제점 진단
- 교사 및 학급 구성원의 동기 유발
- 학급경영의 개선을 위한 정보 제공
- 학급경영의 책무성, 특히 학급경영에 참여한 사람들의 책임 확인
- 학급경영에 대한 제반 의사결정에 도움

(2) 학급경영 평가의 과정

학급경영 평가의 과정은 일반적인 평가의 과정을 따르는데 구체적인 내용은 다음과 같다.

평가 목적 설정 → 평가 대상 확정 → 평가 준거 및 기준 설정 → 준거 및 기준 관련 자료 수집 → 준거자료에 비추어 사정 → 평가대상의 가치 판정 → 평가결과의 활용(피드백)

평가과정에서 가장 중요한 부분은 평가의 준거와 기준을 설정하는 것으로 이를 어떻게 설정하느냐에 따라 평가결과가 달라지게 된다. 따라서 학급경영 평가를 계획할 때 평가 준거와 기준은 미리 설정해 두어야 한다.

(3) 학급경영 평가의 영역

학급경영 평가의 영역은 일반적으로 투입평가, 과정평가, 산출평가 그리고 총합평가로 분류할 수 있다. 투입평가(input evaluation)는 학급경영 활동에 투입된 요소들의 질과 양이 평가된다. 학급에 투입된 요소로는 교사, 학생, 학급환경, 경비, 교육과정, 시간과 노력, 학부모의 지원 등이 포함된다. 투입평가의 대부분의 내용은 학기 초 학급경영 계획을 세울 때 미리 분석한다. 과정평가(process evaluation)는 학급경영 계획을 실천하는 과정을 평가하는 것으로 각 영역별 활동을 개별적으로 세분화하여 평가하고 분석한다. 산출평가(output evaluation)는 학급경영의 결과 교육목표가 어느 정도 달성되었는가를 판단하여 학급경영의 효과를 측정하는 평가로 학생의 인지적, 정의적 변화를 측정하여 학급의 목표달성도를 판단한다. 총합평가(summative evaluation)는 투입평가, 과정평가 및 산출평가의 결과를 결합하거나 종합하여 학급경영 전반을 총괄적으로 평가하는 것이다.

학급경영 평가는 학급 담임교사의 학급경영 능력을 개선하여 발전시키는 데 궁극적인 목적이 있다. 따라서 학급 담임교사는 투입, 과정, 산출, 총합평가 결과에 대한 다각적인 분석을 통해 좀 더 효율적으로 학급경영을 할 수 있도록 노력해야 한다.

2. 학교경영

1) 학교경영의 이해

(1) 학교경영의 정의

학교경영에 대한 학자들의 정의를 살펴보면 서정화(2002)는 학교경영을 "학교의 교육목표를 달성할 수 있도록 제반 자원들을 확보하여 이를 배분하고 조정하며 평가하는 일련의 활동 내지 행위"라고 정의하였고, 김윤태(2001)는 "교육목표를 효율적으로 달성하기 위하여 교장과 교직원 집단이 협력하여 수행하는 조직적 활동이며 총괄적 작용"이라고 정의하였다. 또한 김종철 외(1991)는 학교경영이란 "단위학교, 특히 초 · 중등학교에 있어서 교육목표를 설정하고 그것을 달성하기 위한 프로그램 및 인적 · 물적, 기타 지원조건을 정비 · 확립하며 목표달성을 위한 계획과 결정, 집행과 지도, 통제와 평가 등을 포함하는 일련의 봉사활동을 지칭하며 학교조직 내에서의 집단적 협동행위를 위하여 효과적으로 지원하는 것을 본질로 하는 작용"이라고 정의하였다.

따라서 이러한 여러 학자들의 논의를 정리하면 학교경영이란 "단위학교에서 교장의 자율적 · 창의적 관점하에 교육목표를 설정하고 그 목표달성을 위해 필요한 제반 조건을 정비 · 확립하여 목표달성을 위한 활동을 지도 · 감독하는 일련의 봉사활동"이라고 할 수 있다(주삼환 외, 2015).

(2) 학교경영의 영역

학교경영의 영역은 학교경영의 활동 내용, 대상, 범위, 한계 등을 포괄적으로 의미한다. 교수-학습 활동 조장에 있어 중요한 역할을 하는 학교경영이 성공적으로 이루어지기 위해서는 학교경영의 내용 및 영역을 구체적으로 구분해야 한다.

학교경영을 위한 여러 가지 활동들은 상호 간에 긴밀한 연관성을 갖고 있기 때문에 그 사이에 명확한 구분을 하는 것은 어렵지만 경영계획의 수립, 권한과 업무의 분담,

〈표 12-3〉 학교경영의 영역 분류

학자	영역 구분
정태범(2000)	교육목표 관리, 학교조직 관리, 교육과정 관리, 교육조건 관리, 교육성과 관리
김종철(1985)	기획행정, 조직, 교육내용, 장학, 학생, 교직원인사, 재정, 시설, 사무관리, 연구 · 평가 및 홍보
Griffiths(1959)	수업 및 교육과정 개발, 교직원인사, 학생인사, 재정 및 사무관리, 학교시설 건물과 봉사, 학교 · 지역사회 관계
Roe & Drake(1980)	수업, 교육과정, 학생, 교직원, 지역사회, 재정, 공간
Hughes & Ubben(1978)	학교 · 지역사회 관계, 교직원 인사개발, 학생인사 개발, 교수 프로그램, 사무 및 건물관리
Lipham & Hoeh(1974)	교수 프로그램, 교직원인사, 학생인사, 재정 및 시설, 학교 · 지역사회 관계
Campbell et al(1968)	학교와 지역사회 관계, 교육과정과 수업, 학생인사, 교직원인사, 시설, 재정 및 사무관리

그리고 문제의 소재 파악 등을 위해서는 학교경영 활동의 내용을 영역별로 구분하는 것이 필요하다.

학교경영의 영역은 학자들에 따라 다양하게 분류되고 있다.

이처럼 학자들에 따라 학교경영의 내용별 영역은 다소 차이가 있지만 이를 종합하면 교육목표 설정, 교육과정 운영과 장학, 학생관리, 교직원인사, 시설 · 재정관리, 사무관리, 대외관계 등으로 구분할 수 있다.

(3) 학교경영의 원리

학교경영의 원리는 학교를 경영하는 과정에서 나타나는 다양한 문제 해결에 필요한 이념적인 준거나 지침을 의미한다. 이는 여러 학자들에 의해 제시되었는데 전체적으로 종합하면 학교경영의 주요 원리로는 민주성, 타당성, 자율성, 효율성, 합법성 등이 있다.

- 민주성: 학교교육의 목표 설정, 경영계획의 수립, 실천, 평가 등 학교경영의 제반 과정과 영역에 교직원, 학생, 학부모 및 지역인사 등 광범위한 학교 구성원이 참여하고 그들의 의견을 반영하는 것을 의미한다.
- 타당성: 학교경영의 계획, 실천, 평가 등 모든 과정이 학교교육의 목적에 적합하도록 타당하게 운영하는 것을 의미한다. 학교교육 목표에 부합하는 활동이 되어야 한다는 의미에서 합목적성의 원리라고도 한다.
- 자율성: 단위학교의 효율적인 교육활동을 위해 외부조직 또는 상부의 지시 없이 자율적인 의사 결정 및 조직을 운영하는 것을 의미한다. 학교에서의 자율성은 개인적 자유와 기관의 자율성을 포함하는 개념으로 규정할 수 있으나 보다 협의로는 기관의 자율성을 의미한다.
- 효율성: 최소한의 인적 · 물적 자원의 투입을 통해 최대의 학교교육 성과를 달성하는 것을 의미한다. 학교경영의 효율성을 주장할 때는 민주성의 원리를 희생시키지 말고 효율성과 민주성 양자 사이의 균형을 이루어야 한다.
- 합법성: 국민의 교육권을 보장하고 국가 예산을 효율적으로 집행하며 부당한 직무수행과 행정재량권의 남용을 방지하기 위해 학교경영이 법에 의거하고 법이 정하는 범위 내에서 이루어져야 한다는 것을 의미한다. 학교경영과 관련된 법규에는 헌법, 교육기본법, 초 · 중등교육법, 고등교육법, 교육관련 명령, 조례 등이 있다.

2) 학교경영의 실제

(1) 학교경영 과정

학교경영 과정은 학교교육 목표를 합리적으로 달성하기 위하여 학교경영이 어떤 과정을 거쳐서 수행되는지를 의미하는 것으로 학교경영은 학교경영계획을 수립하고, 실천하고, 평가하는 활동과정이 순환적으로 이루어진다.

학교경영 과정에 대해 여러 학자들이 다양한 의견을 제시하고 있는데, 이들의 의견은 크게 다르지 않다. 이들이 제시한 의견들을 종합해 보면 학교경영 과정은 계획단계, 실천단계, 평가단계인데 각 단계별 구체적인 내용은 다음과 같다(윤정일 외, 2015).

- 계획단계: 계획은 학교경영 활동에서 가장 중요하게 다루어야 할 과업으로 과학적이고 합리적이며 민주적으로 이루어져야 한다. 계획단계에서는 학교경영목표 설정, 학교경영목표 달성을 위한 활동 계획의 수립 등을 모두 포함하고, 학교경영 계획, 학년경영계획, 학급경영계획으로 나누어 장 · 단기 계획을 모두 수립하는 것이 좋다.
- 실천단계: 학교경영 활동을 통해 교육목표를 효율적으로 달성하기 위해 계획에 따라 인적 · 물적 자원을 조직하고 배분하는 단계이다. 실천단계에서는 교육활동이 효율적이고 합리적으로 이루어질 수 있도록 지원하고 관리하며 조정하는 것이 모두 포함된다.
- 평가단계: 평가단계에서는 설정된 목표에 비추어 학교경영 업무의 수행과정과 산출을 분석하고 검토한다. 평가의 목적은 학교경영 업무 전반과 과정 전체에 대한 과학적인 측정과 자료를 수집하여 문제점을 찾아내고, 이를 근거로 개선방안을 모색하여 학교경영의 성과를 높이는 데 있다.

(2) 학교경영 계획

학교경영 계획은 장래에 대한 예측과 분석된 학교 여건을 바탕으로 학교의 교육목표를 합리적이고 효율적으로 달성하기 위한 운영 방안을 예정하고 계획하는 과정을 의미한다. 학교경영 계획 활동에는 문제 구명, 목표 및 방침 설정, 활동계획, 조직계획, 평가계획이 포함된다.

- 문제 구명: 학교경영 계획의 작성을 위해 학생, 학부모를 포함한 학교구성원들의 요구가 무엇이고, 현재 학교가 당면하고 있는 문제가 무엇인지를 분석하는 것이다. 이때 학교교육의 상위목표, 장학방침, 지역사회의 실태, 학교경영 실태 등을

중심으로 분석하여야 한다.

- 목표 및 방침 설정: 학교교육 목표는 장기적인 안목에서 학생들이 궁극적으로 도달해야 할 인간상을 제시하거나 그 행동특성을 종합적으로 명시한 것이다. 교육목표는 구체성, 주체성, 포괄성이 있으며 행동적 용어로 진술되고, 지역성과 시대성이 반영되어야 한다. 또한 학교경영목표는 교육부의 교육방침, 학교의 여건과 지역사회의 특성이 고려되어야 하고 경영방침은 경영목표가 더욱 구체화된 수단으로서 경영목표 달성을 위해 채택해야 할 기본적 지침 내지 활동원칙으로 설정해야 한다.
- 활동계획: 학교조직이 경영목표를 달성하고 경영방침을 실천하기 위한 일련의 세부 활동 계획이다. 활동계획은 교과지도, 특별활동, 생활지도를 중심으로 하는 교육과정 운영과 이러한 교육과정을 정상적으로 운영하도록 하는 지원 · 관리 활동 등을 포함한다.
- 조직계획: 학교경영 목표가 설정되면 이를 실천하기 위한 부서의 구성 및 담당자 지정이 필요하다. 학생, 교원, 지역의 유관인사들을 참여시켜 교육조직, 교무분장 조직, 위원회, 지원조직 등을 구성하여 협동체제로서 학교경영이 이루어지도록

문제 구명	목표 및 방침 설정	활동계획	조직계획	평가계획
1. 상위목표 2. 장학방침 3. 지역실태 4. 경영실태	1. 교육목표 2. 경영목표 3. 경영방침	1. 교육과정 • 수업계획 • 특활지도 • 생활지도 2. 지원관리 • 인사 • 재정 • 자원	1. 학생 2. 교원 3. 유관인사	1. 투입 2. 과정 3. 산출

그림 12-1 학교경영계획 과정

출처: 주삼환 외(2015).

해야 한다.

- 평가계획: 학교경영 계획의 마지막 단계로서 학교경영 계획에서 설정된 교육목표가 달성될 수 있도록 모든 체제의 하위요소가 적절하게 투입되고 그 과정에서 최적의 상호작용을 통해 그 산출을 극대화할 수 있는지를 검토하는 단계이다. 평가계획에는 총괄적인 학교평가의 계획과 평가 후의 피드백에 관한 절차도 마련해야 한다. 학교경영계획 과정을 도식화하면 [그림 12-1]과 같다.

3) 학교경영의 평가

학교경영 평가란 학교를 교육활동이 수행되는 하나의 단위로 보고, 그 속에서 학생에게 기대되는 지적 · 정의적 · 신체적 발달이 학교 내부에서의 교육활동을 통해 어떻게 나타나는가를 중심으로 측정되는 학교효과 평가이다(주삼환 외, 2015).

학교경영 평가의 과정은 평가의 기준이나 준거를 설정하고, 그 기준에 따라 평가를 실시하고, 평가 결과를 분석하여 개선안을 마련하는 순으로 이루어진다. 평가계획 단계에서는 평가위원회 구성, 평가목표 설정 및 평가 준거를 개발하고, 평가실시 단계에서는 자료수집, 자료처리, 자료를 해석한다. 마지막으로 평가결과 활용 단계에서는 평가결과를 분석한 개선안 등을 이후의 학교경영 활동에 반영한다.

학교경영 평가의 영역은 일반적으로 투입평가, 과정평가 그리고 산출평가로 구분된다. 투입평가는 교육목표 달성의 적정 수준을 결정하기 위한 정보를 얻는 데 목적이 있고, 평가요인으로는 교육목표 요인, 학교조직 요인, 교육과정 요인, 교육조건 요인 그리고 교육평가 요인이 있다. 과정평가는 교육계획을 실천하는 과정에 필요한 정보를 얻는 데 목적이 있고, 학년 초에 세운 계획에 따라 교육활동 과정이 잘 진행되고 있는가를 점검하는 평가이다. 산출평가는 학교경영 계획에서 설정한 학교경영 목표가 어느 정도 달성되었는가를 판정하는 데 목적이 있다. 산출평가에는 학교 구성원 중심으로 수행되는 자체평가와 외부 전문가에 의한 외부평가가 있고, 학교평가, 학년평가, 학급평가를 모두 포함한다.

참고자료

학급 · 학교를 효율적으로 경영하기 위해서는 구성원들의 적극적인 참여가 필수적이다. 하지만 구성원들의 참여가 반드시 긍정적으로만 작용하는 것은 아니다. 다음 Hoy와 Tarter의 '참여적 의사결정 모델'은 어떤 상황에서 구성원을 참여시키는 것이 효과적인지 알려주고 있다.

Hoy와 Tarter의 참여적 의사결정 모델

행정가들은 교사들을 의사결정에 참여시키라는 이야기를 너무 자주 듣는다. 이에 대한 적절한 입장은 다음의 질문, 즉 의사결정 과정에 다른 사람들을 언제, 어떻게 참여시킬 것인가를 곰곰이 생각해 보는 것이다. 필자들은 이 질문에 대한 답으로 한 가지 모형을 제시했다.

Barnard(1938)와 Simon(1947)의 연구에서 도출한 이 모형의 핵심적인 개념은 수용 영역이다. 어떤 의사결정은 부하직원들이 그냥 수용할 수 있으며, 이런 경우에는 부하직원들을 참여시킬 필요가 없다. 행정가들은 다음과 같은 두 가지 질문을 해봄으로써 이러한 상황들을 확인할 수 있다.

1. 관련성 질문(relevance question): 부하직원들은 결과와 관련해 개인적 이해관계를 가지고 있는가?
2. 전문성 질문(expertise question): 부하직원들이 전문성을 갖고 있어서 문제해결에 기여할 수 있는가?

이 두 가지 질문에 대한 답이 '예' 라면, 즉 부하직원들이 결과와 관련해 개인적 이해관계를 가지고 있고 전문성을 갖추고 있다면, 이는 수용 영역 외부에 위치한다. 부하직원들은 참여하기를 원할 것이고, 이들의 참여를 통해 의사결정의 질을 높일 수 있을 것이다. 그러나 지도자는 다음의 질문을 통해 부하직원들의 조직에 대한 헌신도를 평가해야 한다.

3. 신뢰성 질문(trust question): 부하직원들이 조직의 이익을 우선하여 의사결정할 것이라고 신뢰할 수 있는가?

부하직원들을 신뢰할 수 있다면, 최상의 의사결정을 내리기 위해 이들의 참여를 확대해야 한다. 행정가는 처음부터 논의과정을 다시 시작함으로써 실천전략을 형성하기 전에 교사들이 문제를 재구조화할 수 있도록 고려해 보아야 한다. 이 과정에서 행정가는 통합자(합의가 필수적일 경우) 또는 정치가(다수결로도 충분할 경우)의 역할을 담당하게 된다. 부하직원들을 신뢰할 수 없다면(갈등적 상황), 이들의 참여를 제한해야 한다. 이러한 상황에서는 행정가들이 교육자로서의 역할을 담당해서 집단에 조언하고 저항하는 사람들이 누구인지 확인해야 한다.

그러나 부하직원들이 단지 개인적 이해관계를 가지고 있을 뿐 전문성을 갖추고 있지 않다면(이해관계자적 상황), 이들을 가끔씩만 참여시키고 제한해야 한다. 부하직원들이 결과에 대해 관심을 가지고 있으나, 이러한 결정을 할 수 있는 지식이 부족하다. 이러한 상황에서는 부하직원들을 의사결정에 참여시킴으로써 부하직원들의 저항을 줄이고 이들을 교육시킬 수 있다. 더 자주 참여시키게 되면, 교사들은 자신들이 원하는 것을 충족하지 못함으로 인해 조정당하고 있다고 여기게 되어 소외감을 느끼게 될 위험이 있다. 이 경우 모든 참여자들이 애초부터 지도자에게 조언을 하는 위치에 있다는 것을 명확히 인식할 필요가 있다. 행정가의 역할은 의사결정을 통해 교육하는 것이다.

부하직원들이 전문성을 갖추고 있지만 개인적 이해관계가 없을 경우(전문가적 상황)에도 부하직원들의 참여는 가끔씩 제한적으로 이루어져야 한다. 이 경우 행정가는 통상적으로 실행과정에 관여하고 있지 않은 중요한 부하직원들로부터 전문적 의견을 타진함으로써 의사결정을 증진시키고자 한다. 언뜻 보기에는 지도자가 의사결정을 할 때 항상 전문가에게 자문을 구해야 한다고 생각할 수 있지만, 함께 일하는 사람이 결과에 대해 자신과 이해관계가 없다면 그들의 열정은 곧 식어버릴 것이다. "이 일은 내 일이 아니야."라고 불평을 할 수도 있다.

비협력적인 상황에서는 교사들이 의사결정에 참여하고자 하는 관심도 없고 의사결정에 기여할 수 있는 전문성도 가지고 있지 않다. 그럼에도 학교행정가들이 지식이나 관심에 관계없이 교사들을 온갖 종류의 모든 의사결정 과정에 참여시켜야 한다는 강압적인 풍조도 있다. 이러한 행위는 역기능을 가져오게 되며 터무니없는 것이다. 아무런 관심도 없고 전혀 도움도 되지 않는 사람들을 무엇 때문에 의사결정에 참여시키겠는

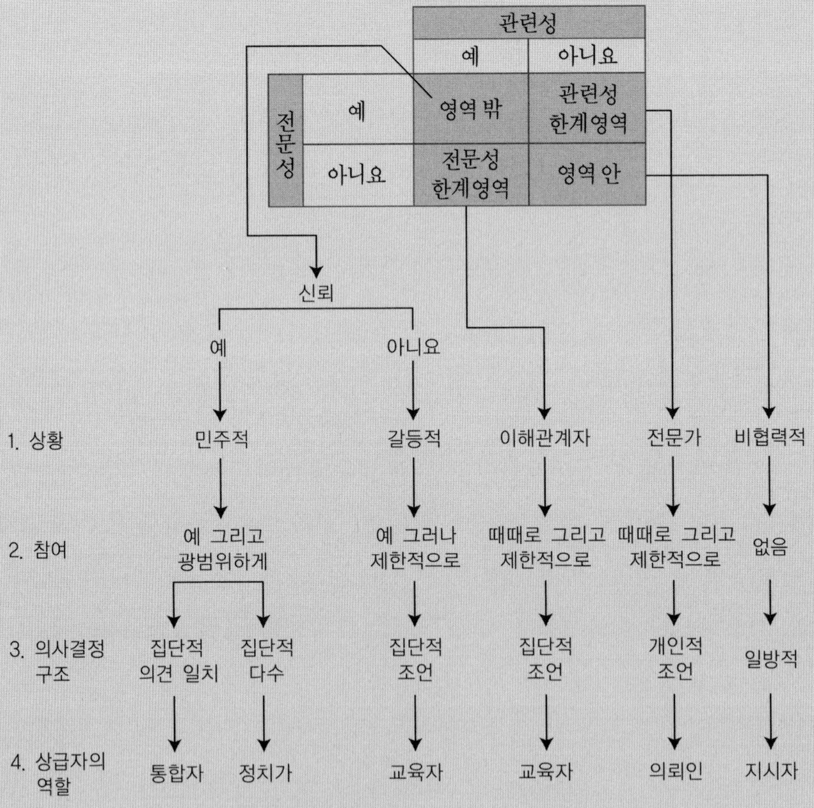

그림 참여적 의사결정의 규범적 모형

출처: Hoy & Miskel(2013).

가? 이 모형에서는 부하직원들의 수용 영역 내에 있는 사항들에 대해서는 행정가가 일방적인 결정을 할 것을 제안한다([그림] 참조).

여기서 제시된 참여적 의사결정 모델은 모든 문제를 해결할 수 있는 만능 해결책이 아니다. 섬세하고 사려 깊은 관리자의 사고와 행동을 대체할 수 있는 것도 아니다. 이 모형은 단지 언제, 어떻게 교사와 학교장이 공동으로 의사결정에 참여해야 하는가를 결정할 수 있는 몇 가지 지침을 제공해 줄 뿐이다. 의사결정의 효과성은 의사결정의 질과 결정된 안을 실행하는 부하직원들의 수용과 헌신에 달려 있다.

요약

- 효과적인 학급조직 구성은 교사와 학생들의 원활한 상호작용을 높여 교육적 효과를 극대화시킬 수 있다.
- 학급경영 계획은 학급경영 목표 및 방침 결정, 기초자료 수집, 학급조직 구성, 학급환경 구성 계획, 학생지도계획 수립, 학급경영 평가 계획 그리고 학급경영안 작성의 절차를 거쳐 수립된다.
- 학급경영 평가는 학급을 합리적으로 운영하는 데 필요한 활동으로, 학급운영의 성공 여부를 판단하고 그 원인을 분석함으로써 이후의 학급경영을 위한 개선자료로 활용하기 위한 과정이다.
- 학교경영의 영역은 교육목표 설정, 교육과정 운영과 장학, 학생관리, 교직원인사, 시설 · 재정관리, 사무관리, 대외관계 등으로 구분한다.
- 학교경영의 원리에는 민주성의 원리, 타당성의 원리, 자율성의 원리, 효율성의 원리 그리고 합법성의 원리가 있다.
- 학교경영 계획은 학교의 교육 목표를 합리적이고 효율적으로 달성하기 위한 것으로 문제 구명, 목표 및 방침 설정, 활동계획, 조직계획, 평가계획이 있다.

찬반 토론

'2015년 교육기본통계(교육부, 한국교육개발원)'에 따르면, 학급당 학생수는 초등학교 22.6명, 중학교 28.9명, 고등학교 30.0명으로 발표되었다. 이는 전년도(2014년)와 비교하여 초등학교는 0.2명, 중학교는 1.6명, 고등학교는 0.9명 감소한 것으로 학급당 학생수가 지속적으로 감소 경향을 유지하는 것으로 나타났다.

'OECD 교육지표 2015, 교육단계와 학교 유형별 평균 학급당 학생수(2013)'에 따르면 국가별 학급당 학생수는 다음와 같다.

(단위: 명)

구분	초등학교 과정			중학교 과정		
	소계	국공립	사립	소계	국공립	사립
한국	24	24	29	33	33	32
OECD평균	21	21	21	24	24	22
캐나다	m	m	m	m	m	m
핀란드	19	19	17	20	20	20
프랑스	23	23	23	25	25	26
독일	21	21	21	24	24	24
이탈리아	19	19	20	22	22	22
일본	27	27	30	33	32	34
러시아	18	18	13	18	19	11
영국	25	27	18	19	20	19
미국	21	22	18	27	28	20

1) OECD 기준 학급당 학생수에는 해당 교육단계의 특수학교 특수학급이 제외됨.
2) m은 해당 국가에서 자료가 수집되지 않았음을 의미함.
* 출처: OECD 교육지표 2015, 교육단계와 학교유형별 평균 학급당 학생수(2013).

우리나라는 앞으로 학급당 학생수를 줄이려는 노력을 계속해야 한다고 생각하는가? 학급당 학생수를 줄이는 것이 필요하다고 생각하는지 논의해 보자.

찬성의견	반대의견
1. OECD 평균 수준에 맞도록 학급당 학생수를 줄이는 것이 필요하다. 2. 학급당 학생수가 줄어들고 있지만, 도시지역에는 아직 과밀학급이 많이 있으므로 학급당 학생수를 줄일 필요가 있다. 3. '미래교육'의 방향에 맞추어 학생들 개인수준에 맞는 맞춤형 교육을 제공하기 위해서는 학급당 인원수를 줄일 필요가 있다.	1. OECD 평균보다 다소 높은 수준이지만 다른 국가들과 비교했을 때 적정한 수준이다. 2. 일률적으로 학급당 학생수를 줄이기보다는 지역 실정에 맞추어 과밀학급의 학생수를 줄이기 위한 노력이 필요하다. 3. 교육재정은 규모가 한정되어 있으므로 효율적인 적정 규모를 파악하여 학급당 학생수를 결정할 필요가 있다.

생각해 볼 문제

1. 중 · 고등학교 시절 중 가장 기억에 남는 담임교사의 학급경영 능력과 특징을 말해 보고, 담임교사가 갖추어야 할 능력과 자질에는 어떤 것이 있는지 생각해 보자.
2. 내가 담임교사라면 우리 학급을 어떻게 조직하고, 운영할 것인지 생각해 보자.
3. 내가 교장 선생님이 되었을 때, 교육 공동체(교사, 학생, 학부모)가 만족하는 학교를 만들기 위해 어떠한 학교경영을 할 수 있는지 생각해 보자.

참고문헌

공은배, 한만길, 이해영(1984). 학교 · 학급의 적정 규모. 한국교육개발원.

김명한, 박종열(2002). 교육행정 및 경영. 서울: 형설출판사.

김봉수(1982). 학교와 학급경영. 서울: 형설출판사.

김영철, 박영숙(2001). 학급 규모에 따른 교육효과 분석. 한국교육개발원.

김영돈(1983). 학교경영의 이론과 실제. 서울: 의문사.

김윤태(2001). 교육행정 · 경영신론. 서울: 배영사.

김종철, 진동섭, 허병기(1991). 학교 · 학급경영론. 한국방송통신대학 출판부.

김종철(1985). 교육행정신강. 서울: 세영사.

남정걸(1992). 교육행정 및 교육경영. 서울: 교육과학사.

남한식(1991). 학교와 학급경영총론. 서울: 형설출판사.

박병량(2003). 학급경영(개정판). 서울: 학지사.

서정화(2002). 교장학의 이론과 실제. 서울: 교육과학사.

신현석, 안선회, 김동석, 김보엽, 박균열, 박정주, 반상진, 변기용, 양성관, 엄준용, 이강, 이경호, 이일권, 이정진, 전상훈, 조홍순(2015). 학습사회의 교육행정 및 교육경영(2판). 서울: 학지사.

윤정일, 송기창, 조동섭, 김병주(2015). 교육행정학원론(6판). 서울: 학지사.

이종재, 정영애, 이인효, 이영노(1981). 한국인의 교육관. 한국교육개발원.

정태범(2000). 학교경영론. 서울: 교육과학사.

주삼환, 천세영, 김택균, 신붕섭, 이석열, 김용남, 이미라, 이선호, 정일화, 김미정, 조성만(2015). 교육행정 및 교육경영(5판). 서울: 학지사.

학교와 학급경영 편찬회(1996). 학교와 학급경영. 서울: 교육주보사 출판부.

한유경 외(2008). 전문적 의사결정 모델에 따른 학급경영의 원리. 서울: 시그마프레스.

Brainard, E. (1997). *An Analysis of Public Attitude Toward Education: The Annual Gallup Polls on Education.* The Journal of Research and Development in Education.

Campbell, R. F., John, E. C., & John, A. R. (1968). *Introduction to Educational Administration.* Boston: Allyn & Bacon, Inc.

Griffiths, D. E. (1959). *Administration Theory.* NY: Applention-century-Crofts.

Hoy, W. K., & Miskel, C. G. (2013). *Educational Administration: Theory, Research and Practice* (9th ed.). NY: McGraw-Hill Education.

Hughes, L. W., & Ubben, G. C. (1978). *The Elementary Principal's Handbook.* Boston: Allyn & Bacon, Inc.

Johnson, M., & Bany, M. A. (1970). *Classroom Management: Theory and Skill Training.* NY: MacMillian Co.

Johnson, M., & Brooks, H. (1979). Conceptualizing Classroom Management. In D. L. Duke (Ed.), *Classroom Management.* Chicago: University of Chicago press.

Kim, E. C., & Kellough, R. D. (1991). *A Resource Guide for Secondary School Teaching.* NY: MacMillan Publishing Co.

Lemlech, J. K., (1988). *Classroom Management*. NY: Harper & Row.

Lipham, J. M., & Hoeh, J. A., Jr. (1974). *The Principalship: Foundations and Functions*. NY: Harper & Row Publishers.

Otto, H. J., & Sanders, D. C. (1986). *Elementary School Organization and Administration* (4th ed.). NY: Appleton-Century-Crofts.

Roe, W. H., & Drake, T. L. (1980). *The principalship* (2nd ed.). NY: MaCmillan Publishing Co., Inc.

| 찾아보기 |

인명

내용

저자 소개

한유경(Han You-kyung) 이화여자대학교 교육학과 교수

임현식(Im Hyun-shik) 전 이화여자대학교 교육학과 교수

김병찬(Kim Byeong-chan) 경희대학교 교육대학원 교수

김성기(Kim Sung-ki) 협성대학교 교육대학원 교수

정제영(Chung Jae-young) 이화여자대학교 교육학과 교수

이희숙(Lee Hee-sook) 강남대학교 교육학과 교수

임소현(Im So-hyun) 한국교육개발원 연구위원

김은영(Kim Eun-young) 한국교육개발원 연구위원

윤수경(Yoon Soo-kyung) 성균관대학교 교육정책연구원 선임연구원

이윤희(Lee Yoon-hee) 이화여자대학교 교육학과 초빙교수

김화영(Kim Wha-young) 이화여자대학교 교육학과 강사

김경애(Kim Kyung-ae) 이화여자대학교 교육학과 강사

정현주(Jeong Hyun-joo) 사회보장정보원 부연구위원

교육행정 및 교육경영

Educational Administration and Educational Management

2018년 2월 20일 1판 1쇄 발행
2022년 8월 10일 1판 5쇄 발행

지은이 • 한유경 · 임현식 · 김병찬 · 김성기 · 정제영 · 이희숙 · 임소현
김은영 · 윤수경 · 이윤희 · 김화영 · 김경애 · 정현주

펴낸이 • 김진환
펴낸곳 • (주)학지사
04031 서울특별시 마포구 양화로 15길 20 마인드월드빌딩
대표전화 • 02-330-5114 팩스 • 02-324-2345
등록번호 • 제313-2006-000265호

홈페이지 • http://www.hakjisa.co.kr
페이스북 • https://www.facebook.com/hakjisabook

ISBN 978-89-997-1082-7 93370

정가 18,000원